Rosemary Davidson und Sarah Vine

DAS EINZIG WAHRE BUCH FÜR MÄDCHEN

cbj

DIE AUTORINNEN

Rosemary Davidson wuchs gemeinsam mit ihren drei Schwestern, vielen Hunden, einem Hausschaf und einigen Kühen und Pferden in Nordirland auf. Von ihrer Großmutter, einer Schneiderin, lernte sie das Nähen, und von ihrer Großtante Dolly das Stricken und Backen. Ihr Vater vermachte ihr das Rezept für Juckpulver und die besten Tipps, wo man im Sommer immer Walderdbeeren findet. Und von ihren Schwestern hat sie neben anderen Dingen auch die Kunst des Fußkampfs gelernt.
Heute lebt Rosemary Davidson mit ihrer elfjährigen Tochter Florence und ihrem achtjährigen Sohn Spike in London. Sie arbeitet als Herausgeberin und Übersetzerin von Kinderbüchern.

Sarah Vine kam in Wales zur Welt und wuchs in Italien auf. Als Kind zeigte sie bemerkenswert wenig Talent für sportliche Aktivitäten, dafür hatte sie eine fast unerschöpfliche Leidenschaft für andere Dinge – herumsitzen und alberne Comics lesen, tratschen, die Schuhe ihrer Mutter anprobieren, essen und die hohe Kunst des Theaters. All das kommt ihr als Erwachsener sehr zugute. Sie arbeitet als Journalistin und schreibt heute für die *Times*. Sie ist verheiratet und hat zwei Kinder.

Rosemary Davidson und Sarah Vine

DAS EINZIG WAHRE BUCH FÜR MÄDCHEN

Aus dem Englischen von
Karin Miedler und Cäcilie Plieninger

Mit Illustrationen von Natacha Ledwige

cbj

cbj ist der Kinder- und Jugendbuchverlag
in der Verlagsgruppe Random House

Dieses Buch enthält Informationen zu medizinischen Themen.
Weder die Autoren noch die Herausgeber betrachten diese
als Ersatz für eine professionelle medizinische Beratung und
übernehmen keine Verantwortung für die missbräuchliche
Verwendung von Informationen aus diesem Buch.

*Wir widmen dieses Buch
Florence und Spike,
Bea und Will*

Verlagsgruppe Random House FSC-DEU-0100
Das für dieses Buch verwendete FSC-zertifizierte Papier
Munken Print liefert Arctic Paper Munkedals AB, Schweden.

2. Auflage
Deutsche Erstausgabe Juni 2008
Gesetzt nach den Regeln der Rechtschreibreform
© 2007 Rosemary Davidson und Sarah Vine,
First published in the United Kingdom by Penguin Books Ltd, 2007
Englischer Originaltitel: The Great Big Glorious Book for Girls
© 2008 der deutschsprachigen Ausgabe cbj, München
Alle deutschsprachigen Rechte vorbehalten
Übersetzung: Karin Miedler und Cäcilie Plieninger
Illustrationen: Natacha Ledwidge, 2007
Illustrationen S. 21/22: Milada Krautmann
Scherenschnitte: Dover Books
Umschlaggestaltung: schwecke-mueller Werbeagentur GmbH,
München, unter Verwendung des Originalumschlags
IM · Herstellung: BB
Satz: Buch-Werkstatt GmbH, Bad Aibling
Druck: Kösel, Krugzell
ISBN 978-3-570-21916-4
Printed in Germany

www.cbj-verlag.de

INHALT

Einleitung	6
Handarbeiten	8
Im Garten	24
Essen, leckeres Essen	36
Frühling	50
Ostern	62
Make-up und Schönheit	72
Auf der Bühne	82
Gemeine Streiche	92
Sommer	102
Haare und Haarpflege	116
Spaß im Freien	126
Himmlische Düfte	136
Haustiere und Ponys	146
Partys	156
Herbst	168
Zauberei	178
Halloween	188
Bücher, Zitate und Filme	198
Dein Schönheitssalon	214
Winter	226
Kleine Kunstwerke und geniale Geschenke	238
Weihnachten	252
Wahrsagen	260
Spiele gegen Langeweile	272
Erste Hilfe	284
Was jedes Mädchen wissen sollte	292
Danksagung	302

EINLEITUNG

Langeweile ist die Mutter der Erfindung, so ähnlich hat es ein weiser Mensch einmal formuliert. Wir werden nie erfahren, wann das erste Höhlenmädchen sich mit einem anderen zusammengetan hat, um zum allerersten Mal Klingelputzen zu spielen.

Vielleicht haben sie dann Himmel und Hölle erfunden oder die erste Gesichtsmaske aus Schlamm und einer Handvoll Sumpfpflanzen gemacht. Vielleicht haben sie als Erwachsene die Sprache erfunden – damit sie zusammen über die in Höhle Nr. 63 tratschen konnten.

Die besten Dinge im Leben – Theater, Malerei, Musik, Bücher, Mode – entstanden zum Teil aus dem Bedürfnis heraus, das Leben interessanter zu gestalten. Jahrtausende später ist das nicht viel anders. Offensichtlich wissen Frauen von heute alles über das Internet und Computerspiele, und die meisten können 100 Wörter in der Minute simsen und dabei einen DVD-Player programmieren – doch immer noch brechen sie angesichts eines Ponys in Begeisterung aus oder experimentieren stundenlang mit Glitzerfarbe. Die moderne Welt mag eine Superautobahn der technologischen Erfindungen sein, doch manchmal muss man trotzdem eine Woche lang an einem Sparschwein aus Pappmaschee oder an einem besonderen T-Shirt in Schnurbatik arbeiten.

In diesem Buch findest du hunderterlei Dinge, die du machen kannst – manche sind alt, manche neu, manche bekannt, aber in Vergessenheit geraten. Es gibt Spiele, Rezepte, alte Streiche, Ammenmärchen und bittere Wahrheiten. Manches davon ist ungeheuer praktisch und nützlich, manches eher kapriziös. Manches werden eure Mütter gut finden – vielleicht wollen sie sogar mitmachen (wenn das geschieht, seid nicht zu streng mit ihnen: Es kann erschreckend für Mütter sein, wenn sie entdecken, dass sie nicht mehr so hüpfen können wie früher). Anderes (z. B. die Zuckerbrote) könnte ein besorgtes

Stirnrunzeln hervorrufen, doch sie werden nicht allzu sehr schimpfen, denn ihr könnt wetten, dass sie das als Mädchen auch gemacht haben.

Dieses Buch steckt auch voller Tipps, auf die (unserer Ansicht nach) kein Mädchen verzichten kann, etwa wie man seine Augenbrauen zupft, wie man mit einem Jungen umgeht oder wie man erkennen kann, ob ein Ei frisch ist. Es gibt Filme, Bücher, Zitate und Witze, die euch Anregungen geben sollen – und hervorragende Abbildungen und Zeichnungen, die euch zeigen, wie's geht.

Nun zu uns, den Autorinnen: Rosemary ist eher der Draußen-Typ – sie wuchs mit drei Schwestern in Irland auf dem Lande auf. Sie verbrachte viele glückliche Jahre in der erhabenen Welt der Buchverlage, ehe sie diese Arbeit aufgab, um sich ihren eigenen Interessen zu widmen. Sarah dagegen ist durch und durch eine Stadtpflanze (und das überrascht kaum, da sie in der norditalienischen Stadt Turin aufgewachsen ist) und schreibt für die *Times*. Rosemary arbeitet gern im Garten und weiß, wo bei einem Schaf vorne und hinten ist. Sarah dagegen hat so wenig mit Natur am Hut, dass sie sogar Kunstrasen in ihrem Garten hat. Doch sie backt hervorragende kleine Törtchen, wirklich, obwohl sie selbst immer damit angibt. Ich hoffe, damit ist alles Wichtige gesagt. Viel Spaß!

HANDARBEITEN

Früher einmal konnten die meisten Mädchen nähen und sticken und beherrschten allgemein viel Kniffeliges mit Nadel und Faden. Dann kam der Feminismus und Handarbeiten galten irgendwie als langweilig und erniedrigend. Nun, nachdem die Frauen jahrhundertelang zu Hause gesessen und gestickt und gestrickt hatten, während die Männer draußen in der Weltgeschichte herumstolzierten, war das verständlich. Die Frauen legten ihre Nähkästchen weg und widmeten sich Anderem. Das war das Ende der Hauswirtschaft. Dafür kam so Sinnvolles ... wie der Umgang mit einer Drechselmaschine.

Das ist wirklich schade, denn beim Nähen geht es nicht nur ums Einsäumen und Sockenstopfen; man kann damit viele lustige und schöne Sachen herstellen. Und außerdem, wenn man einen Knopf annähen kann, bedeutet das nicht, dass man nicht auch Kanzlerin werden kann.

Zubehör

Unsere Großmütter besaßen alle ein Nähkästchen. Das waren wunderbare Fundgruben voller nützlicher kleiner Dinge. In einem Nähkästchen befanden sich normalerweise:

- Nadelkissen und Nadeln
- Maßband
- kleine Schere
- verschiedene Nähgarne
- Sicherheitsnadeln
- Gummiband
- Nahttrenner
- Schneiderkreide
- Fingerhüte

Man sammelte auch Perlen und Knöpfe (oft in Gläsern oder alten Keksdosen) und hob Stücke von schönen Kordeln oder Bändern auf. Das solltest du auch machen. Wenn du das nächste Mal ein Paar neue Schuhe oder ein Geschenk in einer schönen Schachtel bekommst, hebe sie auf und sammle darin Sachen für dein Nähkästchen – du wirst überrascht sein, wie viel man im Alltag ergattern oder aufbewahren kann. Hebe alles auf – Bänder, Ersatzknöpfe, Perlen, Sicherheitsnadeln. In den meisten Kurzwarengeschäften gibt es eine Kiste mit Stoffresten, wo man schöne Stücke für wenig Geld bekommen kann.

In Secondhandläden kannst du nach alten Kleidern Ausschau halten, aus denen du Neues schneidern kannst, zum Beispiel ausgefallene Taschen oder Kleider für deine Puppen.

Nähen

Es gibt viele verschiedene Stiche beim Nähen, doch für den Anfang genügen einige Grundstiche. Nimm eine mittelgroße Nadel, einen bunten Baumwollfaden und ein Stück Stoff, etwa so groß wie eine Serviette. Baumwolle oder Leinen ist am besten geeignet. Dann suchst du dir einen bequemen Sitzplatz mit guter Beleuchtung und einem großen Tisch, auf dem du deine Sachen ausbreiten kannst.

Die folgenden Grundstiche kommen dir am Anfang vielleicht etwas langweilig vor, doch wenn du die beherrschst, hast du eine gute Grundlage, auf der du aufbauen kannst.

Der Heftstich

Kinderleicht. Fädle den Faden ein und mache einen Knoten an das Ende des Fadens. Stich mit der Nadel in den Stoff und wieder heraus, wobei du jeweils etwa ½ cm aufnimmst (siehe Abb. A). Versuche, die Stiche so gerade wie möglich zu machen. Mach das so lange, bis du dich sicher fühlst (oder bis dir langweilig wird). Es hilft, wenn du dir ein Ziel setzt, zum Beispiel an den Rändern jeder Seite entlangzunähen. Du kannst mit diesem Stich zwei Stücke Stoff aneinanderheften; und wenn du am Ende des Fadens ziehst, kannst du den Stoff raffen, zum Beispiel für den Bund eines Puppenrocks oder für eine kleine Tasche.

Abb. A   Abb. B

Der Rückstich

Dieser Stich ist unglaublich praktisch. Er ist stabil, bewährt und man kann ihn für fast alles verwenden. Stich mit deiner Nadel von hinten nach vorn durch den Stoff. Dann stich mit der Nadel etwa ½ cm rechts daneben in den Stoff und ziehe die Nadel etwa ½ cm links vom ersten Stich wieder aus dem Stoff heraus. Stich jetzt möglichst nahe am linken Ende des ersten Stiches wieder in den Stoff (Abb. B) und mach so weiter.

Abb. C

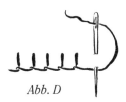

Abb. D

Der Schlingenstich

Das ist ein sehr nützlicher Stich, wenn du etwas einsäumen oder zwei Stoffstücke zusammenfügen willst (weil er gleichzeitig auch einsäumt) oder wenn du Applikationen anbringen willst. Wenn du ihn gut beherrschst, kannst du damit auch Knopflöcher säumen.

Halte den Stoffrand zu dir hin. Arbeite von links nach rechts. Stich mit der Nadel durch beide Stoffstücke, in der gewünschten Entfernung von den Rändern, üblicherweise etwas weniger als ½ cm.

Ziehe den Faden heraus und stich etwas weiter rechts daneben wieder hinein, führe den Faden um die Teile herum, die du zusammenfügen möchtest, und stich nun von unten durch die Schlinge, die du gebildet hast (Abb. C). Danach solltest du einen Stich haben, bei dem der Faden oben herausläuft. Gehe jetzt mit der Nadel auf die andere Seite und stich dort durch die beiden Stofflagen, wo du den nächsten Stich beginnen lassen willst. Stich jetzt mit der Nadel von hinten durch die Fadenschlinge, die du gebildet hast, und ziehe den Faden vorsichtig fest (Abb. D). Du solltest jetzt einen schönen kleinen, kastenförmigen Stich haben, der deine Großtante in dem Glauben bestärkt, du seist eine intelligente und wohlerzogene junge Dame.

Der Abschluss

Wenn du mit dem Nähen fertig bist (oder wenn der Faden zu Ende ist), musst du deine Arbeit sicher vernähen, damit die Stiche sich nicht wieder lösen. Am einfachsten ist es, dazu den letzten Stich zu wiederholen und dann, vor dem Festziehen, mit der Nadel einige Male durch die Schlinge zu stechen, die du gebildet hast. Wenn du den Faden festziehst, hast du einen schönen Knoten. Lose herumhängende Enden kannst du einfach abschneiden. Du solltest aber mindestens 1 cm dranlassen, damit der Knoten sich nicht auflöst.

Puppen nähen

Holzpuppen mit Wäscheklammerkörper

Am leichtesten herzustellen ist eine Puppe mit Wäscheklammerkörper. Dafür brauchst du:

* einen Pfeifenreiniger
* einige altmodische runde Holz-Wäscheklammern
* Farbstifte oder Filzstifte
* etwas Klebstoff
* Reste von Wolle, Kunstpelz, Stickgarn und Stoff
* Nadel und Faden

Biege den Pfeifenreiniger in der Mitte durch und wickle ihn einige Male um den »Hals« der Wäscheklammer, sodass die beiden »Arme« gleich lang sind. Biege dann die Enden des Pfeifenreinigers zu »Händen«.

Jetzt hast du den Grundkörper. Nun hängt es von dir ab, wie es weitergeht. Male mit Bunt- oder Filzstiften Augen und Mund auf, klebe dünne Wollfäden auf den Kopf, damit deine Puppe lange Haare bekommt (du kannst es sogar flechten, wenn du fertig bist), oder nimm ein rundes Stück Kunstpelz und mache ihr kurze, abstehende Haare. Du kannst auch flauschige Wolle auf ihrem Kopf türmen oder ihr Haare aus Stickgarn aufkleben und einen Pony schneiden.

Wenn du mit der Frisur deiner Puppe zufrieden bist, falte einen Stoffrest in der Mitte und schneide Hemden oder Kleider aus, die lange Falzkante sollte oben sein. Nähe die seitlichen Säume mit Rückstich zusammen und schneide ein kleines Loch für den Kopf aus, dann kannst du deine Puppe nach Belieben ankleiden. Für einen Rock schneide zwei kleine Rechtecke aus Stoff aus, nähe die Seiten mit Rückstich zusammen, ziehe dann oben mit Heftstich einen Faden durch und raffe den Stoff zusammen (du brauchst vielleicht ein paar Tropfen Klebstoff, um ihn festzuhalten, denn Wäscheklammer-Puppen haben keine ausgeprägte Taille). Male die »Füße« an, damit deine Puppe Schuhe bekommt; verziere die Kleider noch mit Bändern oder Stickgarn; mach aus Gaze oder Federn ein kleines Flügelpaar, dann wird aus deiner Puppe eine Fee!

Stoffpuppen

Etwas besser als eine Wäscheklammer-Puppe ist eine »Lumpenpuppe« aus Stoff und Stoffresten. Eine Stoffpuppe herzustellen, ist nicht schwer, doch es kostet etwas Zeit und Mühe; es lohnt sich jedoch, wenn du schließlich deine ganz eigene Puppe hast, die du ganz nach Belieben kleiden kannst. Für so eine Puppe brauchst du:

* kleine Stücke aus hautfarbenem Baumwollstoff
* Nadel und Faden
* Füllung (alte zerschnittene Feinstrumpfhosen genügen, aber das weiße faserige Zeug, das man kaufen kann, ist besser)
* Stickgarn oder Stofffarbe
* Kunstpelz oder Wolle für die Haare

Nähe alle Teile mit Rückstich zusammen, wobei sich die Oberseiten des Stoffs gegenüberliegen sollten. Rechne etwa ½ cm für die Nähte. Schneide zwei Körperteile aus dem Stoff. Falte jedes am Hals um, lege die Stoffoberseiten aneinander und nähe an der gestrichelten, blattförmigen Linie entlang einen Abnäher hinein. Füge dann die Teile für den Körper an den Rändern zusammen und lass in der unteren Naht eine Lücke von etwa 4 cm. Wende nun den Körper mit der Stoffoberseite nach außen und stopfe die Füllung hinein. Schließe die Naht unten mit dem Schlingenstich.

14 HANDARBEITEN

Hier ist ein Grundmuster

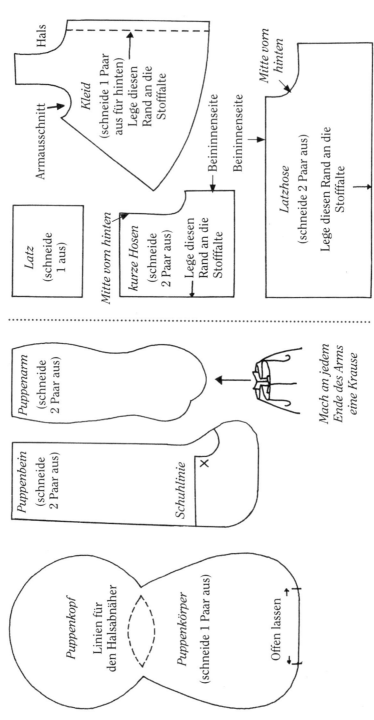

Schneide zwei Paar Beinteile aus (eines mit dem Zeh nach vorn, eines mit dem Zeh nach hinten) und nähe jedes Paar zusammen, wende sie auf die richtige Seite und fülle sie. Lass oben etwa 2 cm leer. Schlage die ungesäumten Ränder nach innen, sodass die Naht im rechten Winkel zum Zeh steht, dann nähe die Beine mit dem Schlingenstich zu. Jetzt nähe die Beine an die Vorderseite des Körpers, etwa 1 cm von der unteren Naht entfernt.

Schneide zwei Paar Armteile aus, nähe jedes Paar zusammen und lass die oberen Nähte offen. Wende sie auf die richtige Seite und stopfe sie, lass dabei etwa 3 cm oben frei. Jetzt schlage die ungesäumten Ränder nach innen, lege die beiden Seitennähte aufeinander und ziehe sie auf jeder Seite zu einer Krause zusammen. Nähe die gekrausten Arme mit dem Schlingenstich zu und nähe sie dann an den Körper, etwa 1 cm unterhalb des Halses.

Jetzt hast du den Körper und kannst deine Puppe nach deinen Wünschen gestalten. Zuerst braucht sie ein Gesicht. Früher nähte man Augen, Nase und Mund mit Stickgarn auf, doch vielleicht willst du sie lieber mit Stoffmalstiften oder Farben aufmalen (am besten übst du erst auf einem Stück Papier, dann markierst du leicht mit Stecknadeln oder Kreide, wo das Gesicht deiner Puppe hinsoll, damit du nachher auch wirklich zufrieden bist). Wenn deine Puppe wirklich wie von früher aussehen soll, kannst du kleine schwarze Knöpfe als Augen nehmen. Auch Perlen können gut aussehen.

Jetzt zu den Haaren. Eine einfache Methode, der Puppe Haare zu machen, ist Webpelz. Nimm den Grundschnitt für die Puppe, schneide zwei Kopfformen aus, lege sie mit den Fellseiten aufeinander, schneide bei einem eine Gesichtsform aus und nähe sie zu einem kleinen »Hut« zusammen. Wende ihn dann auf die richtige Seite und nähe ihn als Haar auf den Kopf deiner Puppe. Probiere verschiedene Webpelzarten aus. Du kannst deiner Puppe glattes kurzes schwarzes Haar machen, weiches gelbes Haar oder sogar hellrosa zottelges Haar.

Wenn deine Puppe fertig ist, braucht sie Kleider. Da du jetzt nähen gelernt hast, wird es dir viel Spaß machen, ihr für jede Saison neue Kleider zu nähen.

Puppenkleid und Schuhe

Um deiner Puppe Kleider zu nähen, brauchst du:

* Filz
* Stoffreste
* Nadel und Faden
* Bänder, Perlen, Knöpfe usw.
* schmales Gummiband
* Stopfnadel

Für die Schuhe musst du zwei Schuhformen aus Filz ausschneiden. Nähe sie am äußeren Rand zusammen, wende sie dann, sodass die Naht innen ist. Schneide dann einen ½ x 2 cm langen Streifen Filz für den Riemen zu. Nähe den Riemen an die Innenseite des Schuhs (wo das X auf dem Schnittmuster (siehe S. 14) steht – denk dran, dass du einen linken und einen rechten Schuh machst), mache einen winzigen Schlitz an das andere Ende als Knopfloch und nähe dann eine Perle oder einen Knopf an, um den Riemen zu befestigen.

Schneide für das Kleid zwei Rückenteile und ein Vorderteil aus deinem Hauptstoff. Nähe die Rückenteile an den Seitennähten an das Vorderteil, aber nähe sie nicht an den Schultern zusammen. Säume den Rand unten ein. Mache dasselbe mit etwas Futterstoff, damit du zwei Kleiderschnitte hast. Lege die beiden Kleider zusammen, die Außenseiten aufeinander, und nähe um den Hals, die Ärmelausschnitte und die Säume am Rücken hinunter. Wende das Kleid um und nähe die Schulternähte zusammen. Nähe Druckknöpfe oder Haken und Ösen an die beiden hinteren Ränder, jetzt hast du ein einfaches Kleid! Du kannst auch versuchen, Taschen auf das Kleid zu nähen oder den Saum mit Bändern und Spitzen zu verzieren.

Bedenke, das ist nur ein Grundschnitt – wenn du den einmal beherrschst, kannst du deinen Puppen eigene Kleider entwerfen. Wenn du Stoffreste gesammelt hast, solltest du eine große Auswahl haben. Weil alles so klein ist, nimmst du am besten dünne Stoffe wie Baumwolle oder Jersey. Kleingemustertes sieht meistens besser aus als große Muster, doch das ist alles dir überlassen. Warum nähst du deiner Puppe nicht ein Kleid, das wie deines aussieht? Oder du könntest eine Puppe mit der Haut- und Haarfarbe einer Freundin machen und ihr als besonderes Geschenk noch die Lieblingskleider deiner Freundin anziehen.

Eine Tasche nähen

Am leichtesten ist eine Tasche mit Kordelzug zu machen. Es ist ein sehr einfacher Schnitt, und du kannst sie so groß oder klein machen, wie du willst. Am besten nimmst du recht stabilen Stoff, sonst reißt er gleich, wenn du etwas Schweres hineintust. Für eine Tasche, in die die Turnsachen passen, brauchst du:

* ein rechteckiges Stoffstück (45 x 70 cm)
* Stecknadeln
* Nadel und Faden
* Schere
* 1 Meter dicke Kordel (etwa ½ cm Durchmesser)
* große Sicherheitsnadel

Lege den Stoff mit der Oberseite nach oben auf den Tisch, falte ihn der Länge nach in der Mitte, stecke den unteren Rand und die Seitenränder zusammen und nähe sie mit Rückstich zusammen. Vernähe deinen Faden 10 cm vor dem Ende der langen Naht, lass eine Lücke von 4 cm, nähe dann die übrigen 6 cm der Naht. Jetzt mache einen Saum für das obere Teil der Tasche: Schlage erst 2, dann 4 cm ein. Nähe am unteren Ende des Saums entlang. Mache dann einen Knoten an das eine Ende der Kordel, stecke die Sicherheitsnadel durch den Knoten und führe sie durch die Lücke in der Seitennaht in den tunnelförmigen Saum.

Ziehe und schiebe die Sicherheitsnadel von außen ganz durch den Saum und schiebe den Stoff dabei über die Kordel. Wenn die Kordel am anderen Ende wieder herauskommt, schneide den Knoten und die Sicherheitsnadel ab und ziehe die Kordel durch, bis sie auf jeder Seite gleich lang ist. Knote die beiden Enden zusammen, ziehe an der Kordel, der Stoff wird sich raffen und du hast eine Tasche!

Du kannst jedes Material für deine Tasche nehmen und sie verzieren, wie du willst – es ist so leicht, du könntest sogar für jeden Tag der Woche eine andere Tasche machen! Durch unterschiedlich große Stoffstücke kannst du kleinere Schultertaschen, einen Geldbeutel oder ein Täschchen für deine Perlen und Knöpfe machen.

Nützliche, aber langweilige Näharbeiten

Einen Knopf annähen

Bei den meisten Kleidern sind die Knöpfe mit der Maschine angenäht, und das bedeutet, dass sie unvermeidlich nach dem dritten oder vierten Tragen abfallen. Zur Not hilft eine Sicherheitsnadel, aber einen Knopf annähen, das ist leicht und geht schnell.

Mache einen Knoten am Ende eines Fadens und schneide das Ende ab. Wenn du willst, kannst du den Faden doppelt nehmen, doch das kann für Anfänger zu schwierig sein. Ziehe den Faden von hinten nach vorn durch den Stoff an dem Punkt, wo der Knopf sitzen soll. Fädle deinen Knopf auf. Stich mit der Nadel durch das andere Loch zurück. Stich mit der Nadel wieder durch den Stoff und durch das erste Loch und mache das vier- bis fünfmal, bis dein Knopf fest an seinem Platz sitzt. Wenn du einen Knopf mit zwei Löchern hast, kannst du von einer Seite zur anderen arbeiten. Wenn du vier Löcher hast, kannst du schön über Kreuz nähen. Schiebe den Faden noch ein letztes Mal durch den Stoff, aber nicht durch die Löcher im Knopf, sondern wickle ihn um den Knopf und fasse so alle Stiche zu einem Bündel zusammen. Stich dann den Faden durch zur Unterseite des Stoffs, mache einige gerade Stiche, dann einen Knoten und schneide den Faden ab.

Einen Saum fassen/reparieren

Damit ein abgeschnittenes Stück Stoff nicht ausfranst, muss man es einsäumen. Dafür musst du den Stoff sorgfältig umschlagen, etwa ½ bis 2 cm vom Rand entfernt, je nachdem wie breit der Saum sein soll (als Faustregel gilt: Leichte Stoffe wie Baumwolle oder Jersey sollten einen schmalen Saum bekommen und schwere Stoffe wie Denim oder Webpelz einen breiten). Falte ihn dann ein zweites Mal, etwa ½ bis 2 cm breiter als beim ersten Mal, sodass das unversäuberte Ende innen eingerollt wird.

Du musst den Stoff mit Nadeln feststecken oder -nähen, damit er sich nicht

* wieder aufrollt. Nähe dann mit Rückstich am oberen Ende deines Saumes entlang und achte darauf, dass die schönen Stiche auf der Außenseite deiner Arbeit liegen und dass der eingeschlagene Saum innen liegt. Nach dem Bügeln solltest du am Ende einen sauberen, flachen Rand haben, der nicht ausfranst.

Stricken

Strickliesel

Das ist viel weniger kompliziert als richtiges Stricken und eine gute Übung für den Anfang. Eine Strickliesel kannst du in den meisten Handarbeitsgeschäften kaufen. Sie besteht im Wesentlichen aus einem Holzstück mit einem Loch in der Mitte und vier Nadeln obendrauf. Man kann nur eine Röhre mit ihnen stricken und die kommt durch das Loch in der Mitte heraus. Doch es ist erstaunlich, wofür man den langen Strickschlauch verwenden kann, zum Beispiel als Puppenstrümpfe und -schals.

* Zuerst musst du die Wolle durch das Loch in der Mitte ziehen und sie entgegen dem Uhrzeigersinn um die Stifte legen (Abb. A). Wickle die Wolle um alle Stifte herum und halte sie mit dem Finger fest. Nimm eine dünne Stricknadel und hebe die erste Schlaufe über den ersten Stift (Abb. B) und über die Wolle, die du festhältst (Abb. C). Wiederhole das bei den drei anderen Stiften und mache dann wieder die Runde. Ziehe es zum Schluss fest.

 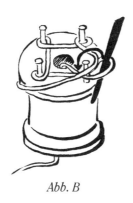 

Abb. A   *Abb. B*   *Abb. C*

Richtiges Stricken

Für richtiges Stricken braucht man zwei Grundeigenschaften: Geduld und Ausdauer. Wenn jemand in deiner Verwandtschaft richtig stricken kann, ist das von unschätzbarem Wert, denn alle Abbildungen der Welt können praktischen Anschauungsunterricht nicht ersetzen. Doch es schadet nicht, es mal zu versuchen.

Traust du dich? Dann rüste dich mit Folgendem aus:

* Ein Paar Stricknadeln mittlerer Größe, Größe 5 oder 6, genügt. Die Größe bezeichnet den Umfang der Nadeln in Millimeter.
* Strickgarn. Auch hier ist für den Anfang eine mittlere Stärke am besten, zum Beispiel 4-fach, das bezeichnet die Anzahl der Garnsträhnen, die zusammengedreht das Garn ausmachen. 4-fach ist also ein Garn aus vier Strähnen. Nimm eine schöne helle Farbe, damit du deine gute Laune behältst. Die ersten Strickversuche können frustrierend sein.

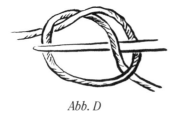 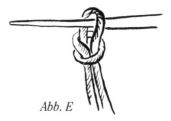

Abb. D   *Abb. E*

* Zuerst musst du Maschen aufnehmen. Das heißt, du nimmst eine Reihe Maschen auf eine Nadel auf. Nimm dir am Anfang 15 bis 20 Maschen vor; das ist eine leicht zu handhabende Zahl für eine Anfängerin. Es gibt verschiedene Methoden aufzunehmen, doch am leichtesten geht es mit beiden Nadeln.

Mache zuerst einen Schlinge (Abb. D). Mache eine Schlaufe in die Wolle und fahre mit der Nadelspitze unter das kurze Ende. Ziehe die Wolle hoch und ziehe beide Enden straff, damit der Knoten auf der Nadel bleibt (Abb. E).

Nimm diese Nadel in die linke Hand, fahre mit der Nadel in der rechten Hand durch die Schlaufe der Masche. Schlage die Wolle um, unter die Spitze der rechten Nadel. Ziehe die aufgefädelte Wolle durch die Masche. Das ist deine erste neue Masche. Lass jetzt die neue Masche auf die Nadel in der linken Hand gleiten, neben die ursprüngliche Schlinge. Fahre mit der rechten Nadel durch die Vorderseite deiner neuen Masche und unter die linke Nadel. Nimm den Faden auf und ziehe ihn über die rechte Spitze. Nimm weiter neue Maschen auf.

Wenn du diese grundlegende Technik beherrschst, bist du bereit für das eigentliche Stricken. Die zwei Grundstrickarten sind rechts und links.

Rechtsstricken

Nimm die Nadel mit den aufgenommenen Maschen in die linke Hand, die leere Nadel in die rechte. Wickle den Faden straff um den linken Zeigefinger, nicht zu fest, damit der Faden in Bewegung bleibt (Abb. F). Die Spannung des Fadens ist sehr wichtig beim Stricken. Das Geschick einer guten Strickerin hängt davon ab, dass die Wolle nicht zu lose ist oder, noch schlimmer, zu sehr gespannt wird. Doch das lernt man mit der Zeit. Führe die rechte Nadel nun durch die Masche, hinter den Faden.

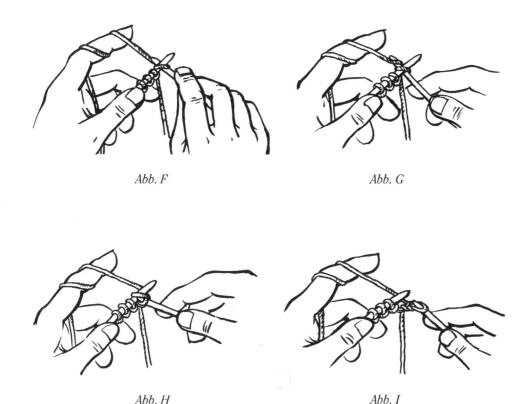

Abb. F *Abb. G*

Abb. H *Abb. I*

* Fasse den Faden mit der rechten Nadel mit einer Drehung, d.h., du führst die rechte Nadelspitze unter den Faden, sodass der Faden sich um die Nadel schlingt (Abb. G).

Führe nun die rechte Nadel mit einer leichten Drehbewegung wieder zurück durch die Masche (Abb. H). Am Anfang erfordert das etwas Übung und Geduld, damit der Faden beim Durchziehen nicht von der Nadel rutscht. Nun musst du die Masche von der linken auf die rechte Nadel gleiten lassen (Abb. I). Dieser letzte Teil kann etwas schwierig sein. Wenn du zu schnell bist, kannst du aus Versehen die nächste Masche auflösen. Das nennt man »eine Masche fallen lassen«.

Es geht darum, alle Maschen von der linken auf die rechte Nadel zu bringen und dabei eine neue Reihe Maschen zu stricken. Dann wechselst du die Nadeln auf die andere Seite und beginnst wieder von vorn, eine Reihe nach der anderen.

Linksstricken

Linksstricken ist etwas anders als Rechtsstricken: Beim Linksstricken bekommt man eine waagrechte, halbrunde Masche; beim Rechtsstricken eine flache, senkrechte mit lauter kleinen V-Formen.

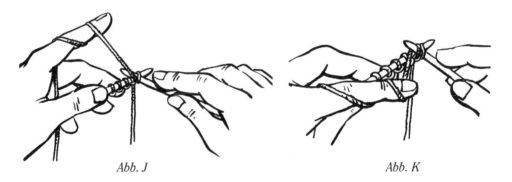

Abb. J *Abb. K*

* Halte das Garn wie vorher, die Maschen auf der linken Nadel. Diesmal hältst du den Faden vor deiner Arbeit, er verläuft also vor der linken Nadel. Fahre mit der rechten Nadel von rechts nach links in die rechte Masche, sodass deine linke Nadel hinter der rechten Nadelspitze liegt (Abb. J). Beuge deinen Zeigefinger kreisförmig nach vorne, sodass sich der Faden automatisch um die rechte Na-

delspitze legt. Ziehe den Faden mit der rechten Nadelspitze durch die Masche und lass den Faden von der linken auf die rechte Nadel gleiten.

Das sind die Grundlagen des Strickens, Mädchen. Wenn ihr etwas Einfaches stricken wollt, etwa einen Puppenschal, strickt ihr eine Reihe rechts und eine Reihe links, bis er lang genug ist. Dann kettet ihr ab.

Abketten

Stricke zwei rechte Maschen. Fahre dann mit der Spitze deiner linken Nadel durch die erste rechte Masche auf der rechten Nadel und ziehe sie über die zweite, wobei du sie fallen lässt, sodass nur eine Masche auf der Nadel bleibt. Stricke die nächste Masche rechts, ziehe die folgende darüber – und so weiter, bis die ganze Reihe abgekettet ist. Am Schluss hast du (hoffentlich!) noch eine Masche übrig. Lass diese von der Stricknadel fallen, ziehe den Faden durch und ziehe ihn fest.

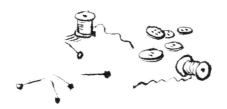

IM GARTEN

Nicht alle sind fürs Gärtnern geboren. Sarah hat im Laufe der Jahre viele tapfere Versuche gestartet, mit der Natur eins zu werden, und hat es nach viel vergeblicher Mühe schließlich aufgegeben. Sie hat jetzt anstelle von echtem Gras Kunstrasen (das Gras aus Plastik, das es auch auf manchen Tennisplätzen gibt) hinter ihrem Haus und ist damit zufrieden. Den Kunstrasen muss man nur ab und zu leicht staubsaugen und die wenigen übrigen zählebigen Bäume und Sträucher brauchen glücklicherweise wenig Pflege.

Doch du brauchst nicht unbedingt den »grünen Daumen«, um Spaß am Gärtnern zu finden – alles, was du brauchst, sind etwas Erde, Wasser und Sonnenlicht. Bei vielen dieser Vorschläge sind grundlegende Methoden beschrieben, die auch sonst beim Gärtnern nützlich sein können.

Küchengarten – was gut drinnen wächst

Senf und Kresse

Mit am leichtesten lassen sich Senf und Kresse aus Samen ziehen. Sie wachsen in Töpfen und auf den engsten Fensterbänken, solange sie Licht und Wasser bekommen, und das Beste ist: Du kannst mit den Sprossen leckere Brote belegen – sie wachsen wirklich schnell, du musst also nicht lange warten.

* leere, saubere Joghurtbecher
* Küchenpapier
* Watte
* Senf- und Kressesamen

Mache etwas Papier von der Küchenrolle nass und knülle etwas in jeden Becher. Lege eine dünne Schicht feuchter Watte darüber und lass etwa 2 cm bis zum Rand des Bechers frei. Streue Samen auf die Watte und drücke sie leicht an. Stelle die Becher an einen warmen, hellen Ort – ein Fensterbrett in der Küche ist ideal. Sieh jeden Tag nach, ob du schon etwas sprießen siehst (das sollte nach etwa einer Woche der Fall sein), und gib, wenn nötig, ein wenig Wasser dazu, damit die Watte feucht bleibt. Nach 10 bis 14 Tagen sollten Senf und Kresse groß und grün sein und reif für die Ernte.

Wenn du Brote damit belegen willst, schneide die Sprossen kurz über der Wurzel mit einer Schere ab und wasche sie vorsichtig. Bestreiche frische Brotscheiben mit Butter, streue die Senf- und Kressesprossen darauf – und schwupp! Das ging ja schnell! Schon kannst du dein erstes eigenes Grünzeug essen.

Avocadopflanze

Wenn es das nächste Mal Avocados zum Abendessen gibt, wirf den großen Kern in der Mitte nicht weg – versuche, aus ihm eine Avocado wachsen zu lassen. Leider wird deine Avocadopflanze keine Früchte tragen, doch es wird eine schöne Zimmerpflanze mit glänzenden Blättern, die fast zwei Meter hoch werden kann.

* 1 sauberes Marmeladen- oder anderes Glas
* 3 Zahnstocher
* Avocadokern

* Lass den Avocadokern über Nacht in lauwarmem Wasser einweichen. Stecke am nächsten Tag rundum drei Zahnstocher in gleichen Abständen ein Stück weit in den Kern. Fülle das Glas bis oben mit Wasser und lass den Kern mit der Spitze nach oben über dem Glas hängen, gestützt auf die Zahnstocher. Das breitere, flache Ende soll gerade so im Wasser hängen. Stelle das Glas an einen warmen, dunklen Ort – zum Beispiel in den Heizungsraum –, aber vergiss es nicht! Sieh regelmäßig nach und fülle Wasser nach, sodass der untere Teil immer im Wasser ist. Wenn der Kern keimt, wird er sich spalten, und aus dem Unterteil werden Wurzeln wachsen, aus dem Oberteil der Trieb. Sobald das geschieht, stelle die junge Pflanze auf ein Fensterbrett ins Licht.
  Wenn der Trieb etwa 15 cm groß geworden ist, sollst du ihn mit einer scharfen Schere etwa auf die halbe

* Größe zurückschneiden. Schneide den Trieb kurz über einer Knospe ab. Dadurch wird die Pflanze stärker und wächst buschiger.
  Jetzt wird es Zeit, die Avocado mit dem Spross in einen Topf mit Erde zu pflanzen. Fülle in einen 12-cm-Topf unten etwas Sand oder Kies – damit überschüssiges Wasser besser abfließen kann –, dann fülle ihn zur Hälfte mit Topferde. Mache ein Loch, in dem Platz für die jungen Wurzeln ist. Halte die Pflanze vorsichtig am Kern, hebe sie aus dem Glas und ziehe die Zahnstocher heraus. Setze die Pflanze in den Topf und fülle ihn mit Erde auf. Lass oben 2 bis 3 cm im Topf frei.

IM GARTEN 27

Linsensprossen

Wenn du beim Gedanken an Linsensuppe blass wirst, kannst du auch einmal versuchen, Linsensprossen zu ziehen, und stattdessen einen leckeren Salat daraus zubereiten.

* Stelle den Topf auf einen Untersetzer und gieße die Pflanze gut, verwende dazu immer lauwarmes Wasser.

Die Pflanze wird an der Spitze des Triebs neue Blätter bekommen. Wenn du die beiden oberen abknipst, werden vier dafür wachsen. (Wenn du das nicht tust, wächst die Pflanze gerade nach oben wie eine Bohnenstange und nicht buschig dicht und prächtig.)

Wenn du feststellst, dass Wurzeln unten aus dem Topf herauswachsen, ist es Zeit, die Pflanze in einen größeren Topf mit frischer Erde umzutopfen.

Gieße deine Avocadopflanze gut, aber nicht zu viel. Lass die Erde zwischendurch austrocknen. Nach dem Gießen sollte sich die Erde oben im Topf nur feucht anfühlen, nicht klatschnass mit Pfützen obendrauf!

TIPP: *Kerne von sehr reifen Avocados keimen am ehesten.*

* 1 großes Marmeladenglas
* ein Stück Baumwollstoff oder saubere Feinstrumpfhosen
* Gummiband
* eine Packung getrocknete Linsen – braune, grüne, rote …

Gib drei Esslöffel Linsen in das Marmeladenglas, fülle es mit kaltem Wasser und lass es über Nacht stehen. Die Linsen werden auf die doppelte Größe aufquellen. Lege das saubere Tuch über das Glas und befestige es mit dem Gummiband. Gieße das Wasser aus dem Glas. Die Linsen sollten jeden Morgen und jeden Abend mit sauberem Wasser gespült werden. Achte darauf, dass das Wasser vollständig abläuft.

Nach einigen Tagen werden die Linsen keimen und aus jeder wird eine kleine weiße Sprosse wachsen.

Wenn die Linsen gekeimt haben, solltest du das Glas eine halbe Stunde, ehe du die Linsen isst, in die Sonne stellen. Dadurch steigen ihr Mineral- und Vitamingehalt.

Stachelige Ananas

Wie aus der Avocado kann man auch aus dem Teil der Ananas, den man normalerweise wegwirft, eine ungewöhnliche Zimmerpflanze ziehen.

* reife Ananas mit Blättern
* breiter Blumentopf
* Anzucht- und Aussaaterde
* Kieselsteine oder Tonscherben
* große durchsichtige Plastiktüte
* Gummiband

Schneide den oberen Teil der Ananas mit den spitzigen Blättern ab. Es sollten noch etwa 2,5 cm von der Frucht dran sein. Lass diesen Blattschopf mit dem Fruchtfleisch nach oben zwei Tage lang trocknen.

Lege unten in den Topf einige Kieselsteine oder Scherben von Tontöpfen, fülle ihn dann bis fast obenhin mit Anzucht- und Aussaaterde. Setze das Ananas-Oberteil in den Topf und fülle mehr Erde darüber, sodass der Teil mit dem Fruchtfleisch bedeckt ist und nur die grünen Blätter herausragen. Gieße die Pflanze gut mit lauwarmem Wasser und stelle den Topf dann in eine große Plastiktüte. Sorge dafür, dass sie genügend Raum zum Atmen hat. Das hält die Pflanze warm und feucht und fördert die Wurzelbildung. Stelle sie an einen warmen, sonnigen Ort. Wenn du siehst, dass neue Blätter aus der Mitte des Blattschopfes wachsen, kannst du die Tüte entfernen.

Die Ananaspflanze gedeiht am besten an einem warmen und sonnigen Standort. Gieße die Pflanze regelmäßig, damit die Erde feucht bleibt und die Pflanze gut wächst.

Bereite deinen Garten vor

Wenn du Gefallen am Gärtnern gefunden hast und deine Fensterbretter vor Pflanzen überquellen, willst du vielleicht deinen grünen Daumen im Garten unter Beweis stellen. Frage deine Mutter oder deinen Vater, ob du im Garten eine eigene Ecke für dich bekommst. Du brauchst nicht viel Platz, doch die Lage ist wichtig.

Ideal ist ein Platz mit Süd-/Südwest-Ausrichtung, der viel Sonne bekommt. Um das herauszufinden, solltest du beobachten, wo die Sonne am Mittag am Himmel steht, und dir ein entsprechendes Stück aussuchen.

Wenn du einen Ort gewählt hast, markiere die Stelle, damit alle wissen, dass es deine ist. Du kannst mit Kieselsteinen, Fliesenscherben, Holzstücken oder was gerade zur Hand ist, eine schöne Grenzlinie legen.

Jetzt zur schweren Arbeit – zuerst musst du mit einer Gabel die Erde umgraben. Dabei kannst du sehen, mit welcher Art Erde du es zu tun hast. Die beste Sorte für den Garten ist schöner krümeliger Torf oder Lehmboden, der sich leicht umgraben lässt. Wenn du dichten, klebrigen Lehmboden hast, ist die Arbeit viel schwerer. Aber keine Angst – du kannst jeden Boden verbessern, wenn du jedes Jahr vor dem Pflanzen viel Kompost einarbeitest.

Grabe die Erde in deinem Gartenstück in Reihen um. Arbeite von hinten nach vorn, und wenn du die Erde umwendest, ziehe alles Unkraut und größere Steine heraus. Lockere das Stück noch einmal mit der Gabel, streue dann Kompost oder gut verrotteten Mist darüber. Das ist Nahrung für deine Pflanzen, damit sie besser wachsen. Verteile alles gleichmäßig und mische es dann mit der Gabel leicht unter die Erde. Gehe mit Gummistiefeln von hinten nach vorn über dein frisch umgegrabenes Gartenstück und ebne die Brocken und Klumpen ein. Mit einem Rechen machst du am Schluss die Oberfläche der Erde schön glatt.

Jetzt ist dein Garten bereit für die Bepflanzung. Vielleicht willst du dein Lieblingsgemüse pflanzen oder einen Blumengarten anlegen oder beides. Es ist dein Garten, also kannst du entscheiden. Und denke daran, beim Gärtnern musst du vieles ausprobieren. Verzweifle nicht, wenn du beim ersten Mal nicht gleich einen Riesenkürbis erntest.

Gemüse

Kirschtomaten

Manches passt einfach gut zusammen – Erdbeeren und Sahne, Fred Astaire und Ginger Rogers, Tomaten und Basilikum. Sie schmecken nicht nur gut zusammen, sondern die Tomaten bleiben auch gesund, wenn daneben Basilikum wächst, denn er hält die grüne Blattlaus fern. Das nennt man Begleitpflanzung. Tomaten brauchen die volle Sonne und müssen regelmäßig gegossen werden, damit sie gut wachsen und große Früchte tragen.

Kaufe im Frühsommer kleine Tomatenpflanzen. Pflanze sie mit 40 cm Abstand in deinen Garten. Verteile um jede Pflanze etwas Pflanzerde, achte aber darauf, dass sie den Stängel nicht berührt, und gieße sie gut. Schiebe kurz hinter deiner Pflanze einen Bambusstab in die Erde, und wenn der Stängel größer wird, binde ihn an den Stab.

Seitentriebe werden zwischen den Blattstielen und dem Hauptstängel herauswachsen – knipse sie gleich heraus, wenn sie erscheinen. So trägt die Pflanze mehr Früchte und bildet nicht so viele Blätter. Gieße sie regelmäßig und dünge einmal in der Woche mit flüssigem Tomatendünger den ganzen Sommer hindurch. Pflücke deine Tomaten, wenn sie schön rot und glänzend geworden sind.

Tomaten kann man auch in Töpfen ziehen und besonders gut gedeihen sie in Substratsäcken. Die kannst du im Gartenmarkt kaufen.

TIPP: *Gärtner pflanzen oft Studentenblumen neben ihre Tomaten, um die Weiße Fliege abzuhalten – sie schwören, ihre Tomatenpflanzen bekommen mehr Früchte, wenn Ringelblumen daneben wachsen.*

Basilikum

Basilikum kann man im Frühjahr aus den Samen ziehen und im Mai auspflanzen, wenn die Frostgefahr vorüber ist. Es braucht viel Sonne und Wasser.

Fülle einen Blumentopf (oder mehrere) mit Aussaaterde, drücke leicht mit der Handfläche darauf, um die Oberfläche zu glätten. Basilikumsamen sind sehr klein. Streue deshalb nur sehr wenig in jeden Topf und halte Abstand zwischen den Samen.

Verteile nur so viel Erde darüber, dass die Samen bedeckt sind – ertränke sie nicht! Stelle den Topf in eine Schüssel Wasser, sodass die Erde Wasser aufzieht und feucht wird.

Stelle das Basilikum auf ein warmes Fensterbrett. Wenn die Keimlinge erscheinen, stelle den Topf an ein Fenster, wo sie viel Sonne bekommen.

Wenn du zu viele Samen ausgesät hast und der Topf voller Sämlinge ist, ziehe einige heraus, sodass die Übrigen mindestens 3 cm Abstand haben. Sämlinge, die klein und schwach aussehen, solltest du ebenfalls herausziehen. Sei dabei vorsichtig, damit du die Wurzeln der Übrigen nicht beschädigst.

Pflanze das Basilikum im Mai in deinem Garten aus. Setze die Pflanzen mit 35 cm Abstand, idealerweise nahe bei deinen Tomaten.

Vom Mai an kann man Basilikum direkt draußen in den Garten oder in Töpfe säen, doch wenn man im Haus damit anfängt, hat man früher frisches Basilikum.

Knoblauch

Schau mal ins Gemüseregal und höchstwahrscheinlich findest du dort eine einsame alte Knoblauchknolle.

Die Knoblauchknolle besteht aus einzelnen Zehen, die man abteilen und einpflanzen kann, um Knoblauchgrün zu ziehen. Das kannst du klein schneiden und in Salate, Rührei und Nudelsoßen geben. Wenn du den Lauch abschneidest, wächst er stärker nach, also schneide ihn oft. Pflanze Knoblauch im Oktober, dann hast du Knoblauchgrün im Frühjahr.

Brich die alten Knoblauchzehen vorsichtig eine nach der anderen aus der Knoblauchknolle und drücke jede Zehe in die Erde, sodass das spitze Ende gerade bedeckt ist. Pflanze die Zehen im Abstand von 15 cm. Gieße sie gut.

Wenn du neue Knoblauchknollen ziehen willst, lass das Grün das ganze Frühjahr über wachsen und warte, bis es im Juni/Juli ganz ausgetrocknet und abgestorben ist. Ernte dann deinen selbst gezogenen Knoblauch.

Ziehe Knoblauch im Winter in Töpfen – dann hast du in wenigen Wochen das Grün zum Essen.

TIPP: *Pflanze Knoblauch neben Rosen, das hält Blattläuse fern.*

Radieschen

Radieschen gehören zu den Gemüsesorten, die am leichtesten und am schnellsten wachsen. Iss sie, in Meersalz gestippt, mit frischem Baguette und viel Butter.

Säe zwischen März und August in regelmäßigen Abständen, damit du immer welche ernten kannst. Ziehe mit einem Stock oder einer Hacke flache Furchen oder Rinnen in die Erde. Streue die Samen dünn entlang der Furche und bedecke sie leicht mit Erde. Vergiss nicht, die Reihe zu markieren, damit du weißt, was du gesät hast und wo die Reihe ist!

Wenn die Keimlinge erscheinen, wirst du sie etwas ausdünnen müssen, damit 3 bis 5 cm Abstand zwischen den Pflanzen bleiben. Ziehe kleine und schwache Keimlinge aus. Bei trockenem Wetter solltest du sie öfters gießen.

Ernte deine Radieschen, wenn sie die richtige Größe haben – wenn du sie zu lange im Boden lässt, werden sie zäh und schmecken zu stark.

Blumen

Sonnenblumen

Beginne mit den Sonnenblumensamen im Mai. Fülle kleine 10-cm-Töpfe mit Topferde und drücke einen einzelnen Samen etwa 2 cm in die Erde. Fülle das Loch mit Erde. Wässere jeden Topf gut und stelle sie an einen sonnigen Ort zum Keimen. Gieße sie regelmäßig, sodass die Töpfe nicht austrocknen.

Nach etwa zwei Wochen sollten die ersten Sprossen zu sehen sein. Wenn die Pflanzen etwa 30 cm groß sind, kann man sie draußen in größere Töpfe setzen. Stelle die Töpfe an einen Ort, wo sie volles Sonnenlicht haben.

Wenn du sie direkt in den Garten setzen möchtest, dann möglichst an einen sehr sonnigen Ort, am besten an eine Mauer, wo sie anderen kleineren Pflanzen nicht das Licht nehmen. Pflanze die Sonnenblumen im Abstand von 30 cm. Gieße sie gut und wässere sie an warmen Sommertagen auch weiter regelmäßig – Sonnenblumen sind sehr durstig. Wenn sie größer werden, musst du die Stängel vielleicht mit einem langen Bambusstab stützen. Stecke den Stab etwa 5 cm von der Pflanze entfernt in den Boden und binde die Pflanze etwa auf halber Höhe lose an den Stab.

Blumenzwiebeln

Die meisten Blumen, die im frühen Frühjahr blühen – Narzissen, Schneeglöckchen, Tulpen, Krokusse und Hyazinthen –, wachsen aus Zwiebeln und werden im Herbst gepflanzt. Die fleischige Zwiebel enthält alle Nährstoffe und Energie, die die Pflanze zum Wachstum braucht. Wenn deine Narzissen oder Tulpen verblüht sind, musst du die Blätter und Blüten vollständig absterben lassen und sie nicht etwa abschneiden – die vertrocknenden Blätter liefern die Kraft für die Blüten im nächsten Jahr, die in der Zwiebel tief in der Erde gespeichert wird.

Wenn du im Gartenmarkt Zwiebeln kaufst, wähle sie immer sorgfältig aus. Nimm nur solche, die sich beim Drücken hart anfühlen und die keine Beschädigungen aufweisen. Die größeren Zwiebeln sind normalerweise die besten. Eine einfache Faustregel für das Pflanzen von Zwiebeln ist, dass das Pflanzloch dreimal so tief sein soll wie die Länge der Zwiebel, und man pflanzt sie mit der Nase oder dem spitzen Ende nach oben.

Krokusse, Narzissen und Schneeglöckchen beleben nach den langen, dunklen Wintermonaten jeden Garten und sehen am Fuß eines Baumes oder auf dem Rasen wunderschön aus. Narzissen und Tulpen können auch in großen Töpfen oder Kästen an einem sonnigen Ort im Garten, auf dem Balkon oder Fensterbrett gezogen werden.

Wildblumengarten

Eine schöne Idee für dein kleines Stück Erde ist ein Wildblumengarten, der Vögel, Schmetterlinge und Bienen anlockt.

Abgepackten Wildblumensamen kannst du im Gartenmarkt kaufen. Die Blumen sind sehr leicht zu ziehen, wenn du die Angaben auf der Packung beachtest.

Ziehe die Pflanzen drinnen in Töpfen vor, wie es vorher beim Basilikumsamen beschrieben wurde. Wenn die Pflanzen groß genug sind und keine Frostgefahr mehr besteht, kannst du sie nach draußen verpflanzen.

Es stehen sehr viele Wildblumen zur Auswahl: Kornblumen, Glockenblumen, Schlüsselblumen, Stiefmütterchen, Mohnblumen, Leinkraut, Kuckuckslichtnelken, um nur ein paar zu nennen – und sie sehen wirklich hübsch aus, wenn sie zusammen in einem Beet oder in großen Terrakottatöpfen stehen.

Wenn du einen Rasen hast, frage doch deine Eltern, ob du in einer kleinen Ecke eine kleine Wildblumenwiese verwildern lassen kannst. Grabe Löcher in den Boden und pflanze die Wildblumen ein, lass dann das Gras und die Blumen in deiner »Wiese« wild wachsen. Wenn die Blumen verblüht sind, solltest du sie nicht abschneiden, damit sie ihre Samen in deiner Wiese verteilen. Du kannst auch die Samen aus den Blütenköpfen sammeln und sie in einem Umschlag für den nächsten Frühling aufbewahren. Mähe das Gras auf deiner Wildblumenwiese einmal im Spätsommer, wenn alle Blumen verblüht sind. Lass es einige Tage trocknen, ehe du es wegwirfst. Mähe das Gras noch einmal im Frühjahr, falls es notwendig sein sollte.

Kräutergarten im Kasten

Kräuter sind super – sie duften wunderbar, wenn du im Sommer über sie streifst, sie sind das ganze Jahr über nützlich zum Kochen, und du kannst sie in einem Kasten auf dem Fensterbrett oder in Töpfen ziehen, auch wenn du keinen Garten hast.

Einen Kräutergarten kannst du in jedem größeren Gefäß anlegen, solange es Löcher im Boden hat, damit das Wasser ablaufen kann. Das kann ein normaler Blumentopf oder auch ein altes, angeschlagenes Emaillesieb sein, zum Beispiel. Wenn du es luxuriöser willst, könntest du einen dieser schönen großen Terrakotta-Erdbeertöpfe kaufen, der rundum Öffnungen hat, in die du verschiedene Kräuter pflanzen kannst.

Am einfachsten ist es, wenn du eine Auswahl deiner Lieblingskräuter in Töpfen im Gartenmarkt kaufst. Teurer ist es, wenn du Samen in der Packung kaufst, denn du willst meistens nur eine oder zwei Pflanzen von jeder Sorte haben. Nimm solche, die du gerne für Tees oder zum Kochen verwendest – wunderbar duftende Kräuter wie Pfefferminze, Basilikum, Kamille, Petersilie, Koriander, Salbei und grüne Minze.

Bereite deinen Behälter vor. Bedecke den Boden mit ein paar Tonscherben oder kleinen Steinen, damit das Wasser besser ablaufen kann. Schütte etwas Komposterde darüber und nimm die Kräuter aus den Töpfen (lass die Minze im Topf, denn sie neigt dazu, sich im ganzen Garten auszubreiten) und setze sie ein. Jetzt fülle so viel Erde auf, dass die Wurzeln der Pflanzen völlig bedeckt sind. Gieße sie gut und stelle sie an einen sonnigen Ort.

Duftpflanzen

- Flieder
- Geißblatt
- Duftgeranien
- Jasmin
- Rosen
- Lavendel

Für Schmetterlinge und Bienen

- Buddleia (Schmetterlingsstrauch)
- Goldlack
- Fetthenne
- Schneeball
- Bartnelken
- Kornblumen

ESSEN, LECKERES ESSEN

Du musst kein Meisterkoch sein, um Spaß am Kochen zu finden, und viele Rezepte sind erstaunlich einfach. Denke immer daran, dass man vieles einfach ausprobieren muss, und gib nicht auf, wenn etwas schiefgeht. Zögere vor allem nicht, Erwachsene um Hilfe zu bitten – und bevor du etwas tust, versichere dich, dass du alle Regeln gelesen hast.

> Wissenswertes und Interessantes über das Essen:
> * Honig ist das einzige Nahrungsmittel, das nicht verdirbt. Archäologen haben in den Gräbern der Pharaonen Honig gefunden, der noch essbar ist.
> * Man sagt, Käse sei durch Zufall vor über 5000 Jahren erfunden worden. Ein arabischer Kaufmann ritt auf seinem Kamel durch die Wüste und hatte etwas Milch in einem Beutel aus einem Schafsmagen dabei. Die Bewegung des Kamels, die Sonne und Reste von Lab führten dazu, dass die Milch gerann, sich in Käsebruch und Molke aufspaltete, und so ist der Käse entstanden.
> * Die tropische Frucht Durian darf in öffentlichen Verkehrsmitteln in Singapur nicht transportiert werden, weil sie so abscheulich riecht.

Die wichtigsten Küchenregeln

- Renne nie in der Küche herum.
- Drehe die Griffe von Töpfen und Pfannen auf dem Herd immer zur Seite, damit du nicht daran stößt.
- Fasse nie Elektrisches mit nassen Händen an.
- Wasch dir die Hände, wenn du Fleisch und insbesondere Geflügel angefasst hast.
- Sei vorsichtig mit Messern. Ein scharfes Messer ist eigentlich sicherer als ein stumpfes; die können dir eher aus der Hand rutschen und dich verletzen.
- Benutze Mixer, offenes Feuer und Messer nie ohne die Aufsicht Erwachsener.
- Nimm immer Topfhandschuhe für heiße Gegenstände.
- Achte darauf, dass du immer alles ausschaltest, wenn du fertig bist.
- Räume während der Arbeit wieder auf. Unordnung lenkt ab. Außerdem willst du auch nicht auf dem Boden ausrutschen oder auf einer schmutzigen Arbeitsfläche herumwursteln.
- Halte dein Gesicht nicht an den Backofen, wenn du ihn öffnest.
- Die wichtigste Küchenregel – SEI VORSICHTIG. Schlechtes Kochen hat nichts mit Unwissen oder mangelndem Talent zu tun, sondern mit Schluderigkeit, Unachtsamkeit und Trägheit.

Die Vorbereitungen

- Wasch dir zuerst die Hände.
- Verschaffe dir ausreichend Platz und sorge dafür, dass alle Arbeitsflächen blitzsauber sind.
- Binde dir eine Schürze um und binde dein Haar zusammen (du kannst auch eine Kochmütze aufsetzen).
- Lies das Rezept, das du ausgewählt hast, ganz durch. Lies es dann zur Sicherheit noch einmal.
- Hole alle Arbeitsgeräte, die du brauchen wirst.
- Miss alle Zutaten ab. Schütte sie in kleine Glasschüsseln oder auf schöne Untertassen wie in den Kochsendungen.
- Jetzt bist du bereit fürs Kochen ...

Wochenenden

Frühstück macht am Wochenende am meisten Spaß. Du musst dich nicht beeilen, zur Schule zu kommen, und du kannst dir anstelle der üblichen Zerealien mit Joghurt und Obst richtige Leckereien gönnen.

Eier können zu jeder Mahlzeit gegessen werden, sind aber ideal fürs Frühstück, denn sie sind voller guter Nährstoffe und halten bis zum Mittagessen satt. Wenn es geht, nimm Eier von frei laufenden Hühnern, denn die Tierhaltung in Legebatterien ist grausam, und es werden viele Chemikalien dabei verwendet.

Weich gekochte Eier und Toaststreifen Für 1 Person

Folge der Kochanweisung für hart gekochte Eier (siehe S. 40), rechne aber 3 ½ bis 4 Minuten vom Siedepunkt an. Tauche sie in kaltes Wasser, damit sie nicht weitergaren und damit du das Ei leichter schälen kannst, ohne dir die Finger zu verbrennen. Setze das Ei in einen Eierbecher und schneide die Spitze in etwa drei Viertel der Höhe ab. Dazu musst du mit der Schneide eines Messers fest an das Ei schlagen. Hebe dann mit einem Teelöffel den Rest ab. Entferne eventuelle Reste von Eierschale. Das Eiweiß sollte fest sein und das Eigelb flüssig. Wenn das Eiweiß durchsichtig und gallertartig ist, ist dein Ei nicht gar, und du solltest es NICHT essen.

Toaste zwei Toastscheiben, bestreiche sie mit Butter und schneide sie in fingerbreite Streifen. Stippe sie in dein Ei und lass es dir schmecken.

Rühreier Für 1 Person

* 2 Eier
* ein Schuss Milch
* ein Klacks Butter
* Salz und Pfeffer

Schlage die Eier in eine Schüssel auf und verquirle sie mithilfe einer Gabel mit der Milch, bis sie schaumig sind. Gebe einen großen Klacks Butter in einen kleinen Topf und lass sie bei mittlerer Temperatur schmelzen. Schütte die Eier dazu. Wenn sie zu stocken beginnen, rühre mit einem Holzlöffel mit weiten, sanften Bewegungen.

Sobald nichts Flüssiges mehr zu sehen ist, kannst du die Eier vom Herd nehmen und auf einen warmen Teller tun. Bedenke, dass sie einen Moment weitergaren werden, also musst du sie vom Herd nehmen, wenn sie fast, aber noch nicht ganz fertig sind. Sie sollten weich, aber nicht flüssig sein. Auf jeden Fall solltest du vermeiden, dass sie hart oder wässrig werden.

Arme Ritter Für 2 Personen

* 4 Scheiben Weißbrot vom Vortag
* 1–2 Eier, geschlagen
* 1/8 l Milch
* etwas Zucker und Zimt
* Öl

Du brauchst gutes Weißbrot, ziemlich dick geschnitten. Verquirle Eier und Milch in einer breiten flachen Schüssel. Lege zwei Scheiben Brot gleichzeitig in das Gemisch. Wende das Brot und achte darauf, dass es vollständig von Ei bedeckt ist.

Stelle eine große Pfanne mit Antihaftbeschichtung bei mittlerer bis großer Hitze auf den Herd, gib einen Schuss Öl hinein und verteile es. Lege das Brot in die Pfanne, immer zwei Scheiben auf einmal, und brate sie 2 bis 3 Minuten auf beiden Seiten, bis sie goldbraun sind. Bestreue die Brote mit der Zucker-Zimt-Mischung und genieße sie warm. Hmm.

Ei im Glas Für 1 Person

Dazu braucht man ein spezielles Glas zum Eierkochen, ein kleines Glas mit einem Deckel und Schnappverschluss. Eier im Glas sind ähnlich wie gekochte Eier, nur viel leckerer, weil man nicht mit der Eierschale hantieren muss und sie je nach Belieben verfeinern kann.

* Erhitze eine Pfanne mit Wasser. Streiche die Innenseite des Eierglases mit Butter aus, am besten mit dem Finger. Schlage ein großes Ei (oder zwei kleine) in das Gefäß. Wenn du willst, kannst du einen kleinen Klacks Sahne oder etwas Würzmittel dazutun (z. B. Salz, Pfeffer, Paprika oder Worcestersoße). Schließe den Deckel und stelle das Glas für etwa 10 Minuten in das Wasser. Das Wasser sollte etwa bis zur Hälfte der Gefäßhöhe reichen.

    Nimm das Gefäß mit einem Holzlöffel vorsichtig aus dem Wasser. Stelle es auf einen Teller und lass es einige Minuten abkühlen. (Inzwischen kannst du deinen Toast machen.) Nimm den Deckel ab und iss. Lecker!

Hart gekochte Eier 1 Ei pro Person

Ausgezeichnet geeignet für die Frühstücksbox und zum Picknick. Ein Picknick zu Mittag muss übrigens nicht unbedingt an einem warmen Sommertag im Freien stattfinden. Du kannst auch im Februar ein köstliches Picknick auf dem Teppich veranstalten, wenn du etwas Aufmunterung brauchst.

* Lege deine Eier in einen Topf und gieße kaltes Wasser darüber, sodass sie gerade bedeckt sind. Bringe das Wasser zum sogenannten Siedepunkt (dann sprudelt es wie ein Hexenkessel) und sieh dann auf die Uhr. Mittelgroße Eier brauchen etwa 6 Minuten; größere 1 oder 2 Minuten mehr. Wenn sie fertig sind, gieße das Wasser ab und lege die Eier einige Minuten in eine Schüssel mit kaltem Wasser. Wenn du fertig bist, schäle ein Ei und iss es mit den Fingern, mit etwas Salz.

    Aus hart gekochten Eiern kann man auch Mayonnaise-eier machen. Wenn du sie so essen willst, schäle sie, halbiere sie und lege sie auf einen Teller. Tu Mayonnaise in eine Tasse, 1 Esslöffel je 2 Eier. Gib teelöffelweise Wasser dazu und verrühre die Mayonnaise, bis sie so flüssig ist, dass du sie über die Eier gießen kannst.

Würstchensandwich Für 1 Person

Die leichteste und sicherste Art, Würstchen warm zu machen, ist, sie auf ein Backblech zu legen und schnell in den Backofen zu stecken. Größere, fetthaltigere Würste brauchen etwa 40 Minuten bei 190 °C; kleinere etwa 25 Minuten.

Inzwischen kannst du dein Brot mit Butter bestreichen und etwas Ketchup dazutun. Wenn die Würste fertig sind, schneide sie der Länge nach durch und lege sie auf das Brot. Lege die zweite Brotscheibe darauf und iss das Sandwich noch warm.

Specksandwich Für 1 Person

Lege zwei Scheiben Bacon (durchwachsener Speck, dünn geschnitten) unter den Grill und gare ihn bei hoher Temperatur 2 bis 3 Minuten lang auf jeder Seite. Bestreiche zwei dicke Brotscheiben mit Butter, lege den Bacon auf eine Scheibe, lege die andere Scheibe darauf und schneide es ein- oder zweimal durch.

Kartoffelplätzchen Ergibt etwa 4 Stück

* 2 Tassen Kartoffelpüree
* ½ Tasse Mehl
* Salz
* 1 geschlagenes Ei
* Olivenöl
* Butter

Die sind lecker und sehr leicht zu machen, besonders wenn du Reste von Kartoffelpüree im Kühlschrank hast.

Wenn nicht, nimm zwei große mehlig kochende Kartoffeln, schäle sie, schneide sie in Viertel und koche sie 20 Minuten in Salzwasser. Gieße das Wasser ab und lass sie gründlich abtrocknen, zerdrücke sie dann mit einem Stückchen Butter.

Vermische alle Zutaten (außer der Butter und dem Olivenöl) mit einem Holzlöffel. Streue Mehl auf ein Holzbrett und rolle den Teig aus, bis er etwa 1 cm dick ist, und schneide ihn in Quadrate oder Dreiecke. Streue etwas mehr Mehl auf das Brett und drücke beide Seiten der Plätzchen hinein, sodass sie auf jeder Seite einen dünnen Mehlüberzug haben. Brate sie in etwas Olivenöl bei mittlerer Hitze ca. 2 bis 3 Minuten auf jeder Seite, bis sie eine goldbraune Färbung haben. Serviere sie mit Butter.

Hummus Für 4 Personen

* 1 Dose Kichererbsen
* 2 große Schuss Olivenöl
* 1 Handvoll Petersilie
* 1 Knoblauchzehe
* Saft von ½ Zitrone
* Meersalz

Tu alle Zutaten in einen Küchenmixer und mixe sie etwa 30 Sekunden lang. Die Masse soll eher grob aussehen und nicht zu fein. Hummus schmeckt hervorragend zu warmem Pita-Brot oder als Dip zu Tortillachips.

Guacamole Für 2 Personen

* 2 reife Avocados
* Saft von ½ Zitrone
* 1 Schuss Olivenöl
* Meersalz

Schneide die Avocados in größere Stücke (Avocados sind reif, wenn sie auf Druck gerade etwas nachgeben) und lege sie in eine tiefe Schüssel. Lass sie nicht zu lange stehen, ehe du die anderen Zutaten dazutust, denn an der Luft werden sie braun. Gib den Zitronensaft, eine Prise Meersalz und einen guten Schuss Olivenöl dazu, zerdrücke dann alles mit einer Gabel. Das ist alles.

Heidelbeer-Smoothie (Früchtepüree)
Für 2 Personen

* 1 mittelgroßes Glas Apfelsaft
* 5 Esslöffel Naturjoghurt
* 1 Banane
* 1 mittelgroßes Glas Heidelbeeren
* 1 Teel. Honig (je nach Geschmack)

Smoothies sind gesund und köstlich zum Frühstück; die Heidelbeeren machen eine besonders schöne Farbe.

Tu alle Zutaten außer dem Honig in einen Küchenmixer und mixe, bis eine glatte Masse entstanden ist. Wenn du willst, kannst du einen Teelöffel flüssigen Honig dazutun, damit es süßer wird. Wenn dein Smoothie ganz kalt sein soll, gib einige Eiswürfel dazu oder friere die Heidelbeeren vorher ein.

Teestunde

Eine feine englische Teestunde gehört zu den großen Genüssen des Lebens. Es sollte Sandwiches, Kekse und Kuchen geben. Wenn du Tee nicht magst, kannst du auch selbst gemachte Limonade oder Saftschorle dazu trinken.

Törtchen Ergibt etwa 10 Stück

* Formen für Törtchen
* 125 g Butter
* 125 g feiner Zucker
* 2 mittelgroße Eier
* 125 g Mehl
* 1 Teel. Backpulver
* 1 Teel. Vanillezucker

Ehe du beginnst, heize den Backofen auf 180 °C vor. Stelle die Törtchenformen in ein Förmchenblech.

Schlage die Butter und den Zucker mit einem Holzlöffel, bis eine glatte, schaumige Masse entsteht. Füge die Eier dazu, schlage eines nach dem anderen unter die Masse. Vermische das Mehl mit dem Backpulver und füge einige Löffel davon zu der Masse, damit sie nicht gerinnt. Gib den Vanillezucker dazu. Knete das Mehl nun mit einem Metalllöffel darunter. Fülle mit einem Esslöffel einen Klacks Teig in jede Törtchenform und lass etwas Platz nach oben, weil der Teig noch aufgehen wird.

Backe die Törtchen 18 bis 20 Minuten. Sie sind fertig, wenn sie aufgegangen sind, eine goldbraune Farbe haben und sich fest anfühlen. Lass sie auf einem Rost abkühlen. Wenn du willst, kannst du sie auch mit Glasur überziehen (siehe S. 44) …

Großer Biskuitkuchen Für etwa 10 Personen

Wenn du einen großen Biskuitkuchen backen willst, folge dem Rezept für Törtchen, aber fülle den Teig in eine runde Backform mit 20 cm Durchmesser anstatt in die Törtchenformen. Wenn du das Grundrezept beherrschst, kannst du Kuchen in verschiedenen Geschmacksrichtungen backen: einen Zitronenkuchen mit Zitronensaft und geriebener Zitronenschale, einen Schokoladenkuchen mit Kakao, einen Apfelkuchen mit geschälten und sehr klein geschnittenen Äpfeln und so weiter.

Buttercremeglasur Ergibt etwa 10 Törtchen

* 140 g Butter
* 280 g Puderzucker
* Lebensmittelfarbe (wenn du willst)

Verrühre Butter und Puderzucker zu einer glatten Masse. Füge einige Tropfen Lebensmittelfarbe dazu. Nimm einen Spatel oder ein flaches Messer, um die Glasur auf den Törtchen zu verteilen.

Wenn du keine Buttercremeglasur magst (solche Menschen soll es geben), kannst du auch einen Zuckerguss machen. Schütte 150 g Puderzucker mit 50 ml Wasser (oder Zitronensaft) in einen Topf und lass den Zucker bei schwacher Hitze sich auflösen. Lass die Mischung etwas abkühlen und gieße sie über die Törtchen.

Schokoladenkuchen aus dem Kühlschrank
Ergibt 8–10 Portionen

* 200 g dunkle Kochschokolade
* 200 g Milchschokolade
* 50 g Butterkekse

* 100 g gehackte Pecannüsse (wenn du willst); wenn du keine Nüsse magst, nimm die doppelte Menge Kekse
* 10 kandierte Kirschen, halbiert (oder getrocknete Kirschen oder Rosinen)

Bringe die gesamte Schokolade im Wasserbad (siehe S. 69) zum Schmelzen. Lege ein Backblech mit Pergamentpapier aus. Lass das Papier einige cm über dem Rand stehen, damit du den Kuchen später leichter herausheben kannst.

Zerkleinere die Kekse: Tu sie in eine Plastiktüte und zerdrücke sie mit einem Rollholz. Du brauchst kleine Stücke, keine Krümel. Vermische die Kekse, Nüsse und Kirschen in einer Schüssel, verteile sie dann gleichmäßig auf dem Backblech. Gieße die Schokolade darüber und streiche sie mit einem Spatel glatt, sodass alle trockenen Zutaten bedeckt sind. Lass alles mindestens eine Stunde im Kühlschrank kalt werden.

Wenn die Masse hart ist, kannst du sie in Stücke schneiden und luftdicht verpackt im Kühlschrank aufbewahren.

Sandwiches Für 1 Person

Sandwiches für eine Teestunde sollten mit gutem Brot gemacht werden, ordentlich in nicht zu dicke Scheiben geschnitten. Am beliebtesten sind die mit Marmelade oder Schinken und Käse. Man muss nicht viel dazu sagen, aber wenn du es ganz vornehm machen möchtest, schneidest du die Rinde ab und schneidest die Brote in appetitliche Dreiecke. Ein einfaches Tomatenbrot, das klingt langweilig, wenn es aber gut gemacht ist, gibt es kaum etwas Besseres. Schneide die Tomaten sehr dünn. Lege sie in zwei Schichten auf das Brot und würze mit Salz und Pfeffer. Lege eine Scheibe Brot darauf und schneide es in Viertel.

Köstliche Käsekekse Für 8 Personen

Es ist immer schön, wenn man etwas Pikantes zu all den süßen Sachen zur Teestunde anbieten kann.

* 100 g Mehl
* 1 Teel. Backpulver
* 100 g geriebener Cheddar-Käse
* ½ Tasse Olivenöl

Heize den Backofen auf 180 °C vor.

Gib alle Zutaten in eine tiefe Schüssel und vermische sie mit einer Gabel. Verteile etwas Mehl auf einem Brett und auf deine Hände, drücke den Teig auf 1 cm Dicke (du kannst recht kräftig drücken; der Teig ist weniger empfindlich als der für die Scones auf S. 46). Stich runde Plätzchen aus und backe sie 8 bis 10 Minuten, bis sie goldbraun sind.

Scones Ergibt 8 Stück

* 200 g Mehl
* 2 Teel. Backpulver
* 1 Prise Meersalz
* 50 g weiche Butter, in kleine Würfel geschnitten
* 1 Teel. Sauerrahm
* ⅓ Tasse Vollmilch

Heize den Backofen auf 200 °C vor.

Mische das Mehl, das Backpulver, das Salz und die Butter in einer großen Rührschüssel. Nimm den Teig zwischen die Fingerspitzen beider Hände und streiche ihn leicht. Zuerst wird nicht viel passieren, aber wenn du eine Weile zupfst und streichst, wirst du sehen, dass die Butter und das Mehl sich vermischen. Hebe den Teig beim Bearbeiten aus der Schüssel und lass ihn dann wieder fallen – so werden die Scones locker.

Nach fünf Minuten sollte der Teig aussehen wie weiche Brotkrümel. Gib den Sauerrahm und dann die Milch in kleinen Mengen dazu, mische sie mit einem Metallmesser leicht unter, bis sich alles zu einem kleinen Ball verbindet. Er sollte feucht, aber fest sein. Bestreue ein Holzbrett oder die Arbeitsfläche mit einer Handvoll Mehl, bemehle auch deine Hände. Lege den Teig auf das Brett und drücke ihn nur mit den Fingerspitzen vorsichtig, bis alles etwa nur noch 1 cm dick ist. Bitte nimm kein Wellholz dafür. Bemehle eine runde Ausstechform oder ein Glas (für Miniscones eignet sich ein Eierbecher), steche runde Plätzchen aus dem Teig aus und lege sie auf ein bemehltes Backblech (du brauchst es nicht einzufetten).

Mische die Teigreste wieder zusammen und steche wieder aus, oder, wenn du nur noch Teig für einen Scone hast, forme einen mit der Hand. Alle Köche haben einen knubbeligen Scone in jeder Backladung.

Backe die Scones auf der mittleren Schiene im Backofen 10 Minuten lang, bis sie goldbraun aufgegangen sind. Lass sie auf einem Rost auskühlen. Wenn deine Scones nicht so aufgegangen sind, wie du es wolltest, nimm beim nächsten Mal einen Teelöffel Backpulver mehr.

Scones isst man am besten mit Butter und Marmelade oder mit Sahne und Marmelade. Der Streit darüber, was man zuerst drauftun sollte, die Marmelade oder die Sahne, hält noch an. Doch wir sind zu beschäftigt mit Scones-Essen, um uns darüber Gedanken zu machen. Du kannst sie natürlich auch mit etwas anderem essen.

Falsche Marmelade
Ergibt 2–3 Gläser

* 750 g gemischte Sommerfrüchte (Erdbeeren, Himbeeren, Heidelbeeren, Brombeeren)
* 100 ml Wasser
* 400 g feiner Zucker

Schütte die Früchte und das Wasser in einen Edelstahltopf. Bringe sie zum Kochen und lass sie unter Rühren 15 Minuten köcheln. Schütte den Zucker dazu und lass die Mischung weitere 20 Minuten köcheln.

Spüle zwei oder drei Gläser mit heißem Wasser aus.

Lass die Marmelade abkühlen, gieße sie in die Gläser und stelle sie in den Kühlschrank. Sie wird dicker werden und fast wie echte Marmelade aussehen. Aber sie wird nicht so lange halten wie richtige Marmelade. Deshalb solltest du sie schnell verbrauchen und wegwerfen, wenn sie schimmelig wird.

Kinderpunsch

Wenn du keinen Tee magst, aber gerne etwas Warmes trinken möchtest, mach dir einen Kinderpunsch. Wärme etwas Orangensaft, Apfelsaft und etwas Johannisbeersaft (du kannst auch andere Säfte oder Früchtetee nehmen) in einem Topf an. Je nach Geschmack kannst du einen Beutel mit Glühweingewürz hineinhängen. Lass ihn 5 Minuten ziehen. Gieße dann dein Getränk in eine große Tasse. Wenn du willst, kannst du noch einen Löffel Honig dazutun.

Selbst gemachte Limonade
Ergibt 1 Liter

* Saft von 4 Zitronen
* 1 l Wasser
* 1 Handvoll frische Minze
* 2 Teel. Honig
* Schale einer unbehandelten Zitrone
* Eiswürfel

Tu alle Zutaten in einen Küchenmixer und mixe sie, bis eine glatte Masse entsteht. Sie wird etwas schaumig, aber der Schaum wird sich auflösen. Die Zitronenschale und die Minze werden sich auf dem Boden absetzen. Wenn du aber keine kleinen Stückchen in deiner Limonade haben möchtest, lass sie durch ein feines Sieb laufen, wenn du sie in einen Krug gießt. Gib mehr Eis dazu und dekoriere mit einem Zweig Minze.

Abendbrot

Das Abendbrot ist eine Möglichkeit, dir am Ende des Tages noch ein paar kleine Leckereien zu gönnen, damit dein Magen nicht knurrt, wenn du zu Bett gehst. Du kannst alles von der Teestunde auf den vorherigen Seiten nehmen, doch du brauchst noch etwas Sättigenderes dazu. Wir mögen ...

Käsetoast Für 1 Person

Nimm eine Scheibe gutes Brot und toaste sie leicht im Toaster. Verteile etwa ½ Tasse geriebenen Käse gleichmäßig darauf. Lass dann alles 2 bis 3 Minuten bei mittlerer Hitze unter einem Grill garen, bis der Käse Blasen wirft.

Bohnen (Baked Beans) auf Toast Für 1 Person

Baked Beans aus der Dose sind in England besonders beliebt. Wärme die Bohnen in einem kleinen Topf vorsichtig an. Du kannst noch ein bisschen Butter dazutun. Gieße dann alles über eine Scheibe Toast, die mit Butter bestrichen ist.

Ofenkartoffel Für 1 Person

Nimm eine gute mehlige Kartoffel. Wasche sie, trockne sie ab, reibe sie mit etwas Olivenöl ein und steche sie mehrere Male mit einem Messer ein. Backe sie in einem vorgeheizten Ofen bei 200 °C etwa 75 Minuten lang. Wenn sie durch ist, schneide sie in der Mitte durch und tu drauf, was du magst – Frischkäse, Butter, Crème fraîche, geriebenen Käse, kleine Stücke gebratenen Speck und so weiter.

Mal was Besonderes ... Für 1 Person

Wenn die Kartoffel nicht mehr ganz so heiß ist, nimm das Innere mit einem Löffel heraus, ohne die Schale zu beschädigen. Mische die Kartoffelmasse mit ½ Tasse geriebenem Käse und einem geschlagenen Ei. Fülle diese Masse dann vorsichtig wieder in die Kartoffelhüllen zurück und lass sie 5 Minuten unter einem Grill knusprig golden werden.

ESSEN, LECKERES ESSEN 49

Mitternachtsmahl

Zuckerbrote Für 1 Person

Köstlich und sehr ungesund. Das solltest du nur einmal im Jahr zu einer besonderen Gelegenheit essen. Bestreiche eine Scheibe Weißbrot mit Butter und streue einen Teelöffel Zucker darauf (es besteht die Versuchung, mit dem Zucker zu übertreiben, doch lass es sein, dir wird nur schlecht davon). Klappe das Brot in der Mitte zusammen. Putz dir die Zähne danach.

Popcorn Für 1 Person

Gieße einen Schuss Sonnenblumenöl in einen tiefen Topf mit Antihaftbeschichtung. Lass ihn einige Minuten bei mittlerer Temperatur warm werden, gib dann zwei Handvoll Puffmais dazu. Lege den Deckel auf den Topf.

Eine Weile wird nichts geschehen. Du wirst denken, die ganze Geschichte vom Popcornmachen ist ein Märchen. Und dann, wenn du gerade aufgeben willst, wirst du ein einzelnes Ping hören. Dann folgen bald alle anderen Körner, als ob sie nach dem ersten Ping alle gedacht hätten: Das ist eine gute Idee.

Rüttle den Topf ständig über der Hitze, damit nichts anbrennt oder festklebt. Achte darauf, dass der Deckel schwer genug ist, damit er von den explodierenden Körnern nicht angehoben wird. Wenn das verrückte Popgeräusch aufgehört hat, warte noch ab und rüttle den Topf dabei immer weiter.

Nimm den Topf vom Herd, hebe den Deckel mit einem Topfhandschuh ab und schütte das Popcorn in eine große Schüssel. Manche tun jetzt etwas geschmolzene Butter dazu. Wenn du süßes Popcorn magst, streue etwas Zucker darüber; wenn du es lieber pikant magst, nimm Salz.

Bananentoast Für 1 Person

Nimm eine Banane und etwas Vollkornbrot. Während du das Brot toastest, zerdrücke die Banane mit etwas Zitronensaft. Wenn das Brot fertig ist, bestreiche es mit Butter und verteile deine selbst gemachte Bananen-»Marmelade« darauf. Unwiderstehlich.

FRÜHLING

Die ersten Vorboten des Frühlings sind traditionell die Schneeglöckchen – sie blühen normalerweise schon Anfang Februar. Danach geht es los mit Blumen, Blättern, Blüten, munteren kleinen Lämmern, Häschen, Vögelchen und allen möglichen niedlichen Geschöpfen, die Mutter Natur sich ausdenken konnte. Die Luft riecht anders, der Wind ist nicht mehr so kalt und die Tage werden allmählich wieder länger. Es ist Zeit, nach draußen zu gehen, all diese wunderschönen Dinge zu entdecken und die ersten Sonnentage des Jahres zu genießen.

Wonach du im Frühjahr Ausschau halten solltest

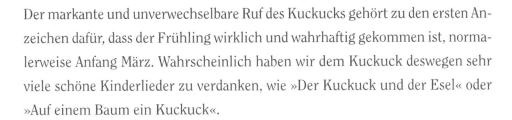

Der Kuckuck

Der markante und unverwechselbare Ruf des Kuckucks gehört zu den ersten Anzeichen dafür, dass der Frühling wirklich und wahrhaftig gekommen ist, normalerweise Anfang März. Wahrscheinlich haben wir dem Kuckuck deswegen sehr viele schöne Kinderlieder zu verdanken, wie »Der Kuckuck und der Esel« oder »Auf einem Baum ein Kuckuck«.

Ein alter Aberglaube besagt: Wenn der Kuckuck ruft, sollte man unbedingt Geld in den Taschen haben, denn dann wird sich über das ganze Jahr hinweg Geld in den Taschen befinden. Andere glauben, man müsse den Geldbeutel kräftig schütteln, dann gehe das Geld nicht aus.

Im Allgemeinen hat der Kuckuck einen recht schlechten Ruf. Das hat damit zu tun, dass er bekanntermaßen ein fauler Vogel ist. Er legt seine Eier in die Nester anderer Vögel und macht sich dann aus dem Staub. Er lässt die ahnungslosen Nestbesitzer das Kuckucksei ausbrüten. Er ist also nicht nur faul, sondern auch noch frech – und eine schlechte Mutter noch dazu.

Da überrascht es auch nicht, dass der Kuckuck mit seinem nicht sehr sozialen Verhalten ein sehr scheuer Vogel ist, und es ist sehr viel wahrscheinlicher, dass du einen hörst, als dass du einen siehst. Doch wenn du einen siehst – er ist grau, hat einen weiß und grau gestreiften Bauch, einen spitz zulaufenden Schwanz und ist etwa so groß wie eine Taube – denk an den Geldbeutel.

Lämmer

Schafe selbst sind keine besonders interessanten Tiere. Doch kleine Schäfchen – also Lämmer – sind etwas anderes. Sie sind der Inbegriff des Süßen und etwas vom Schönsten, das der Frühling bringt.

Zu beobachten, wie ein Lamm geboren wird, ist eine umwerfende Erfahrung. Erst ist es noch im Bauch der Mutter. Dann, buchstäblich innerhalb von Minuten, steht das Lamm auf seinen Beinen, natürlich noch unsicher, doch es trinkt und ist bereit zu gehen.

Wenn du auf dem Land spazieren gehst, siehst du oft Büschel aus weißer Lammwolle, die sich in den Büschen oder an den Zäunen verfangen haben. Wenn du welche findest, nimm sie mit nach Hause. Du kannst sie für Puppenbetten im Puppenhaus brauchen. Du kannst sie auch in den Garten legen – die Vögel werden sie für ihre Nester mitnehmen.

Hier ist ein kleines Liedchen, das du singen kannst, wenn du die Frühlingslämmer auf der Wiese herumtollen siehst.

> *Mäh, Lämmchen, mäh, das Lämmchen lief im Klee,*
> *da stieß es an ein Steinchen,*
> *da tat ihm weh sein Beinchen,*
> *da schrie das Lämmchen mäh!*
>
> *Mäh, Lämmchen, mäh, das Lämmchen lief im Klee,*
> *da stieß es an ein Sträuchelchen,*
> *da tat ihm weh sein Bäuchelchen,*
> *da schrie das Lämmchen mäh!*
>
> Aus: *Des Knaben Wunderhorn* (1808)

Vogelnester

Wenn du im frühen Frühling den Garten genau beobachtest, wirst du allerlei kleine Vögel sehen, die geschäftig herumfliegen und kleine Zweige, Strohhalme, Moos und sogar Bindfadenstücke sammeln. Sie bauen Nester, in die sie dann ihre Eier legen.

Du kannst ihnen dabei helfen. Du weißt doch, dass du »Nester« in den Haaren bekommst, wenn du sie nicht richtig bürstest? Nun, dann bürste sie mal richtig aus, nimm alle angesammelten Haare aus der Bürste und lege sie auf einen Busch oder ins Gras für die Vögel.

Singvögel

Es gibt nichts Schöneres, als im Frühling in einem Park oder auf einer Wiese zu sitzen und den Vögeln zuzuhören. Die Luft ist erfüllt von übermütigem Gezwitscher. Es gibt einige bekannte Arten, die du kennen solltest.

* **Rotkehlchen.** Die Rotkehlchen gehören zu den beliebtesten und bekanntesten Singvögeln. Du kannst sie ganz leicht erkennen. Sie sind rundlich gebaut und haben glänzende schwarze Augen. Rücken, Flügel und der Schwanz des Rotkehlchens sind gleichmäßig gräulich braun gefärbt. Davon heben sich Gesicht, Kehle und Brust gut sichtbar ab – die Federn sind da nämlich orangerot gefärbt. Dieser Färbung verdanken die Rotkehlchen auch ihren Namen.
* **Amsel.** Die Amseln gehören zu den häufigsten Singvogelarten. Vor allem die Männchen sind leicht zu erkennen: Ihr Gefieder ist tiefschwarz und sie haben einen orangefarbenen Schnabel und einen gelben Augenring – du hast sie sicherlich schon einmal gesehen. Der Gesang der Amsel ist laut und schön und gehört einfach zum Frühling dazu.
* **Star.** Der Star ist ein sehr lustiger Singvogel. Er ist bekannt für seinen schwätzenden Gesang und imitiert oft Geräusche und andere Vogelstimmen. Diese Art des Gesangs heißt deswegen auch »spotten«. Du erkennst den Star an seinem langen Schnabel und seinem glänzenden grün-violetten Gefieder mit weiß-gelben Flecken.

Auf Grashalmen kauen

Nein, nicht nur Kaninchen und Schafe fressen Grünzeug. Im Frühling, wenn die Pflanzensäfte steigen, kannst du auf deinen Spaziergängen die frischen Triebe von neu hochgewachsenem Gras kauen. Ziehe das Gras am Stängel heraus und stecke es mit dem zarten Trieb voran in den Mund.

Pfeifen auf einem Grashalm

Suche dir einen guten, recht langen und breiten Grashalm. Lege ihn entlang der Außenseite deines Daumens bis zum Handgelenk an und halte ihn mit einem Finger fest gespannt oder lecke über den Außenrand deines Daumens von oben bis unten, sodass das Gras daran kleben bleibt. Lege dann deine beiden Daumen nebeneinander, sodass der Daumennagel in deine Richtung zeigt, als ob du beten wolltest. Zwischen deinen Daumen, wo das Gras hervorschaut, sollte eine Höhlung sein – presse deine Lippen auf die Höhlung und blase, so fest du kannst, und damit bringst du hoffentlich ein hohes, wenn auch nicht besonders melodisches Pfeifen hervor.

Weißdorn

Weißdornknospen und -blätter sind so köstlich, dass die Pflanze in England auch »Brot und Käse« heißt. Die Knospen des jungen Strauchs schmecken nussig.

Später im Frühjahr, wenn die Knospen sich geöffnet haben, kannst du die glänzenden grünen Blätter direkt vom Busch essen oder mit nach Hause nehmen, klein schneiden und auf Frühlingskartoffelsalat oder Käsebrote streuen.

Iss NIEMALS etwas, wenn du nicht sicher weißt, was es ist. Viele Blätter, Blumen und Beeren sind giftig. Sammle nur naturbelassene Pflanzen von abgelegenen Wiesen und Feldern.

Sauerampfer

Der Sauerampfer enthält sehr viel Vitamin C. Er kann wie Spinat gekocht oder als Suppe zubereitet werden. Du kannst ihn in Maßen aber auch roh essen. Du solltest beim Sammeln darauf achten, nur die schönen jungen Blätter zu pflücken und sie gut zu waschen.

Brennnesselsuppe Für 6 Personen

Vielleicht verabscheust du Brennnesseln, weil sie brennen, doch sie haben viele gesunde Eigenschaften – sie reinigen unter anderem die Lunge und wirken gegen Ekzeme. Für einen stärkenden Tee kannst du die Blätter 10 bis 15 Minuten in heißem Wasser ziehen lassen. Du kannst die Brennnesseln auch kochen – sie schmecken wie Spinat und enthalten viele Vitamine. Sie schmecken auch gut in einer Suppe.
Ziehe lange Hosen und Gartenhandschuhe an und pflücke die zarten jungen Nesselblätter von der Spitze der Pflanze. Nimm keine Blätter von Pflanzen, die schon geblüht haben – die können schädlich für die Nieren sein. Wenn du dich verbrennst, suche ein Ampferblatt (sie wachsen oft in Nachbarschaft zu Brennnesseln) und reibe damit kräftig über die verbrannte Fläche – damit der Saft aus dem Ampferblatt austritt. Du kannst auch eine milde Antihistaminsalbe gegen das Jucken auftragen.

* 2 Handvoll Brennnesseln
* 450 g Kartoffeln
* 50 g Butter
* 850 ml Hühner- oder Gemüsebrühe
* Salz und Pfeffer
* 1 Esslöffel saure Sahne

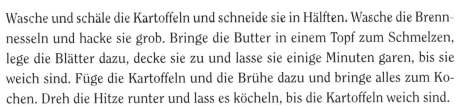

Wasche und schäle die Kartoffeln und schneide sie in Hälften. Wasche die Brennnesseln und hacke sie grob. Bringe die Butter in einem Topf zum Schmelzen, lege die Blätter dazu, decke sie zu und lasse sie einige Minuten garen, bis sie weich sind. Füge die Kartoffeln und die Brühe dazu und bringe alles zum Kochen. Dreh die Hitze runter und lass es köcheln, bis die Kartoffeln weich sind.

Nimm den Topf vom Herd und lass den Inhalt etwas abkühlen, ehe du ihn in den Küchenmixer füllst (bitte hierbei einen Erwachsenen um Hilfe).

Rühre vor dem Servieren etwas Sauerrahm unter und würze nach Geschmack.

Feste

Valentinstag

Der heilige Valentin war ein römischer Bischof und christlicher Märtyrer und wurde um 270 n. Chr. am 14. Februar hingerichtet. Der Legende nach soll er Verliebte trotz des Verbots von Kaiser Claudius II. (Soldaten durften damals nicht heiraten) getraut haben. Er soll auch frischvermählten Paaren Blumen aus seinem Garten geschenkt haben, und man sagt, dass Ehen, die von ihm geschlossen wurden, besonders glücklich verliefen. Er ist unter anderem der Schutzheilige der Liebenden, der Verlobten, der Ehe, der Epilepsie und der Ohnmacht.

Der Valentinstag erfreut sich in Deutschland wachsender Beliebtheit. Frauen bekommen an diesem Tag Blumen, Pralinen und allerlei andere Aufmerksamkeiten von ihren Verehrern geschenkt. In England und den USA ist es Tradition, dass man am 14. Februar demjenigen, den man liebt, anonym eine Karte schickt, um ihm das mitzuteilen.

Du kannst eine selbst gemachte Karte oder ein Briefchen schicken. Es ist lustig, wenn du noch etwas in den Umschlag tust, was den Adressaten deiner Zuneigung ins Grübeln bringt. Schreibe ein romantisches Gedicht oder sprühe etwas Parfüm auf den Umschlag. Verstelle deine Handschrift, indem du mit der linken Hand schreibst, wenn du Rechtshänderin bist, und mit der rechten, wenn du Linkshänderin bist.

Und wenn du keinen Brief und keine Karte kriegst …

Mach dir keine Sorgen. Es ist eine wohlbekannte Tatsache, dass die meisten Valentinskarten von Mädchen an sich selbst verschickt werden, denn Jungen kämen in tödliche Verlegenheit, wenn man sie bei einem so sentimentalen Blödsinn erwischen würde. Und bis sie sich dazu durchringen, dir persönlich einen Blumenstrauß zu überreichen – das kann wirklich lange Zeit dauern.

Aprilscherze

Am 1. April werden üblicherweise Familienmitgliedern und Freunden allerlei Streiche gespielt, doch zu Mittag müssen die Scherze aufhören, sonst bist du die Angeschmierte. Während man in Deutschland gerne spaßige Lügengeschichten erzählt und »*April, April!*« ruft, wenn derjenige darauf hereingefallen ist, befestigt man z. B. in Frankreich einen Papierfisch auf dem Rücken ahnungsloser Opfer und ruft »*Poisson d'avril*«, wenn der Fisch entdeckt wurde.

1. Mai

Der 1. Mai ist einer der ältesten heidnischen Festtage. An diesem Tag wird der Höhepunkt des Frühlings gefeiert. Traditionell wurde bei einem großen Fest das schönste Mädchen im Dorf mit Blumen zur Maikönigin gekrönt. Mädchen und Jungen tanzten um einen Maibaum mit Bändern.

Am 1. Mai soll der Morgentau magische Kräfte besitzen. Wenn deine Haut schön werden soll, stehe besonders früh auf und wasche dein Gesicht mit Tau.

Aber … heirate nicht im Mai, denn es heißt:

> Heirat im Mai
> macht bald wieder frei.

Frühlingsblumen und ihre Bedeutung

Vergissmeinnicht

Das Vergissmeinnicht kennst du ganz bestimmt. Die kleinen blauen Blüten siehst du ab April in Büscheln wachsen. Sie sehen auf den Wiesen wie blaue Wölkchen aus. Wie der Name schon sagt, hat diese Blume eine klare Botschaft an den Empfänger: Vergiss mich nicht.

Wenn du einer guten Freundin eine schöne Botschaft schicken willst, dann schreib ihr doch folgende Zeilen auf ein selbst gemachtes Kärtchen oder schreib sie in ihr Poesiealbum. Du kannst das Papier mit gepressten getrockneten Blüten und Blättern dekorieren.

Ein kleines blaues Blümchen spricht:
Vergiss mich, liebe Freundin, nicht.
Sind wir beide auch noch klein,
die Freundschaft soll doch ewig sein.

Rosen, Tulpen, Nelken,
alle Blumen welken,
nur die eine nicht
und die heißt:
Vergissmeinnicht.

Ins Freundschaftsgärtchen hier
pflanz ich auf weiß Papier
ein Blümlein – schön'res gibt es nicht –
es wird genannt Vergissmeinnicht.

Maiglöckchen

Diese Blume bedeutet Anmut, Reinheit, »du hast mein Leben vollkommen gemacht«. Deshalb wird sie im Frühling oft in Brautsträußen verwendet. Sie ist sehr hübsch und hat leicht duftende weiße Glöckchenblüten. Die Duftrichtung ist auch beliebt für Seifen und Badezusätze. Hier ein brühmtes Maiglöckchen-Gedicht von Hoffmann von Fallersleben (1798–1874):

Maiglöckchen läutet in dem Tal,
Das klingt so hell und fein:
So kommt zum Reigen allzumal,
Ihr lieben Blümelein!

Die Blümchen, blau und gelb und weiß,
Die kommen all' herbei;
Vergißmeinnicht und Ehrenpreis,
Zeitlos' und Akelei.

Maiglöckchen spielt zum Tanz im Nu
Und Alle tanzen dann.
Der Mond sieht ihnen freundlich zu,
Hat seine Freude dran.

Den Junker Reif verdroß das sehr,
Er kommt ins Tal hinein:
Maiglöckchen spielt zum Tanz nicht mehr,
Fort sind die Blümelein.

Doch kaum der Reif das Tal verläßt,
Da rufet wiederum
Maiglöckchen zu dem Frühlingsfest
Und läutet bim bam bum.

Nun hält's auch mich nicht mehr zu Haus,
Maiglöckchen ruft auch mich:
Die Blümchen geh'n zum Tanz hinaus,
Zum Tanze geh' auch ich.

Narzissen

Gelb ist die Farbe des Frühlings und viele finden nichts so typisch für den Frühling wie einen Strauß Narzissen. Es gibt wirklich nichts Schöneres als eine mit Narzissen übersäte Frühlingswiese. In der Sprache der Blumen bedeuten sie unerfüllte Liebe, Eifersucht und Eitelkeit (wie auch gelbe Rosen).

Schlüsselblumen

Eine weitere gelbe Frühlingsblume ist die Schlüsselblume. Wenn du jemandem Schlüsselblumen schenkst, sagst du damit: »Ich kann nicht ohne dich leben«, oder: »Gib mir den Schlüssel zu deinem Herzen.« Schlüsselblumen sehen wunderschön aus, du solltest dennoch darauf verzichten, sie in der freien Natur zu sammeln, da sie unter Naturschutz stehen.

Blüten

Die Apfel- und Birnbaumblüte dauert nur wenige Wochen, doch allein schon das Betrachten der zarten schönen Blüten macht die Seele glücklich. In Japan bringt der Zierkirschenbaum oder *Sakura* flüchtige rosa und weiße Blüten, die manchmal nur einen oder zwei Tage blühen. Die Japaner lieben und verehren die kleinen Blüten und feiern ihr Erscheinen mit zahlreichen Feierlichkeiten und speziellen Festen. Kirschblüten werden auch oft in der Kunst und in der Dekoration in Japan verwendet.

Inspirierende Frauen

Sophie Scholl (1921–1943)

Sophie Scholl wurde eine der bekanntesten Gegnerinnen des NS-Regimes. Nach einer Ausbildung zur Kindergärtnerin, die sie beginnt, um dem Reichsarbeitsdienst zu entgehen, zieht sie zu ihrem Bruder Hans nach München, um dort endlich Biologie und Philosophie studieren zu können.

Sie lernt in München einige Studenten kennen, die ihre Ablehnung gegen die Nazis teilen. Gemeinsam mit ihrem Bruder schließt sie sich der Widerstandsgruppe »Weiße Rose« an. Das Ziel der fünf Studenten ist es, die Verbrechen des Hitler-Regimes in der Öffentlichkeit anzuprangern und dem Treiben nicht schweigend zuzusehen. In dieser Zeit verfassen und verteilen sie sechs Flugblätter, die die Menschen aufrütteln sollen. Sie wissen, dass sie damit ihr Leben aufs Spiel setzen. Als sie im Februar des Jahres 1943 Flugblätter in der Universität verteilen, wirft Sophie einen Stapel der Flugblätter in die Eingangshalle der Universität. Dabei wird sie von einem Hausmeister beobachtet, der sie an die Gestapo (Geheime Staatspolizei) verrät. Sophie Scholl, ihr Bruder und ein Freund werden verhaftet. Sophie und Hans versuchen, die Hauptlast auf sich zu nehmen, um ihre Freunde zu schützen. Nach einem dreitägigen Verhör werden die drei zum Tode verurteilt und hingerichtet. Sophie ist zu diesem Zeitpunkt erst 21 Jahre alt.

Rosa Parks (1913–2005)

1955 herrschte noch die Rassentrennung (die Trennung von Schwarzen und Weißen an öffentlichen Orten) im amerikanischen Staat Alabama. Die sinnlosen offenen Morde an Schwarzen durch Mitglieder des Ku-Klux-Klan (eine schreckliche Organisation, die glaubt, weiße Menschen seien besser als schwarze, und die es leider immer noch gibt) dauerten an. Eines Tages weigerte sich die schwarze Näherin und Bürgerrechtskämpferin Rosa Parks, ihren Platz im Bus für einen weißen Fahrgast aufzugeben. Damals waren die ersten vier Sitzreihen in den Bussen in Alabama für weiße Fahrgäste reserviert. Schwarze mussten hinten im Bus sitzen. Heute mag es normal scheinen, was Rosa Parks getan hat, doch 1955 war es ein mutiger Protest.

Rosa Parks wurde verhaftet und bekam eine Geldstrafe. Doch ihre Aktion führte zu einem Busboykott, der über ein Jahr andauerte, und die Rassentrennung in öffentlichen Verkehrsmitteln wurde verboten. Ihr Protest war ein Meilenstein im Kampf um die Gleichberechtigung Schwarzer.

OSTERN

Ostern ist eine Zeit des Schlemmens – hauptsächlich Schokolade – und der Vorbereitungen für die Feiertage: Eier ausblasen und bemalen und natürlich gute Verstecke finden.

Du kannst die gesamte Wohnung mit Frühlingsbumen, süßen Häschen, flauschigen Küken und Ostersträußen aus Weidenkätzchen oder Forsythien schmücken. Alles duftet nach Frühling und die Welt strahlt in frischen Farben.

Eier ausblasen

Bevor du anfängst, solltest du das Ei unbedingt mit warmem Seifenwasser abspülen, damit alle Keime und aller Schmutz von der Schale verschwinden. Dann erst bohrst du mit einer größeren spitzen Nadel sehr vorsichtig ein Loch in die Spitze und das untere Ende des Eis. Das erfordert etwas Vorsicht und Feingefühl, damit das Ei dabei nicht zerbricht. Drehe die Nadel herum und mache die Löcher etwas größer, sonst kannst du den Inhalt nicht herausblasen und du läufst nur rot an bei dem Versuch. Bewege die Nadel, damit der Dotter aufbricht. Du kannst jetzt das Ei auch einmal ordentlich schütteln, um den Inhalt flüssiger zu machen, dann geht das Ausblasen leichter.

Lege das spitze Ende an die Lippen und blase über einer Schüssel, so stark du kannst. Du brauchst Geduld – das Eiweiß ist das Schwierige. Wenn das einmal draußen ist, kommt das Eigelb viel leichter und schneller nach. Blase weiter, bis das Ei vollständig leer ist.

Spüle das Ei einige Male aus, blase das Wasser aus und achte darauf, dass es innen vollständig sauber ist. Wische es dann vorsichtig mit einem Tuch ab und lass es 30 Minuten stehen, ehe du es anmalst und verzierst.

Eier verzieren

Ausgeblasene Eier

Stelle das trockene Ei zum Anmalen in einen sauberen Eierbecher oder einen leeren Eierkarton. Nimm Plakatfarbe, Glitzerkleber oder Filzstifte und verziere das Ei nach deinem Geschmack, zum Bespiel mit Gesichtern, Rautenmustern, Tupfen oder Streifen. Wenn es mehr wie ein Fabergé-Ei aussehen soll, kannst du Glitzerfarbe, goldenen oder silbernen Nagellack oder aufklebbare Pailletten verwenden. Zum Schluss kannst du um die Mitte ein feines Band aus Samt, Spitze oder Goldmetallic binden.

* Verziere erst den oberen Teil des Eis und lass es vollständig trocknen, ehe du es umdrehst und die andere Hälfte verzierst.

Wenn du die ausgeblasenen Eier in Naturfarben tauchst, erhältst du zarte Farbschattierungen (siehe S. 66). Binde dann ein Band oder etwas Spitze darum. Bevor du die Eier in die Farbe legst, verschließe die Löcher mit einigen Tropfen Kerzenwachs – dann füllt sich das Ei beim Färben nicht jedes Mal mit Farbe.

Ukrainische Eier oder Pysanka-Eier

Raffinierter kann man Eier mit der traditionellen ukrainischen Methode bemalen. Dazu muss man mit einem in flüssiges Kerzenwachs getauchten Stecknadelkopf oder einem Streichholz Muster nach Vorlagen auf das Ei malen. Dann wird das Ei in Farbe getaucht, weiter mit Wachs bemalt und wieder, diesmal in dunklere Farbe, getaucht, um so verschiedene Schichten von Farben und Mustern aufzubauen.

* Du kannst natürliche Pflanzenfarben nehmen oder spezielle Eierfarben in unterschiedlichen Farben in einem Bastelgeschäft kaufen. Nimm ein sauberes, trockenes ausgeblasenes Ei oder ein Ei, das mindestens drei Stunden gekocht hat, sodass es nicht schlecht wird.

Nimm ein weißes Ei und denk dir ein Muster in mehreren Farben aus. Alle Teile des Eis, die du mit Wachs bedeckst, werden weiß bleiben. Beginne mit einer hellen Farbe, vielleicht Hellgelb, und tauche das Ei hinein. Dann lass es trocknen. Tauche das Streichholz oder den Stecknadelkopf in flüssiges Kerzenwachs und zeichne eine weitere Schicht in deinem Muster. Alles, was du jetzt mit Wachs bedeckst, wird gelb bleiben, wenn du das Ei in die nächste Farbe tauchst – Dunkelorange zum Beispiel.

Wiederhole den Vorgang und nimm allmählich immer dunklere Farben – ein dunkles Rot oder Schwarz ist normalerweise die letzte Farbschicht – und male immer mehr Wachsmuster auf, wenn die Farbschicht völlig getrocknet ist.

Wenn das Ei in der letzten Farbe war, halte es vorsichtig an eine Kerze oder stelle es für 5 Minuten in den heißen Backofen, damit das Wachs schmilzt. Du musst das Ei mehrmals mit einem sauberen Tuch abwischen und es wieder warm machen, bis alle Wachsschichten weg sind. Probiere Muster mit Sternen, Tupfen, Streifen und Tropfenformen.

Eier mit Zwiebelschalen und Pflanzenmuster

Befeuchte einige weiße rohe Eier und drücke Blumen oder kleine, schön geformte Blätter auf die Eierschalen. Wickle sie dann fest in mehrere Schichten brauner Zwiebelschalen und befestige sie mit einem Gummiband oder Faden, sodass sie nicht verrutschen können.

Koche die Eier 10 bis 15 Minuten. Wenn du die Zwiebelschalen abnimmst, siehst du, dass auf den Eierschalen die Umrisse der Blätter oder Blüten abgebildet sind, und die Eier sind bräunlich scheckig von den Zwiebelschalen.

Marmorierte Wachseier

Schäle mit einem Kartoffelschäler kleinen Mengen von unterschiedlichen Wachsmalkreiden in eine kleine Schüssel. Gieße etwas heißes Wasser darüber und rühre um, sodass das Wachs schmilzt. Lass dein sauberes weißes hart gekochtes oder ausgeblasenes Ei mit einem Löffel in die Schüssel gleiten, sodass es vollständig von der Flüssigkeit bedeckt ist, und drehe es einige Sekunden lang herum, nimm es dann heraus. Das geschmolzene bunte Wachs hat dann ein marmoriertes Muster auf deinem Ei hinterlassen. Lass es in einem umgekehrten Eierkarton trocknen. Wenn das Wachs hart geworden ist, können die Eier mit Klarlack bestrichen werden, damit sie schön glänzen und die Farbe haltbar wird.

Leichtes Eierfärben mit Lebensmittelfarbe

Sorge dafür, dass deine Eier sauber sind – wasche sie gut und wische sie mit etwas Essig ab, um Schmutzreste zu entfernen. Mische in einer kleinen Schale 2 bis 5 Teelöffel Lebensmittelfarbe mit einem Teelöffel Essig und füge ½ bis 1 Tasse heißes Wasser dazu. Der Essig sorgt dafür, dass die Farbe gut auf der Eierschale haftet. Lass die Flüssigkeit abkühlen, tauche dann das Ei ein, sodass es vollständig bedeckt ist. Je länger du das Ei in der Lebensmittelfarbe lässt, desto dunkler wird der Farbton. Nimm das Ei mit einem Löffel heraus, trockne es mit Papiertüchern ab und lass es in einem umgekehrten Eierkarton trocknen.

Wenn die Eier ein Streifenmuster bekommen sollen, binde ein Gummiband mehrmals um das Ei oder klebe dünne Klebestreifen oder Aufkleber auf das Ei – die abgedeckten Teile werden nicht gefärbt. Nimm die Abdeckungen ab und färbe das Ei dann in etwas dunklerer Farbe, damit Abstufungen sichtbar werden. Du kannst auch vor dem Färben ein Muster mit einem weißen Malstift auf das Ei zeichnen, ehe du es in die Farbe tauchst – Gesichter, Punkte oder Sterne. Wie bei den ukrainischen Eiern wird die Lebensmittelfarbe die Teile nicht färben, die mit Farbstift verziert sind. Experimentiere mit den verschiedenen Effekten, Schichten von Buntstiftfarben und verschiedenen Farbtönen von Lebensmittelfarbe.

Natürliche Pflanzenfarben zum Eierfärben

Am Ostermontag ging Rosemary zu Hause in Irland immer früh morgens los und sammelte die duftenden, leuchtend gelben Ginsterblüten, die in den Hügeln in der Nähe ihres Hauses in voller Blüte standen. Dann füllte sie einen großen Topf mit Wasser, tat die Blumen und Eier hinein und kochte sie zusammen. Der Ginster färbte die Eier leuchtend gelb. Dann verzierte sie die Eier mit Farben und Stiften.

Du kannst alle möglichen Pflanzen, Blumen, Früchte und Gemüsesorten nehmen, um die Eier in verschiedenen Farben zu färben. Es gibt zwei Methoden beim Färben: Wenn die Eier zusammen mit dem Farbstoff gekocht werden, bekommen sie eine gleichmäßigere und intensiver leuchtende Farbe. Zum Kaltfärben werden die pflanzlichen Stoffe extra 15 Minuten bis 1 Stunde gekocht, um die Farbe herzustellen. Als Faustregel gilt: Je länger du das Farbmaterial kochst, desto konzentrierter wird die Farbe und desto dunkler wird dein Ei gefärbt. Nach dem Kochen wird die Farbe durch ein Sieb gegossen, und man lässt sie etwas abkühlen, ehe die Eier zum Färben hineingelegt werden. Lass sie 5 Minuten bis eine Nacht in der Farbe liegen, je nachdem wie intensiv die Färbung werden soll. Mit der Tauchmethode erzielt man feinere, zartere Farbtöne.

Nimm weiße Eier zum Färben, die nehmen die Farbe am besten an. Die gefärbten Eier sind matt. Wenn du ihnen einen glänzenden Schimmer verleihen möchtest, lass sie auf einem Gestell oder Abtropfbrett trocknen und reibe sie dann mit etwas Oliven- oder Pflanzenöl ein.

Wenn du die Eier als Dekoration aufbewahren möchtest, nimm ausgeblasene Eier und koche sie nicht in der Farbe, sondern färbe sie in kalter Farbe.

Hier sind einige Vorschläge für verschiedene natürliche Pflanzenfarben:

* **Hellgelb:** Ginsterblüten, Karotten und Karottengrün, Selleriesamen, Mangoschalen, Orangen- oder Zitronenschalen. Experimentiere mit gemahlenem Kreuzkümmel oder Safran.
* **Dunkelgelb:** 3 bis 4 Esslöffel Gelbwurz in so viel Wasser gekocht, dass die Eier bedeckt sind.
* **Orangegelb:** Currypulver, wie oben.
* **Orange oder kräftiges Rotbraun:** Koche die Schalen von 12 bis 15 hellen Zwiebeln. Die Farbe wird je nach Koch- oder Färbezeit immer intensiver, von Orange zu einem dunkleren Rotbraun.
* **Pink oder Rot:** Koche die Schalen von 12 bis 15 roten Zwiebeln oder frisch geschnittene Rote Bete, gefrorene Himbeeren oder Granatapfelsaft.
* **Braun oder Beige:** Kaffee, Tee, Walnussschalen.
* **Goldbraun:** 4 Esslöffel Dillsamen.
* **Braunorange:** 4 Esslöffel Chilipulver.
* **Grün:** Brennnesseln, Frauenmantel, Ampfer, Spinat oder Karottengrün ohne Stiele.
* **Blau:** Ein ganz helles Blau, so wie Rotkehlcheneier: Schneide ½ Rotkohl und koche ihn etwa 30 Minuten lang. Diese Farbe färbt nicht so gut, wenn sie sehr heiß ist, nimm also schon gekochte Eier und lege sie in die abgekühlte Flüssigkeit. Lass die Eier länger darin liegen, damit die Farbe intensiver wird. Ein dunkleres Blau erzielt man mit Heidelbeeren.
* **Grau:** Schwarze Sojabohnen, roter oder schwarzer Johannisbeersaft.
* **Schwarz:** Brombeeren.

TIPP: *Wenn du 2 Teelöffel Essig zum kochenden Wasser gibst, nehmen die Eier die Farbe besser an.*

Überraschungs-Hühner-Schokoladeneier

Du kannst die Schokoladeneier vorbereiten und damit deinen Eltern am Ostermorgen eine schöne Überraschung bereiten. Du brauchst:

* ausgeblasene Eier
* Nadel
* Milchschokolade
* weiße Schokolade – für den Marmoreffekt

Reinige die Eier und blase sie aus, wie es auf Seite 63 beschrieben wurde. Lass die Milchschokolade in einer Schüssel über einem Topf mit heißem, aber nicht kochendem Wasser schmelzen und gieße sie dann vorsichtig in die leere Eierschale. Wische alle eventuellen Schokoladenreste von der Eierschale und lass sie über Nacht im Kühlschrank oder an einem kühlen Ort stehen.

Wenn die Eier marmoriert aussehen sollen, reibe etwas weiße Schokolade, gib sie zu der bereits geschmolzenen braunen Schokolade und rühre leicht um, ehe du die Mischung in die Eierschale gießt.

Selbst gemachte Schokoladeneier

Formen zum Herstellen von Schokoladeneiern bekommst du in Haushaltswarengeschäften oder bei Spezialfirmen. Das Wichtigste beim Herstellen von Schokoladeneiern ist die Temperatur der Schokolade. Man muss sie auf eine bestimmte Temperatur erwärmen, etwas abkühlen lassen und dann wieder erwärmen, ehe man sie in die vorbereitete Form füllt. Das sorgfältige Temperieren sorgt dafür, dass die Schokolade eine glatte, glänzende Oberfläche bekommt. Die Schokolade sollte in dünnen Schichten in die Form gegossen werden, sodass jede Schicht vollständig aushärtet, bevor die nächste daraufgegossen wird. Du brauchst:

* 300–600 g gute Schokolade, je nach Größe deiner Form – Bitterschokolade sollte mindestens 70 Prozent Kakaobestandteile enthalten
* geschmacksneutrales Öl – Sonnenblumenöl ist gut geeignet
* Eierformen
* Kochthermometer

Bereite zuerst die Formen vor – achte darauf, dass sie ganz sauber und frei von Staub sind. Wische dann jede Form mit etwas Küchenkrepp aus, der vorher in ein geschmacksneutrales Öl getaucht wurde. Damit bekommen die Eier eine glänzende Oberfläche und sie können leichter aus der Form entfernt werden.

Schneide oder breche die Schokolade in kleine, gleichmäßige Stücke und lege 2/3 davon mit dem Thermometer in eine Glasschüssel. Bringe die Schokolade im Wasserbad zum Schmelzen. Dazu stellst du die Schüssel in einen Topf, der nur wenige cm hoch mit Wasser gefüllt ist und bei sehr schwacher Hitze auf dem Herd steht. Achte darauf, dass die Schüssel genau in den Topf passt, damit kein Wasser oder Dampf sich mit der Schokolade vermischt, während sie warm wird – sonst verdirbt die Schokolade und wird klumpig.

Rühre die Schokolade, bis sie vollständig geschmolzen ist, und achte darauf, dass das Wasser nicht kocht. Erhitze die Schokolade auf 40 °C. Nimm sie von der Kochstelle und füge die restliche Schokolade hinzu, rühre, bis alles geschmolzen und die Temperatur auf 27 °C gefallen ist.

Stelle den Topf mit der Schüssel wieder bei schwacher Hitze auf den Herd und bringe die Temperatur auf 32 °C bei dunkler Schokolade, 30 °C bei Milchschokolade und 28 °C bei weißer Schokolade.

Gieße mit einem Löffel eine dünne Schicht Schokolade in jede Hälfte der Form, bewege die Formen oder nimm einen sauberen Backpinsel, um die Schicht gleichmäßig aufzutragen. Mit einem Messer säuberst du den Rand oben um die Form, damit die beiden Teile später auch gut zusammengefügt werden können. Lass sie vollständig abkühlen, ehe du die übrige Schokolade auf die erforderliche Temperatur erhitzt und wieder eine Schicht in die Form gießt. Du solltest mindestens drei oder vier Schichten Schokolade in die Form gießen und sie dann an einem kühlen Ort vollständig aushärten lassen. Nimm die beiden Hälften des Schokoladeneis dann vorsichtig aus den Formen.

Um beide Hälften zusammenzufügen, erwärme die Schneide eines Messers in einer Tasse mit kochendem Wasser. Streiche dann mit der Schneide über die Ränder, bis die Schokolade leicht schmilzt. Füge die beiden Hälften mit leichtem Druck zusammen.

Du kannst eine Überraschung in dein Ei legen – kleine Schokoladeneier und -häschen oder eine kleine Karte – ehe du die Hälften zusammenfügst.

Osterkekse Ergibt 14 Stück

- 110 g Butter
- 225 g Mehl
- 110 g feiner Zucker
- 100 g Korinthen
- ½ Teel. Gewürzmischung
- ½ Teel. Zimt
- 1 Ei
- 1 Teel. Brandy
- 1 Teel. Zitronensaft

Heize den Backofen auf 180 °C. Fette zwei Backbleche ein.

Vermische in einer großen Schüssel mit den Händen Butter und Mehl, bis die Mischung fein krümelig ist. Füge dann Zucker, Korinthen, die Gewürzmischung und den Zimt dazu.

Schlage das Ei in eine Schüssel und vermische es mit dem Brandy und dem Zitronensaft. Gieße die Flüssigkeit zu den trockenen Zutaten und vermische alles mit einer Gabel zu einem festen Teig. Nimm zum Schluss die Hände und knete den Teig leicht, sodass er geschmeidig genug zum Ausrollen ist.

Rolle den Teig auf einer bemehlten Arbeitsfläche aus, bis er etwa 1 cm dick ist. Stich mit einer Ausstechform runde Formen aus, am besten mit gezacktem Rand, und lege sie auf das gefettete Backblech.

Backe sie 15 bis 20 Minuten oder bis sie gerade goldbraun sind. Lass sie etwa 15 Minuten auf dem Backblech und lege sie dann auf ein Gitter zum Auskühlen.

Du kannst auch mit einer Ausstechform Osterhasen ausstechen und für die Augen Korinthen nehmen.

Osterkarten

Hier sind einige Vorschläge für einfache Osterkarten.

Osterkorbkarte

Falte ein Stück Zeichenkarton im Format A5 in der Mitte – das ist deine eigentliche Karte. Zeichne auf ein anderes Stück Karton in einer anderen Farbe den Umriss von einem schönen kleinen Korb und schneide ihn aus. Fahre auf der Rückseite des Korbes am Rand mit dem Klebstoff entlang und lass den oberen Rand des Korbes frei. Klebe dann den Korb auf die Vorderseite deiner Karte. Schneide einige Eier aus verschiedenen Kartonfarben aus und verziere sie mit Farbstiften, Pailletten, Bändern und so weiter. Schreibe auf die Rückseiten der Eier Botschaften – zum Beispiel eine für jedes Familienmitglied. Schiebe die Eier in den Korb.

Ostereikarte

Zeichne ein großes Ei auf Karton und schneide es aus. Klebe bunte Folie auf das Ei oder gestalte ein farbiges Mosaikmuster mit Bonbonpapierchen und farbigem Zellophan. Binde mit einem farbigen Band eine Schleife um die Mitte des Eis und klebe es an der Mitte fest. Klebe das Ei auf die Vorderseite deiner Karte.

MAKE-UP UND SCHÖNHEIT

In puncto Make-up möchten wir zunächst einmal betonen, dass es absolut kein Muss ist. Wenn du dich niemals für Make-up interessierst, ist das völlig in Ordnung. Du sparst dir dadurch eine Menge Taschengeld – und hast ein Problem weniger mit deiner Mutter.

Wenn es nämlich etwas gibt, worauf Eltern absolut nicht scharf sind, so ist das Make-up. Einige akzeptieren es in kleinen Mengen oder bei besonderen Gelegenheiten wie Partys oder Schulaufführungen, aber die meisten lehnen es prinzipiell ab. Sie begründen es damit, dass du sowieso schon hübsch genug bist. Doch in Wirklichkeit gefällt ihnen nur der Gedanke nicht, dass ihr kleines Mädchen erwachsen wird.

Am besten gehst du das Ganze mit Vernunft an. Vermeide unnatürliche grelle Farben und verwende das Make-up sparsam. Das ist zum einen deshalb ratsam, um deine Eltern nicht zu verärgern, zum anderen ist es generell eine gute Make-up-Regel. Es gibt beispielsweise keinen Grund, Make-up zu verwenden, wenn man einen schönen, jugendlichen Teint hat. Der Sinn und Zweck von Make-up ist schließlich, das Aussehen auf dezente Weise zu *verbessern*. Du willst wohl kaum wie eine Kusine von Coco dem Clown aussehen!

Haut

Alle Mädchen wünschen sich eine samtweiche glatte Haut. Doch Mutter Natur hat anderes im Sinn: PICKEL!

Es gibt nichts Frustrierenderes als Pickel. Und man kann auch nicht wirklich viel dagegen tun. Aber man kann die Pickel zumindest kaschieren.

Die wichtigste Regel lautet: An Pickeln herumdrücken macht alles nur noch schlimmer. Ein Pickel ist nämlich im Grunde nichts anderes als eine Vermehrung von Bakterien in den Hautporen. Und das Herumdrücken führt dazu, dass noch mehr Bakterien in die Haut eindringen (deine Finger, vor allem der Bereich unter den Nägeln, sind nie so sauber, wie du vielleicht denkst) und die Entzündung sich in das umliegende Gewebe ausbreitet. Am besten lässt du die Pickel in Ruhe – und probierst einen der beiden folgenden Tipps aus:

Teebaumöl: Du kannst es in den meisten Drogerien oder Apotheken kaufen. Trage vor dem Schlafengehen ein wenig Teebaumöl auf den Pickel auf. Es wirkt desinfizierend und hemmt den Entzündungsprozess. Vermeide scharfe Desinfektionsmittel wie Wundbenzin oder Tetrachlorphenol. Denn sie trocknen die umliegende Haut aus und verschlimmern das Problem. Eine gute Alternative zum Teebaumöl ist Hamamelis (Zaubernuss).

Abdeckcremes: Das sind hautfarbene Cremes speziell zum Abdecken von Pickeln oder kleineren Hautunregelmäßigkeiten. Du bekommst sie in Drogerien oder Kosmetikabteilungen der Kaufhäuser. Du brauchst nicht viel Geld dafür auszugeben, aber achte darauf, die richtige Farbe auszuwählen. Im Idealfall sollte die Abdeckcreme eine Nuance heller sein als dein Hautton. Um die richtige Farbe zu finden, trage einfach im Laden ein wenig auf dein Gesicht auf. Betrachte die Farbe bei Tageslicht. Ist sie kaum zu sehen, dann ist es die richtige für dich. Eine zu dunkle Creme lenkt erst recht die Aufmerksamkeit auf eine Hautunreinheit.

Die Anwendung ist ganz einfach: Gib eine kleine Menge Abdeckcreme auf ein sauberes Wattestäbchen und betupfe damit den Pickel. Verstreiche die Creme dann mit einem sauberen Finger. Wiederhole den Vorgang, falls nötig. Denk daran, dass du einen Pickel nie völlig verschwinden lassen kannst. Mach dir also keine Sorgen, wenn er trotzdem noch etwas zu sehen ist. Lass dich keinesfalls dazu verleiten, eine Cremeschicht nach der anderen aufzutragen. Denn so fällt der Pickel nur noch mehr auf.

Lippen und Wangen

Lippen

Wenn die Grundierung erst einmal perfekt ist, kommt der angenehmere Teil. Am besten fängt man mit den Lippen an, denn da kann man kaum etwas falsch machen.

Allein schon Feuchtigkeit lässt deine Lippen schön aussehen, auch ohne zusätzliche Farbe (Lippenstift ist im Grunde sowieso nichts anderes als gefärbter Lippenbalsam). Vaseline ist eine gute und billige Möglichkeit und ihr habt bestimmt welche im Haus, wahrscheinlich im Badezimmerschrank. Auch Lippenbalsam auf Bienenwachsbasis spendet den Lippen Feuchtigkeit, er hat jedoch nicht denselben Glanzeffekt wie Vaseline.

Es ist sehr wichtig, dass deine Lippen weich und geschmeidig bleiben. Das erreichst du durch regelmäßiges sanftes Abschälen der Lippen (Lippenpeeling). Dazu gibst du eine kleine Menge Salz (oder Zucker, was dir besser schmeckt) in eine Schüssel, fügst einen Teelöffel Olivenöl hinzu und vermischst beides. Tauche einen Finger in die Mischung und reibe sie mit sanften, kreisenden Bewegungen in deine Lippen ein. Dadurch werden abgestorbene Hautzellen entfernt, und deine Lippen sehen besser aus, weil die Durchblutung angeregt wird. Du kannst das Lippenpeeling auch mit der Zahnbürste machen – aber achte darauf, nicht zu stark zu bürsten, und vergiss auf keinen Fall, die Lippen hinterher zu befeuchten.

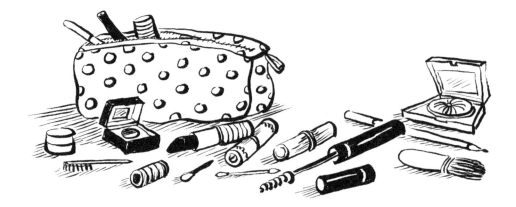

Wangen

Bei der Verwendung von Rouge ist es wichtig, die Farbe an der richtigen Stelle aufzutragen. Stelle dich vor den Spiegel und lache. Die Farbe sollte an der Stelle aufgetragen werden, die man den »Wangenapfel« nennt. Diese Partien treten hervor, wenn man lacht. Versuch es noch einmal. Alles klar?

Trage niemals Farbe unter den Wangenknochen, auf den Seitenflächen deines Gesichts und schon gar nicht auf den Schläfen auf. Etliche Bücher und Zeitschriften wollen dir verklickern, wie du Rouge je nach Gesichtsform auf die Wangen aufträgst. Das ist Blödsinn: Rouge sollte immer am »Wangenapfel«, also auf den äußeren Wangenknochen, aufgetragen werden, egal was für eine Gesichtsform du hast. Nur sehr geschickte Make-up-Profis mit reichlich Erfahrung, einer riesigen Auswahl an Make-up und Pinseln sowie der richtigen Beleuchtung können die Gesichtsform eines Menschen modellieren.

Cremerouge verteilst du mit den Fingerspitzen auf den Wangenknochen, in kreisenden Uhrzeigerbewegungen. Verreibe es so, dass keine Übergänge zu sehen sind. Keine Panik, wenn es beim ersten Mal misslingt: Wische die Farbe ab und fange noch mal von vorne an. Übrigens kann man die meisten Lippenstifte problemlos als Rouge verwenden – außer sie sind zu dunkel oder zu »kalt«, doch in diesem Fall würden wir ohnehin davon abraten, weil man damit ziemlich verrucht aussieht.

Wenn du Puderrouge verwendest, benötigst du einen Pinsel. Oft werden Rouge und Pinsel zusammen verkauft, oder man kauft die Pinsel separat (obwohl diese meist sehr teuer sind). Man kann genauso gut einen weichen Malerpinsel oder sogar einen Wattebausch verwenden. Wenn du das Rouge mit dem Pinsel auflegst, versuche, nicht die Pinselspitzen, sondern die Seiten zu verwenden. Trage das Rouge in schwungvollen kreisenden Bewegungen auf: von den Wangenknochen zu den Schläfen und wieder zurück, etwa bis in die Höhe des Nasenflügels.

Hast du einmal versehentlich zu viel Rouge erwischt, kannst du die Farbe abschwächen, indem du es verreibst. Dazu nimmst du eine Puderquaste oder einen großen Wattebausch und tupfst die überschüssige Farbe ab.

Augen

Die Augen sind der Teil deines Gesichts, wo du mit Farben experimentieren und deiner Fantasie wirklich freien Lauf lassen kannst. Deshalb macht das Augen-Make-up am meisten Spaß, aber es ist auch am schwierigsten. Denn sobald man anfängt, mit Farben herumzuexperimentieren, sind Fehler vorprogrammiert.

Beginnen wir mit den Grundlagen: Eyeliner und Mascara (Wimperntusche). Wenn du diese erst einmal richtig anwenden kannst, kann nicht mehr viel schiefgehen.

Eyeliner

Ein guter, weicher Kajalstift ist das wichtigste Utensil jedes Kosmetiktäschchens. Schwarz ist die beliebteste Farbe, aber mit Braun geht man auf Nummer sicher. Flüssiger Eyeliner sieht umwerfend aus, und du kannst damit einen »filmreifen« Blick zaubern, aber er erfordert eine Menge Übung.

Ziehe zunächst mit dem Kajalstift eine Linie auf deiner Hand. Dadurch bekommst du eine Vorstellung davon, wie er beschaffen ist und wie er sich anfühlt. Verwische die Linie leicht mit dem Finger. Sieht es gleichmäßig aus oder nicht?

Suche dir einen Platz, wo du bequem sitzen kannst – vor einem Spiegel natürlich. Neige den Kopf leicht nach hinten, sodass du auf dich herabblickst. Beginne am äußeren Rand des Oberlids. Ziehe direkt über dem Wimpernansatz eine Linie bis zur Mitte des Lids. Mache dasselbe mit dem anderen Auge. Streiche mit der Fingerkuppe vorsichtig über den Lidstrich, damit die Linie weicher wird. Die Linie sollte leicht verwischen, sodass sie deine Augen umrahmt und betont, ohne dass es angemalt aussieht.

Achte darauf, die empfindliche Haut um die Augen nicht zu zerren oder zu reiben. Versuche, nicht zu blinzeln, denn dadurch bewegt sich das Lid und der Lidstrich wird schief. Am besten ist es, den Kopf zu neigen und mit hochgezogenen Augenbrauen leicht herunterzuschauen. Denn so siehst du, was du tust, und vermeidest, dass deine Wimpern im Weg sind. Wenn du diese Technik erst einmal beherrschst, kannst du sie als Grundlage deines gesamten Augen-Make-ups verwenden. Sobald es dir besser gelingt, kannst du mutiger werden: Du kannst eine durchgehende Linie bis zum inneren Augenwinkel ziehen und dich auch an den Lidstrich am Unterlid wagen.

Verwendet man flüssigen Eyeliner, fängt man am besten am Innenlid an, um eine nach außen verlaufende, schwungvolle Linie zu erzeugen. Wie viel Eyeliner das Auge abbekommt, hängt weitgehend davon ab, wie viel Druck du auf den Pinsel ausübst. Leichter Druck erzeugt eine dünne, starker Druck eine dickere Linie. Beginne am inneren Augenlid mit sehr sanftem Druck. Die Linie sollte nämlich zum äußeren Augenwinkel hin dicker werden, sodass ein natürlicher, ansteigender Bogen entsteht. Es ist dabei sehr wichtig, eine ruhige Hand zu haben. Stütze deshalb den Ellbogen möglichst auf eine feste Oberfläche ab, etwa einen Schminktisch oder einen Schreibtisch. Ziehe nun langsam und vorsichtig – und ohne das Atmen zu vergessen – mit dem Eyeliner so dicht wie möglich am Wimpernansatz eine Linie. Am Anfang wirst du es wahrscheinlich gründlich vermasseln. Aber keine Bange! Übung macht den Meister. Halte einfach ein Wattestäbchen und ein wenig Make-up-Entferner bereit, um Ausrutscher zu korrigieren.

Trage niemals flüssigen Eyeliner am unteren Lidrand auf. Das sieht ziemlich seltsam aus.

Mascara

Mascara ist die einfachste und wirkungsvollste Methode, die Augen zu betonen. Wenn du ein hellhäutiger Typ bist, wählst du am besten braune oder schwarzbraune Farben. Zu dunkleren Haaren und Hauttönen passen auch Schwarz oder Blauschwarz.

Die Kopfhaltung ist dieselbe wie beim Auftragen des Eyeliners. Recke also das Kinn etwas und blicke im Spiegel auf dich selbst herunter. Setze das Mascarabürstchen am Wimpernansatz an und führe es zu den Spitzen. Am einfachsten ist es, mit den äußeren Wimpern zu beginnen (diese sind meist länger und dicker und brauchen deshalb mehr Mascara) und sich dann zu den Wimpern im inneren Augenwinkel vorzuarbeiten (diese sind feiner und brauchen weniger Mascara).

Wenn man am Wimpernansatz mit dem Bürstchen etwas hin und her rüttelt, geht man sicher, dass sich der Großteil der Mascara nahe des Lids absetzt. So verhindert man, dass die Wimpern weiter oben verkleben (Verkleben ist sehr schlecht!). Durch die Rüttelbewegungen lassen sich die Wimpern auch gleichmäßiger trennen.

TIPP: *Du hast vielleicht schon gesehen, wie manche Frauen das Mascarabürstchen mit pumpenden Bewegungen immer wieder in die Hülse schieben, um mehr Farbe auf das Bürstchen zu bekommen. Das sollte man auf keinen Fall tun: Denn so pumpt man nur Luft in das Fläschchen, und die Mascara trocknet schneller aus. Aus diesem Grund solltest du auch den Deckel immer fest zudrehen.*

Die Wimpernzange

Richtig angewandt sind Wimpernzangen das wichtigste Utensil eines Mädchens. Es gibt auch beheizte Wimpernzangen. Aber um ehrlich zu sein, die Herkömmlichen, die mit einer Gummischicht gepolstert sind und an Scheren erinnern, tun es genauso. Ideal sind sie bei langen geraden Wimpern, aber sie verschönern alle Wimpern, ob kurz oder lang, dünn oder dicht. Mit der Wimpernzange erzielst du besser als mit jedem Lidschatten oder Eyeliner einen wachen, offenen Blick.

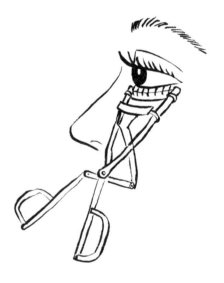

Setze die Wimpernzange immer vor dem Tuschen an. Fasse die Wimpern ungefähr auf halber Länge mit der Zange. Achte darauf, dass alle Wimpern von der Zange erwischt werden. Drücke die Zange dann vorsichtig zu und halte sie ungefähr 5 Sekunden lang in dieser Position. Dann loslassen. Den Vorgang am anderen Auge wiederholen.

Müde Augen

Wenn du gereizte, geschwollene oder müde Augen hast, probiere folgenden Tipp aus:

* **Teebeutel.** Lege morgens 10 bis 15 Minuten lang kühle Teebeutel auf die Augen. Wir empfehlen Schwarztee oder Grüntee. Leg sie nach dem Teeaufguss einfach eine Weile ins Kühlfach. Früher hat man gerne Kamillentee empfohlen, aber viele Menschen reagieren allergisch darauf. Um ganz sicherzugehen, solltest du naturbelassene, unparfümierte Tees verwenden.
* **Gurkenscheiben.** Schneide eine frische Gurke aus dem Kühlschrank in Scheiben. Lege über jedes Auge eine Scheibe und entspanne dich 10 bis 15 Minuten lang. Das hilft besonders bei geschwollenen Augen und macht das Weiße deiner Augen heller.

Lidschatten

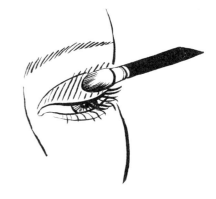

Um Lidschatten richtig zu verwenden, solltest du deine Augenform kennen und wissen, was dir steht. Eng zusammenstehende oder kleine Augen beispielsweise wirken mit dunklem Lidschatten noch kleiner und/oder eng stehender. Für weit auseinanderstehende Augen gilt das Gegenteil.

Durch Experimentieren findet man am besten heraus, was einem steht. Am einfachsten ist es, mit dezentem Pink, Beige oder Cremeweiß zu beginnen. Mit diesen Farben kann man nicht viel falsch machen. Und man kann sie allein, ohne anderes Make-up, tragen oder zusammen mit ein wenig Eyeliner oder Mascara.

Lidschatten trägt man entweder mit dem Pinsel oder mit der Fingerkuppe auf (der Ringfinger eignet sich am besten dazu, weil er meist die richtige Größe hat). Mit dem Pinsel nimmst du Lidschatten aus dem Döschen und klopfst ihn dann vorsichtig ab, um überschüssige Farbe zu entfernen. Trage den Lidschatten aufs Augenlid auf, wobei du in der Nähe des Nasenflügels beginnst und den Pinsel dann zum äußeren Augenwinkel führst. Wiederhole den Vorgang am anderen Auge.

Verwische die Farbe mit dem Finger.

✻ Trage den Lidschatten immer vor dem Eyeliner oder der Mascara auf. Denn so geschickt man es auch macht, es werden immer einige Farbpartikel auf die Wimpern fallen und den Lidstrich und die Mascara ruinieren.

TIPP: *Bei jedem Augen-Make-up empfiehlt es sich, die Augen abwechselnd in mehreren Abschnitten zu schminken, anstatt erst das eine und dann das andere Auge zu bearbeiten. Auf diese Weise erzielst du einen gleichmäßigen Look.*

Augenbrauen

In der Vergangenheit war es Mode, die Augenbrauen sehr dünn zu zupfen. BITTE, BITTE, BITTE TU DAS NICHT – außer du willst es den Rest deines Lebens bereuen. Am besten sollte man sich die Augenbrauen gar nicht zupfen. Aber weil du es wahrscheinlich trotzdem probieren wirst, möchten wir ein paar Tipps geben. Wenn man es richtig macht, lässt es die Augen offener und größer erscheinen (Abb. A). Wenn man es falsch macht, sieht man aus, als wäre man unter den Rasenmäher gekommen (Abb. B).

Abb. A   Abb. B

✻ Schau dir deine Augenbrauen zunächst einmal im Spiegel genau an und mache dich mit ihrer natürlichen Form vertraut. Versuche nie, die Wuchsform zu verändern. Das funktioniert nicht und du wirst sehr seltsam damit aussehen. Wenn du dir die Augenbrauen zupfst, zupfe nie oberhalb des Brauenbogens, sondern nur unterhalb davon. Denk daran: Du sollst die Brauen stutzen, ihnen aber keinesfalls eine neue Form verleihen. Störende Härchen über dem Nasenflügel kannst du ebenfalls entfernen. Aber zupfe niemals am inneren Rand deiner Brauen. Im Idealfall sollte man vom inneren Rand der Brauen eine senkrechte gerade Verbindungslinie zum inneren Augenwinkel ziehen können.

Du solltest die Härchen stets in Wuchsrichtung auszupfen, dann tut es weniger weh. Außerdem gehst du somit sicher, dass du die Haare mit der Wurzel ausziehst, statt sie nur zu »kappen«, was sehr schlecht ist und sie schneller wieder nachwachsen lässt. Damit es noch weniger schmerzt, spanne die Haut beim Zupfen sanft zwischen zwei Finger – so lassen sich die Härchen schneller herausziehen. Du kannst dir vor dem Zupfen Eiswürfel an die Augenlider halten, das betäubt die Hautpartie etwas. Hinterher kannst du ein wenig kühlendes Aloe-vera-Gel auftragen (am besten 100-prozentiges, reines Gel), um Rötungen zu lindern und die Haut zu beruhigen. Falls du kein Aloe-vera-Gel bekommst, kannst du auch Hamamelis nehmen.

Verwende AUF KEINEN FALL einen Rasierer dafür.

Das Abschminken

Das Abschminken ist genauso wichtig wie das Schminken. Auf keinen Fall solltest du mit Make-up schlafen gehen. Das ist sehr schlecht für deine Haut (und Augen-Make-up reizt zudem die Augen). Außerdem verschmutzt es die Bettwäsche.

Am besten entfernst du leichtes Make-up mit einer milden Reinigungslotion. Wenn du an Pickeln leidest, wähle eine medizinische Reinigungslotion (Seife ist nicht ideal, da sie die Haut austrocknet). Massiere dein Gesicht mit sanften kreisenden Bewegungen, wobei du den Bereichen um Nase und Kinn besondere Aufmerksamkeit schenkst. Spüle gut mit warmem Wasser nach. Wiederhole den Vorgang, falls nötig. Tupfe dein Gesicht mit einem Handtuch trocken und trage ein Gesichtswasser, zum Beispiel Rosenwasser, und eine leichte Feuchtigkeitscreme auf. Dazu erwärmst du erst eine kleine Menge in deinen Handflächen und verteilst es dann auf Wangen, Stirn und Hals.

Mit Reinigungsmilch lässt sich das Augen-Make-up meist nicht entfernen. Und du riskierst nur, das Zeug in die Augen zu bekommen, was sehr unangenehm ist und brennt. Für die Augen brauchst du also einen speziellen Augen-Make-up-Entferner. Tränke ein Wattepad mit dem Make-up-Entferner, schließe das Auge und wische vorsichtig von oben nach unten mit dem Pad über das Augenlid. Wiederhole den Vorgang, bis Lidschatten und Mascara vollständig von dem Pad aufgesogt sind. Falte dann das Wattepad in der Mitte und wische mit der sauberen gefalteten Seite über deine unteren Wimpern, um sämtliche Farbe zu entfernen. Mache dasselbe mit dem anderen Auge.

AUF DER BÜHNE

Ob man ein Manuskript als Grundlage nimmt oder einfach drauflosimprovisiert, jedes Mädchen, sei es noch so schüchtern oder ungeschickt, wird von Auftritten profitieren (auch dann, wenn sie nur zu einer passablen Bühnenarbeiterin wird). William Shakespeare schrieb: »Die ganze Welt ist eine Bühne und alle Frauen und Männer bloß Spieler.« Damit meinte er natürlich nicht, dass wir alle Schauspieler und Schauspielerinnen werden sollen. Vielmehr meinte er damit, dass wir alle irgendwann in unserem Leben einmal »Theater spielen«, eine Rolle spielen. Und er hatte recht.

Das Angeben auf der Bühne (du übertreibst beispielsweise damit, wie gut du auf Bäume klettern kannst) darf nicht mit Lügen verwechselt werden (du behauptest, auf einen Baum klettern zu können, obwohl das nicht stimmt). Zwischen diesen beiden Phänomenen unterscheiden zu lernen, ist ein wichtiger Prozess beim Erwachsenwerden.

Auf der rein praktischen Ebene jedoch ist die Performance um ihrer selbst willen unterhaltsam und spaßig. Ob man den Text seines Lieblingssongs auswendig lernt oder ein ausgereiftes Bühnenstück zur Aufführung bringt, es gibt viele Möglichkeiten, sich die Zeit zu vertreiben – und selbst die Hauptrolle dabei zu spielen.

Ballett

Mythos: Jedes kleine Mädchen träumt davon, Ballerina zu werden.
Realität: Stimmt nicht. Ein Mädchen zu sein, macht dich nicht automatisch zu einem voll bezahlten Mitglied der Tutu- und Stulpenfraktion. Aber die Wahrscheinlichkeit ist sehr groß.

Wenn du Ballett magst, wirst du wahrscheinlich schon mit den Grundlagen vertraut sein. Falls nicht, findest du hier noch einige wissenswerte Dinge. Denk daran: Es erfordert jahrelanges Training, um eine echte Ballerina zu werden, jedoch nur ein wenig Mut und eine lebhafte Fantasie, um eine erfolgreiche Amateur-Balletttänzerin zu werden.

Beginnen wir mit dem interessantesten Teil – der Ausstattung. Alle Ballerinas besitzen Ballettschuhe. Diese sind meist aus rosafarbenem Leder, aber weiß ist auch gängig, ebenso wie Satin und Leinen. Auf roten Ballettschuhen zu bestehen, entlarvt dich als Rebellin und Unruhestifterin. Jungs tragen weiße Ballettschuhe und weiße Socken. Die Mädchen tragen gewöhnlich hautfarbene Strümpfe, doch die Farbe kann variieren und hängt vom Kostüm ab. Lange, fließende Röcke sind meist okay, ebenso wie Trikots. Stulpen sind freiwillig, aber durchaus sinnvoll, da sie die Muskulatur wärmen und so Verletzungen vorbeugen. Eine Trainingsjacke vervollständigt die Garderobe einer sich ausruhenden Balletteuse.

Richtige Ballerinen haben meist einen korrekten, eleganten Gang, mit leicht auswärts gedrehten Füßen und kerzengeradem Rücken. Der Grund dafür ist, dass man ihnen beibringt, den Kopf hochzuhalten, auf keinen Fall schlampig zu gehen und sehr auf ihre Haltung zu achten. Sie bürsten sich das Haar und frisieren es zu einem adretten Knoten oder einem Pferdeschwanz. Sie sehen aus wie aus dem Ei gepellt.

Die Grundlagen

Im Ballett gibt es fünf Grundpositionen sowie fünf Armbewegungen. Die unendlich vielen Kombinationen der Arm- und Beinbewegungen bilden die Basis aller klassischen Ballette.

erste Position

Füße

* Erste Position
* Zweite Position
* Dritte Position
* Vierte Position
* Fünfte Position

Alle Ballettfiguren beginnen und enden in einer dieser fünf Positionen.

zweite Position   dritte Position

Arme

* Erste Position
* Zweite Position
* Dritte Position
* Vierte Position
* Fünfte Position

Die Fingerhaltung sollte locker und graziös sein – du sollst die Finger weder zusammenkrümmen noch überdehnen. Die Schultern sollten nach hinten und unten durchgedrückt sein: Mache deinen Hals so lang und so elegant wie möglich. Denke an schöne anmutige Schwäne.

vierte Position   fünfte Position

Fünf Dinge über Ballett, die du vielleicht nicht weißt

* Spitzenschuhe, mit denen Ballerinen auf den Zehenspitzen tanzen können, sind nicht aus Holz, auch wenn viele Leute das meinen. Sie bestehen aus mehreren mit Leim verstärkten Stoffschichten. Ballerinen können bei einer einzigen Aufführung mehrere Paar Spitzenschuhe verschleißen.
* Tutus wurden erstmals von Balletttänzerinnen in den Dreißigerjahren des 19. Jahrhunderts getragen. Damals reichten die Röckchen bis zu den Knöcheln, doch im Lauf der Jahre wurden sie immer kürzer. Die heutigen Tutus sind meist hüftlang und steif abstehend.
* Die Grundlagen des klassischen Balletts wurden im Frankreich des 17. Jahrhunderts gelegt, am Hofe von König Ludwig XIV., der selbst ein begeisterter Tänzer war. Aus diesem Grund sind sämtliche Fachausdrücke des Balletts französisch.
* Der bedeutendste Ballett-Komponist, den es je gab, ist der in Russland geborene Pjotr Tschaikowski. Seine drei Werke, *Schwanensee*, *Dornröschen* und *Der Nussknacker*, sind die beliebtesten Ballette der Welt.

Zwei Übungen für zu Hause

Kleine Sprünge (oder *petits sautés*). Arme und Füße sind in der ersten Position. Mache eine halbe Kniebeuge (*demi-plié*) und springe, so hoch du kannst. Denk daran, den Kopf hochzuhalten, Hals gerade, Schultern nach hinten und Arme in Position. Strecke auch die Zehen. Wenn du wieder auf dem Boden aufkommst, ende so, wie du begonnen hast, in der ersten Position und mit leicht gebeugten Knien.

Arabesque. Diese ist eine der wichtigsten Ballettpositionen und es gibt zahlreiche Varianten, je nach Alter und Können. Bei der *arabesque à terre* (am Boden) ist das Standbein durchgestreckt, mit nach außen gedrehtem Knie. Das andere Bein wird stramm nach hinten angehoben, mit gestreckten Zehen. Die Arme sind in der ersten Position (auch wenn du vielleicht einen Arm dazu benutzen möchtest, das Gleichgewicht zu halten). Das Ziel ist es, eine möglichst lange Linie von den Fingerspitzen bis zu den Zehenspitzen zu bilden.

Musikabende

Zu der Zeit, als es weder Fernsehen noch Internet gab, sorgte man zu Hause gewöhnlich für Unterhaltung, indem talentierte junge Damen am Klavier oder auf dem Cembalo vorspielten. Ältere Damen machten dann vielleicht bissige Bemerkungen wie »Sie spielen gar nicht übel, Fräulein Bennet«. Junge Männer waren äußerst höflich und blätterten die Noten für die Damen um. Selbst in der heutigen hektischen Zeit können Musikabende unterhaltsam und manchmal sogar witzig sein.

Wenn dich deine Eltern gequält haben, indem sie dich zum Geigen- oder Klarinettenunterricht schleppten, bist du fast verpflichtet, sie drei Stunden lang mit Musik von Bach zu beglücken. Willst du sie dagegen zum Lachen bringen, erreichst du dein Ziel garantiert, indem du in Discoklamotten »It's Raining Men« schmetterst. Wichtigste Voraussetzung für einen gelungenen Musikabend ist es, ein Thema zu haben.

Ein Klassikabend

Wähle drei oder vier einfache Musikstücke aus, die dir liegen. Mit Bach, Mozart oder Debussy machst du nichts verkehrt. Um die volle Wirkung zu erzielen, ziehe dein elegantestes Kleid an und erleuchte den Raum mit Kerzen. Falls du Geschwister hast, kannst du sie vielleicht bitten, dich feierlich vorzustellen. Wenn sie sehr talentiert sind, könnten sie ein Duett mit dir singen. Geeignete Erfrischungen (Makronen, Zitronenlimonade, Sherry für die Erwachsenen) sind immer willkommen. Sorge für eine feierliche Bestuhlung und stecke das Telefon aus. Es sollte eine respektvolle Stille eingehalten werden. Wenn du bereits dein Taschengeld ausgegeben hast und pleite bist, könntest du einen bescheidenen Eintrittspreis erheben. Ein handgeschriebenes Programm ist eine schöne Geste.

Ein Musical-Abend

Der Musical-Abend wird garantiert zu einem Erfolg, wenn du bereit bist, total aus dir herauszugehen. Außerdem solltest du dazu passende, schrille Klamotten auftreiben und eventuell ein paar alberne Tanzeinlagen zum Besten geben.

Am besten macht man das in der Gruppe. Hole dir also ein paar Freunde und Freundinnen, die dir helfen. Eine musikalische Begleitung auf dem Klavier oder auf der Gitarre macht sich hervorragend. Teile den Raum in einen Bühnenbereich, der mit Scheinwerfern beleuchtet wird (Gelenklampen erfüllen denselben Zweck), und einen stockdunklen Bereich fürs Publikum ab. So erzielst du die volle Wirkung. Bühnen-Make-up wäre prima. Du kannst die Zuhörer dazu animieren, bei den Refrains mitzusingen.

Fantastische Songs für einen solchen Abend sind: »Cabaret« aus *Cabaret*, »Ich hätt' getanzt heut Nacht« aus *My Fair Lady*, »I feel pretty« aus *West Side Story*, »Tomorrow« aus *Annie*, »Mackie Messer« aus der *Dreigroschenoper*, »Darf ich bitten?« aus *The King and I*, »Duett auf dem See« aus *Das Phantom der Oper*, »Well, did you ever?« aus *Die oberen Zehntausend* oder »Memory« aus *Cats*. Natürlich wirst du deine eigenen Favoriten haben. Wenn du willst, dass deine Mutter vor lauter Stolz und Rührung in Tränen ausbricht, sing »Edelweiß« aus *The Sound of Music*.

Ein Rock-/Pop-Abend

Hier hast du völlig freie Hand: Du kannst ein Mikrofon oder eine Karaoke-Maschine verwenden, falls du so etwas besitzt; du kannst a cappella (ohne Begleitung) oder zu einer CD singen. Ein paar fetzige Tanzeinlagen sind immer willkommen. Du kannst ein Thema auswählen – etwa Discoqueen oder heiße Rocklady. Aber im Grunde brauchst du nichts weiter als deine Lieblingssongs und ein tolles Publikum. Ach ja, und natürlich jede Menge Glitzer-Lidschatten!

Ein Theaterstück inszenieren

Zuallererst solltest du deinen Text schreiben. Natürlich kannst du auch auf etwas bereits Veröffentlichtes zurückgreifen. Doch die meisten Theaterstücke sind ziemlich lang, und du wirst nicht dieselbe Befriedigung empfinden, wie wenn du etwas aufführst, was du selbst geschrieben hast.

Wie man ein Stück schreibt

Ein Einakter ist ideal für den Anfang, da er am einfachsten ist. Drama, so lehren uns alle Weisen, bedeutet Konflikt. Um dir eine gute Handlung zu überlegen, musst du also eine Figur erfinden, die unbedingt ein bestimmtes Ziel erreichen will, und ihr dann, in alter Tradition, zahlreiche Hindernisse in den Weg legen. (Es braucht nicht unbedingt ein äußeres Hindernis zu sein, es kann auch eine innere Barriere, eine Charakterschwäche oder irgendein wunder Punkt sein.) Beschränke dich auf einen bestimmten Ort und eine kurze Zeitspanne. Die Handlung sollte sich nicht über Monate oder gar Jahre hinziehen.

Erfinde zunächst deine Hauptfigur. Du brauchst am Anfang noch keine Dialoge oder Szenen zu schreiben. Finde einfach heraus, was deine Heldin liebt und was sie hasst, wovon sie träumt, ob sie Hunde mag oder den Geruch von Bleichmitteln verabscheut. Vielleicht verwendest du nicht all diese Details, aber du musst sie kennen, damit die Figur mehrdimensional und komplex wird. Mache dir Notizen (ein Notizbuch, das du nur für dein Stück verwendest, ist sehr hilfreich).

Sobald du deine Heldin in- und auswendig kennst, gib ihr ein Ziel und überlege dir, warum sie es nicht erreichen kann. Du kannst dich dabei von deinen Lieblingsgeschichten inspirieren lassen.

Dann brauchst du …

Nebenfiguren

Diese werden dir viel Spaß bereiten. Es kann den witzigen Kumpel geben, die Verbündete deiner Heldin, die beste Freundin, die größte Feindin, die Liebe ihres Lebens oder einfach nur jemand, der den Tee eingießt. Diese Figuren sollten einen Kontrast zur Heldin darstellen, ansonsten wird das Ganze etwas eintönig.

Die Handlung

Du brauchst die Handlung nicht bis ins kleinste Detail auszuarbeiten – die Ideen kommen ganz von allein. Aber du musst dir einen Anfang, einen Schluss sowie ein paar wichtige Handlungselemente überlegen. Manche Schriftsteller machen sich dazu ein Diagramm und hängen es an die Wand.

Du brauchst nicht schwitzend über deiner Story zu brüten, am Stiftende kauen und dich fühlen, als müsstest du eine besonders ätzende Mathehausaufgabe erledigen. Am besten ist es, wenn du in jeder freien Minute über deine Hauptfigur nachdenkst. Lass dir ihre mögliche Geschichte durch den Kopf gehen, wenn du in der Badewanne sitzt, spazieren gehst oder während einer langen Autofahrt. Versuche, deine Heldin klar vor dir zu sehen, als würde in deinem Kopf ein Film ablaufen. Schicke sie in verschiedene Richtungen und schau, was passiert: Wie reagiert sie auf unterschiedliche Menschen und Ereignisse? Lass deiner Fantasie freien Lauf.

Achte darauf, dass du immer dein Notizbuch bei dir hast, egal wohin du gehst. Wenn du eine gute Idee hast, schreibe sie sofort auf. Sonst hast du sie, bis du zu Hause bist, wieder vergessen.

In diesem Stadium ist es auch hilfreich, wenn du dich in eine Detektivin verwandelst. Beobachte, wie die Leute laufen, was sie mit den Händen machen, ob sie mit ihren Haaren spielen. Versuche, an den rein körperlichen Signalen zu erkennen, ob die Menschen glücklich oder traurig, nervös oder mutig sind. Achte darauf, ob sie irgendwelche lustigen sprachlichen Ticks haben und wie sie ihre Lieblingswörter verwenden.

Das Theaterstück

Sobald das Handlungsgerüst einmal steht, kannst du mit dem eigentlichen Schreiben beginnen. Ein Theaterstück besteht ausschließlich aus Dialogen, mit ein paar Bühnenanweisungen, zum Beispiel: JANE stürzt zu Boden; HORATIO geht nach rechts von der Bühne ab; STEPHANIE reißt sich die Maske herunter, um zu zeigen, dass sie in Wirklichkeit ein Junge ist.

Anders als im richtigen Leben geht es beim Theaterdialog nicht darum, über

Banalitäten zu quatschen oder Stricktipps auszutauschen, sondern er muss die Handlung vorantreiben und den Charakter der Figuren erkennen lassen. Mithilfe von Dialogen erzählst du eine Geschichte.

Es gibt einige wichtige Grundregeln für den Dialog. Vor allem sollten die gesprochenen Worte natürlich klingen.

Jede Figur sollte eine charakteristische Sprechweise haben. Es ist wie im richtigen Leben: Manche Menschen beschränken sich auf kurze Sätze, andere finden überhaupt kein Ende. Manche kommen nie zur Sache, wieder andere sagen etwas, meinen aber etwas ganz anderes.

Verwende auf keinen Fall Dialekt. Es wird sich sonst ungewollt komisch anhören.

Vermeide auch zu viele Füllwörter wie »äh«, »hmm«, »nun ja« und »du weißt ja«.

Vermeide lange Monologe. Wir sind hier nicht im Parlament. Nur Shakespeare kann lange Monologe verwenden. Er ist der Meister und darf alles.

Schließlich solltest du natürlich noch wissen, wie man ein Theaterstück niederschreibt. Es ist im Grunde nicht schwer. Schau dir einfach mal so ein Werk an, um eine Vorstellung zu bekommen. Die Bühnenanweisungen sind kursiv gedruckt (Schrägschrift) und die Namen der Figuren in Großbuchstaben geschrieben. Immer wenn eine Figur zu sprechen beginnt, solltest du ihren Namen in Großbuchstaben hinschreiben. Und wenn du Bühnenanweisungen für ihren oder seinen Auftritt hast, schreibe sie in Klammern und Kursivschrift hinter den Namen. Zum Beispiel:

MARIA: *(schwenkt ihr Taschentuch und schluchzt)* Adieu, Liebling.

Proben

Sobald du deinen Text fertig hast, verteile Kopien und sorge dafür, dass alle ihre Rollen lernen. Lass äußerste Strenge walten! Es ist sehr schwierig zu proben, ohne von beiden Händen Gebrauch zu machen.

Ernenne eine Regisseurin. Sie hat das letzte Wort, obwohl Vorschläge der Schauspieler und Schauspielerinnen durchaus erlaubt sind. Aber wenn niemand verantwortlich ist, werden die Proben in Streit ausarten.

Die Aufführung

Du kannst dein Werk in bescheidenem Rahmen aufführen oder es aufwendiger gestalten, ganz wie es dir beliebt. Im Idealfall solltest du einen Raum haben, wo man einen geeigneten Vorhang und Scheinwerfer anbringen kann. Du kannst das Stück im Wohnzimmer aufführen, wenn du die Möbel umstellst und zwischen Bühne und Publikum genügend Platz ist.

Du brauchst eine Souffleuse, falls jemand seinen Text vergisst. Die Souffleuse sollte an einer Stelle sitzen, wo alle Schauspieler sie hören können, sie aber von den Zuschauern nicht gesehen werden kann.

Du brauchst Requisiten. Wichtige Hilfsmittel sind echt aussehende Spielzeugpistolen, kalter Tee als Whisky und eine mit Silberfolie umhüllte Holzlatte als Schwert. Ansonsten sammle Bücher, Zeitungen, Brillen, Schirme, Radios und so weiter. Wenn du sehr viele Requisiten benötigst, könntest du dir überlegen, eine Requisiteurin zu engagieren.

Du brauchst Kostüme. Wenn du ein Genie an der Nähmaschine bist und in einem Haus wohnst, wo die Schränke wahre Fundgruben für Stoffreste sind, kannst du ein mittelalterliches Festspiel aufführen. Falls nicht, könnt ihr natürlich auch eure eigenen Klamotten verwenden. Wir empfehlen unbedingt Hüte. Diese sind ideal, um so richtig in »Theaterstimmung« zu kommen.

Du brauchst Make-up. Auch die Jungs müssen auf der Bühne geschminkt sein, ansonsten werden sie käsig und lächerlich aussehen (oder sogar noch käsiger und lächerlicher, als sie ohnehin schon aussehen). Du benötigst eine gute Grundierung (nicht zu orangefarben), einen Augenbrauenstift, einen Lippenstift, Rouge und Unmengen von Mascara. Um jemanden älter zu machen, zeichne dunkle Schatten unter die Augen und seitlich der Nase und zeichne mit einem grauen Kajalstift vorsichtig ein paar Falten auf die Stirn.

Ernst bleiben

Der unwiderstehliche Drang zu lachen, der einen meistens in einem dramatischen Moment überkommt, ist der Albtraum jedes Schauspielers. Sollte das passieren, wende dich am besten vom Publikum ab, bis der Anfall vorübergeht. Denke an etwas sehr Trauriges, um deine Ernsthaftigkeit zurückzugewinnen.

GEMEINE STREICHE

Als verantwortungsvolle Erwachsene möchten wir dir natürlich keinen der in diesem Kapitel beschriebenen Streiche empfehlen. Aber du hast sicherlich das Wort »gemein« in der Überschrift bemerkt, und beim Weiterlesen wirst du feststellen, dass diese Scherze die Bedeutung des Wortes perfekt wiedergeben. Uns ist dabei wichtig: Jammere uns nicht die Ohren voll, wenn du hinterher nachsitzen musst oder Hausarrest bekommst. Eine von uns (die ungenannt bleiben soll) brachte einmal mehrere Nachmittage damit zu, »Ich darf die Tafel nicht mit Vaseline vollschmieren« zu schreiben, während die andere wegen ihrer Vorliebe für Schokokekse den gesamten Schulbetrieb aufhielt. Falls du einen dieser Streiche ausprobieren willst, lass dich auf keinen Fall dabei erwischen. Wenn du dich doch erwischen lässt, gib uns nicht die Schuld. Und wenn jemand anderes dir einen dieser Streiche spielt, sei nicht traurig, sondern kriege eine Stinkwut und revanchiere dich. Dann seid ihr quitt! Lies weiter …

Niespulver

Hier ist Vorsicht geboten – das Pulver sollte nicht in die Augen des Opfers gelangen!

* Streue eine kleine Prise weißen Pfeffer auf ein sauberes Taschentuch. Biete es deinem jüngeren Bruder, deinem Großvater oder deinem Lehrer mit einem Unschuldslächeln an, mit dem dezenten Hinweis, dass er sich vielleicht schnäuzen sollte, weil ihm etwas an der Nase hängt.
  Eine Variante: Bestreue das Kopfkissen deines Opfers vor dem Schlafengehen mit einer winzigen Prise Pfeffer – natürlich, wenn niemand in der Nähe ist.

Honig an Türgriffen

* Das bedarf wohl keiner Erklärung. Ist besonders spaßig, wenn man in einem Wohnblock wohnt.

Klingelputz

* Klingle an der Haustür von anderen Leuten und renne dann weg, so schnell dich deine Beine tragen.

Juckpulver

* 1–2 Handvoll Hagebutten (oder mehr!)

* Breche mit den Fingernägeln die rote Schale der Hagebutten auf, um an die mit Härchen bedeckten Samen im Inneren der Früchte zu kommen. Die winzigen Härchen rufen den Juckreiz hervor. Pule die Samen heraus und lege sie in eine kleine Schüssel. Stelle diese an einen warmen Ort, etwa neben einen Heizkörper oder einen Ofen, und lasse die Samen ungefähr 10 Minuten lang trocknen. Das erhöht die Wirksamkeit des Juckpulvers.
  Bewahre das Pulver in einem Glas oder einer Dose auf und verwende es sparsam! Schon eine oder zwei Prisen auf dem Rücken eines ahnungslosen Opfers verursachen einen solchen Juckanfall, dass es eine Freude ist zuzuschauen! Du kannst auch eine kleine Menge Pulver kurz vor dem Schlafengehen in ein Schlafanzugoberteil oder die Hose streuen. Das ist allerdings recht grausam und wir würden es nicht unbedingt empfehlen.
  Das Fleisch der Hagebutte kann roh gegessen werden – es schmeckt herrlich süß, und man kann gut daran herumknabbern, während man seine Waffe präpariert.

Stolperfalle

* Spanne einen Baumwollfaden zwischen zwei Türrahmen – ein idealer Streich, wenn dein Bruder oder deine Schwester so richtig nervt und du ihn oder sie stolpern lassen oder einfach nur ärgern willst.

Wasserbomben

* Fülle ein paar Luftballons mit Wasser. Lasse sie von oben herab vor dein ahnungsloses Opfer oder auf dessen Kopf fallen. Du kannst auch Plastik- oder Papiertüten verwenden. Aber falls du Papiertüten nimmst, musst du dich beeilen, denn sie werden in deinen Händen aufweichen und reißen, wenn du nicht aufpasst.

Puddingbomben

Das ist eine fantastische Variante der klassischen Wasserbombe.

* 1–2 Tütchen Puddingpulver
* Luftballons oder Gefrierbeutel

* Bereite den Pudding nach der Anleitung auf der Packung zu. Lasse ihn so weit abkühlen, bis du deinen Finger hineintunken kannst, ohne dich zu verbrennen. Fülle den Pudding dann in deine Behälter. Wenn du Ballons verwendest, brauchst du einen Trichter: Spanne die Öffnung des Ballons über die Trichteröffnung, damit nichts danebengeht. Fülle die Behälter nur drei Viertel voll. Verknote sie gut und lege sie so lange in den Kühlschrank, bis der Pudding fast fest ist. Mit eher flüssigem Pudding wirst du eine »Explosion« verursachen und eine tolle Sauerei veranstalten.

Frischhaltefolie auf der Toilette

* Ein weiterer toller Streich ist es zu warten, bis alle zu Bett gegangen sind, und dann ein Stück Frischhaltefolie so straff wie möglich über die Kloschüssel zu spannen. Die Folie sollte ganz glatt sein und keine verräterischen Falten aufweisen. Klappe den Toilettensitz wieder herunter. Derjenige, der als Nächster die Toilette aufsucht, wird eine ziemlich nasse Schlafanzughose bekommen.

Ketchup unter dem Toilettensitz

Wenn du das nächste Mal in einem Fast-Food-Restaurant isst, nimm einige Tütchen Ketchup oder Salatsoße von der Theke mit, damit du diesen klassischen Scherz an einem Familienmitglied ausprobieren kannst.

* Klappe den Toilettensitz hoch. Die meisten Toilettensitze haben an der Unterseite kleine Gumminoppen. Lege das Tütchen auf den Keramikrand der Schüssel, genau an die Stelle, wo die Gumminoppe des Toilettensitzes aufsitzt. Klappe den Toilettensitz dann vorsichtig herunter und verlasse schnell und leise das Badezimmer.
  Bleibe in der Nähe und blättere in einem Buch, bis die nächste verzweifelte Person das Badezimmer aufsucht und ihren Hintern aufs Klo plumpsen lässt – PFLATSCH!

Brennnessel (Handgelenk verdrehen)

Vorsicht – nur für extreme Notfälle geeignet. Wende diesen Streich NIEMALS an einem Baby, einem sehr viel jüngeren Geschwister oder einem Kind auf dem Schulhof an, das jünger ist als du. Das wäre zu brutal.
Die Brennnessel tut furchtbar weh und sollte nur in Extremsituationen angewandt werden. Sei gnädig – drehe nicht zu stark oder zu lang.

* Packe mit beiden Händen das Handgelenk deines Gegners und verdrehe es, indem du Druck in entgegengesetzte Richtungen ausübst. Drehe so lange, bis das Opfer sich für das, was es auch immer getan haben mag, entschuldigt, klein beigibt oder um Gnade fleht.

  TIPP: *Die Handgelenke von Eltern und natürlich von Raufbolden sind robuster und halten einen längeren und stärkeren Schmerz aus.*

Verkürztes Bett

Dies ist ein guter Streich für spät nachts. Schleiche dich ins Schlafzimmer deines Opfers und »verkürze« ihm das Bett.

* Falte das Laken am Fußende des Bettes zusammen und stopfe es im unteren Drittel des Bettes unter die Matratze. Wenn der arme Tropf dann müde ins Bett fällt, sich auf einen ruhigen Nachtschlaf freut und sich ausstrecken will, stößt er mit den Füßen gegen das Laken. Er wird aufstehen und sein Bett ganz neu machen müssen.

Ach ja, und wenn du den Finger deines Opfers, während es schläft, in ein Glas Wasser tauchst, wird das Bett nass werden (für jeden sehr unangenehm).

Bollige Matratze

* Stopfe große, »unbequeme« Dinge unter die Matratze – einen Ziegelstein, einen Kochtopf oder eine Gießkanne. Je bizarrer und sperriger der Gegenstand, umso besser.

Seltsame Gegenstände im Bett

* Wenn du deinen Bruder oder deine Schwester ärgern willst, lege ihnen jeden Abend willkürliche, unerwartete Dinge ins Bett – einmal einen Kochtopf, dann eine Banane … Du kannst eine Haarbürste unter das Laken schmuggeln, damit es schön pikst. Du kannst ein Furzkissen unter das Kopfkissen legen oder einen Luftballon zur Hälfte mit eiskaltem Wasser füllen und ihn im Winter unter das Laken legen.

Spinnen

* Wenn du ein schönes, großes Exemplar findest, schmuggle es in die Handtasche deiner Mutter.

Schnecken, Würmer oder Frösche im Bett

* Dazu brauchen wir nichts zu sagen, oder?

Streiche für Vielfraße

Leere Kaugummipackung

Wenn du das nächste Mal Kaugummis kaufst, hebe das Papier und die Einwickelfolie auf. Falte die Folie wieder sorgfältig zusammen, sodass es aussieht, als hättest du noch einen Kaugummi übrig. Biete deinen Freunden einen Streifen an und beobachte, wie ihnen die Kinnlade herunterklappt, sobald sie die Täuschung bemerken.

Würmer im Sandwich

Hast du vielleicht sehr gefräßige Geschwister? Oder gibt es ein Mädchen an deiner Schule, das in der Pause immer von deinem Sandwich abbeißen will? Wenn es dich nervt, dass jemand dein Essen aufisst, bereite ihm oder ihr doch mal ein ganz »besonderes« Sandwich zu. Das Sandwich soll so lecker wie möglich aussehen. Belege es mit Salat, Tomaten, Käse und Mayonnaise, sodass es an den Seiten herausquillt. Aber verfeinere das Ganze mit ein paar gemeinen Überraschungen – experimentiere mit einer stinkenden Sardine, kombiniert mit einem Regenwurm, und füge noch ein paar Smarties hinzu. Das ergibt einen wirklich schauderhaften Mix. Von da an wird der Vielfraß bestimmt die Finger von deinem Essen lassen!

Falsche Eier

Das ist ein traditioneller Frühstücksscherz, der nie langweilig wird. Der Spaßfaktor ist auch deshalb so hoch, weil Mutter, Vater, Bruder oder Oma jedes Mal wieder von Neuem darauf hereinfallen!

Wenn ihr das nächste Mal gekochte Eier zum Frühstück esst, sei vorsichtig, damit die Schale deines Eis nicht kaputtgeht. Wenn du fertig bist, drehe die leere Schale unauffällig um und stelle sie in einen sauberen Eierbecher. Wenn deine Mutter, dein Vater, dein Bruder (oder wer eben der Faulste ist und als Letzter aufsteht) sich an den Frühstückstisch setzen, biete ihm oder ihr mit freundlichem Lächeln das köstliche, frisch gekochte Ei an – im neuen, sauberen Eierbecher und mit einem sauberen Löffel. Es ist höchst amüsant zuzuschauen, wie sie in freudiger Erwartung das leckere Ei zu verspeisen, die leere Schale zertrümmern!!!

Einfache Streiche für den Nachmittagskaffee

Fülle Salz statt Zucker in die Zuckerdose und lasse es ahnungslose Gäste in ihren Kaffee rühren. Verwende in Kuchen Salz statt Zucker – oder füge Sand oder Chili hinzu. Die Kuchen werden lecker aussehen, aber furchtbar schmecken. Rosemary machte das einmal völlig unbeabsichtigt, als sie einen Dattel- und Bananenkuchen backte. Sie hatte versehentlich Salz in eine Zuckerdose gefüllt. Unglücklicherweise war ihre Schwiegermutter damals gerade zu Besuch.

Sahnetörtchen

    * Tortenförmchen   * Eiercreme aus der Dose   * Rasiercreme

Fülle die Förmchen mit Eiercreme und verziere die Törtchen mit großzügigen Häubchen aus Rasierschaum. Warte, bis sich alle an den Kaffeetisch gesetzt haben, und starte dann eine Tortenschlacht. Es empfiehlt sich, die Schlacht im Garten zu veranstalten, so kann man eine richtig schöne Sauerei machen.

Wassereimer auf der Tür

Stelle einen kleinen, mit Wasser gefüllten Plastikeimer vorsichtig auf eine Tür. Lasse die Tür nur einen kleinen Spalt auf, damit der Eimer zwischen Türrahmen und Tür stehen kann. Wenn dein Opfer die Tür öffnet, fällt ihm der Wassereimer auf den Kopf.

TIPP: *Statt mit Wasser kannst du den Eimer auch mit Pudding, Popcorn, Herbstblättern oder Papierschnipseln füllen. Oder du legst einfach ein großes Kuscheltier auf die Tür, sodass statt eines Eimers mit kaltem Wasser ein großer weicher Gorilla auf deinem Opa landet.*

Zettel auf dem Rücken

* Klebe jemandem ein Zettelchen auf den Rücken, auf dem steht »Ich liebe XY« (der Name des blödesten Jungen der ganzen Schule). Dein Opfer wird den ganzen Tag in fröhlicher Ahnungslosigkeit herumlaufen. Berühre unter irgendeinem Vorwand den Rücken deines Opfers und klebe ihm dabei den Zettel aufs T-Shirt, ohne dass er oder sie etwas merkt. Dieser Scherz ist ein Riesenspaß!

Klamotten zunähen

Diesen Streich verübt man am besten kurz vor dem Schlafengehen, sodass das Opfer am nächsten Morgen in Hektik gerät, um pünktlich zur Schule zu kommen.

* Nähe die Hemd- oder Blusenmanschetten deines Opfers zu. Du kannst auch die Taschen von Jacken oder von der Arbeitskleidung deiner Eltern zunähen. Bringe die Kleidungsstücke wieder dorthin zurück, wo du sie gefunden hast, und freue dich auf das Spektakel am nächsten Morgen.

Unterrichtsstörungen

Plätze tauschen

* Wenn der Lehrer euch den Rücken zuwendet, um an die Tafel zu schreiben, steht alle ganz leise auf und tauscht Tische oder Plätze. Versucht, dabei nicht zu kichern, und wartet ab, wie lange es dauert, bis der Lehrer aus dem Konzept kommt. Tauscht noch einmal oder nehmt eure ursprünglichen Plätze ein, sobald der Lehrer sich wieder umdreht oder den Raum verlässt.

Summende Bienen

* Die ganze Klasse macht ein leises, aber hohes summendes Geräusch und behauptet, einige Bienen seien durchs Fenster hereingeflogen.
Eine Schülerin macht einen auf hysterisch und muss beruhigt oder vielleicht sogar im Hausmeisterzimmer ärztlich versorgt werden.

Witzige Scherzfragen

Warum ist Rätselraten gefährlich?
Weil man sich beim Raten den Kopf zerbricht.

Mit welchem Ball kann man nicht spielen?
Mit dem Erdball.

In welches Netz geht kein Fisch?
Ins Spinnennetz.

Ich bin kein Feuer, doch brenn ich ungeheuer.
Die Brennnessel.

Auf welchen Baum kann man nicht klettern?
Auf den Stammbaum.

Welche drei Worte machen einen Hai glücklich?
Mann über Bord.

Welcher Baum hat keine Wurzeln?
Der Purzelbaum.

Welcher Kopf hat keine Haare?
Der Glatzkopf.

Kannst du höher als ein Kirchturm springen?
Selbstverständlich, denn ein Kirchturm kann nicht springen.

Welcher Zahn beißt nicht?
Der Löwenzahn.

Was haben ein Pferd und eine Pflaume gemeinsam?
Das »Pf«.

Was sagt ein Uhu mit einem Sprachfehler?
Aha.

Wer reist ständig kostenlos um die Welt?
Der Mond.

Was steht zwischen Berg und Tal?
Das Wörtchen »und«.

Was ist eine Erdbeere?
Eine Kirsche mit Gänsehaut.

Welcher Hase läuft auf zwei Beinen?
Der Angsthase.

Wer liegt ständig im Bett, ohne zu schlafen?
Die Bettwäsche.

Was für Steine liegen im Rhein?
Nasse Steine.

Was geht über das Wasser und wird nicht nass?
Die Brücke.

Welcher Hut passt auf keinen Kopf?
Der Fingerhut.

Wer hört alles und sagt nichts?
Das Ohr.

Wie lautet der Vorname vom Reh?
Kartoffelpü.

In welchem Topf kann man nicht kochen?
Im Blumentopf.

Was ist gelbbraun gestreift und macht immer »mus, mus«?
Eine Biene im Rückwärtsgang.

Welches Buch findet man in keiner Bücherei?
Das Sparbuch.

Welcher Hahn kräht nicht?
Der Wasserhahn.

Was macht ein Stern, dem alles egal ist?
Er wird zur Sternschnuppe.

Womit würfeln die Eskimos?
Mit Eiswürfeln.

Was hat Blätter und Rücken, ist aber weder Pflanze noch Tier?
Das Buch.

In welchem Garten gibt es keine Beete?
Im Kindergarten.

Welcher Vogel ist der lustigste?
Der Spaßvogel.

Welches Gewicht will keiner verlieren?
Das Gleichgewicht.

Welches Pferd braucht weder Futter noch Stall?
Das Steckenpferd.

Wie geht das Esel-Abc?
IA.

Warum fressen Tiger keine Kängurus?
Weil Kängurus in Australien leben und es dort keine Tiger gibt.

Was fällt, ohne sich zu verletzen?
Der Regen.

Warum legen Hühne Eier?
Wenn sie die Eier werfen würden, gingen sie kaputt.

Worin besteht der Unterschied zwischen einem Nilpferd und einem Jägerhut?
Ein Nilpferd kann einen Jägerhut tragen, aber ein Jägerhut kein Nilpferd.

SOMMER

Lange heiße Tage, laue Nächte, ausschlafen am Morgen, barfuß laufen, Eis, Sonne, Erdbeeren – UND KEINE SCHULE! Deshalb ist der Sommer die beste Jahreszeit überhaupt.

Pack deine Badesachen ein und fahr ins Freibad oder an einen Badesee. Bereite ein Picknick vor und lade deine Freundinnen ein. Oder leg dich einfach auf den Balkon und tu nichts. Der Sommer ist perfekt dafür.

Picknicks

Bei schönem Wetter werden alle Mahlzeiten im Freien, sei es im Park, auf einem Spaziergang oder einfach nur im Garten, zu einem Picknick. Im Sommer braucht man nichts weiter zu tun, als ein Tuch oder eine Decke auf die Wiese zu legen, und schon werden die Mahlzeiten zu einem aufregenden Ereignis.

Wie man einen Picknickkorb vorbereitet

* Lege den Korb mit einem sauberen Tischtuch aus und lege Stoff- oder Papierservietten hinein.
* Fülle ein paar kleine Glasflaschen mit Limonade, Wasser oder Holunderblütensirup. Falls keine Deckel vorhanden sind, mache aus zusammengerollten sauberen Papierstücken Stöpsel. Auch ein kleines Stück Alufolie, mit einem Gummi umwickelt, kann als Deckel dienen.
* Pappbecher sind für Picknicks besser geeignet als Gläser.
* Wenn ihr viele Servietten habt, braucht ihr keine Teller. Ansonsten könnt ihr kleine Pappteller einpacken.
* Pflücke ein kleines Blumensträußchen und stelle es in ein Marmeladenglas, um die Picknickdecke zu schmücken.
* Packe eine Plastiktüte für den Müll ein.

Das Picknickessen

* knusprige Cocktailwürstchen mit etwas Honig im Ofen überbacken
* hart gekochte Eier
* Kirschtomaten
* Gurken-, Karotten- oder Selleriestifte
* gebackene Hähnchenschenkel
* Oliven
* Hummus, Guacamole oder Zaziki als Dips für Karottenstifte, Zuckermais oder Zuckererbsen
* Süßigkeiten sind immer gut

Sandwich-Tipps für Picknicks

* Das Brot sollte möglichst frisch sein.
* Du kannst alle möglichen Brotsorten für die Sandwiches verwenden – in Scheiben geschnittenes Brot, Baguette, Pitabrot, türkisches Fladenbrot, Krustis oder Vollkornbrot.
* Sandwiches sehen appetitlicher aus, wenn man sie in Dreiecke oder Quadrate schneidet – du kannst die Rinde abschneiden, wenn du das bevorzugst (falls ihr in einen Park oder an einen Fluss geht, nehmt die Rinden mit, um die Enten zu füttern).
* Du kannst für die eine Hälfte Weißbrot und für die andere Hälfte Vollkornbrot verwenden, dann hast du »zweifarbige« Sandwiches.
* Bestreiche das Brot sehr sparsam mit Butter oder Olivenöl.
* Wenn du keine Butter magst, kannst du stattdessen Mayonnaise nehmen.

Sandwich-Belag

* hauchdünne Gurkenscheiben
* dünne Tomatenscheiben – besonders lecker auf ganz frischem, gebuttertem Weißbrot, mit einer Prise Meersalz und weißem Pfeffer
* Himbeermarmelade
* Rahmkäse und Gurke
* vegetarische Gemüseaufstriche

Teddybären-Picknicks

Lade bei schönem Wetter deine Lieblingsteddys zu einem Picknick im Garten oder Park ein. Es ist höflich, den Bären ein oder zwei Tage im Voraus Einladungen zu schicken.

Teddybären haben meist keinen Riesenappetit. Doch am liebsten mögen sie Sandwiches mit Honig oder Marmelade und dazu ein Glas Milch. Bringe ein paar schöne Servietten mit, um den Honig und die Marmelade von ihrem Fell abzuwischen, wenn die Bären satt sind.

Wie man herausfindet, ob jemand Butter mag

* Halte deinem Gegenüber eine Butterblume unter das Kinn. Wenn du einen goldenen Schimmer siehst, mag er oder sie Butter.

Gänseblümchenkränze

Im Sommer sind die Wiesen mit Gänseblümchen übersät. Wähle Blümchen mit langen und dickeren Stängeln aus. Dünne, zarte Stängel lassen sich schwerer teilen und können leicht brechen. Mache mit dem Daumennagel einen kleinen Schlitz in den Stängel und schiebe das nächste Gänseblümchen hindurch. Dann machst du in diesen Blumenstängel einen Schlitz, schiebst ein Blümchen hindurch und so weiter, bis der Kranz die gewünschte Länge hat.

* Du kannst Armbänder, Halsketten, Kronen, Stirnbänder und Girlanden machen. Du kannst auch Gänseblümchenschmuck für deine Puppen oder Teddys und für deinen Papa oder Opa anfertigen. Lege ihnen den Schmuck um den Hals und auf den Kopf, während sie, die Zeitung in der Hand, in der Sonne dösen.
  Ihr könnt auch einen Gänseblümchenwettbewerb abhalten. Diejenige, die in einer bestimmten Zeit – sagen wir, in der halben Stunde vor dem Mittagessen – die längste Kette macht, ist die Siegerin und wird für den Rest des Tages zur Gänseblümchenkönigin gekrönt und mit Gänseblümchenkränzen geschmückt. Und sie bekommt eine Extraerdbeere zu ihrem Eis!

Elfenhäuser

Elfen leben meist in Hecken und kleinen Büschen. Du kannst nach ihnen Ausschau halten und ihre Häuser komfortabler machen.
Im Garten von Rosemarys Elternhaus in Irland gab es eine wunderbar dichte und knorrige Weißdornhecke, in der Elfen wohnten. In Städten sind die zarten Wesen manchmal in Büschen oder in Baumwurzeln in Parks zu Hause.

Suche den Baum oder Busch aus, der so aussieht, als ob er am ehesten von Elfen bewohnt sein könnte, und lege den Boden mit Moos und Blütenblättern aus. Eichelbecher sind hervorragende Wasserschüsseln und Becken, in denen die Elfen ihr Gesicht und ihre Kleider waschen können. Kleine flauschige Federn dienen als weiche Kissen. Falls du in einer ländlichen Gegend wohnst, findest du vielleicht etwas Schafwolle – darauf schlafen Elfen besonders gerne. Leere Schneckenhäuser eignen sich als Skulpturen für die Festsäle der Elfen. Suche ein paar Holzstücke und mache daraus einen großen Esstisch und Bänke für die Elfen. Du kannst ihnen auch kleine Speisen hinlegen – sie mögen kleine Gartenerbsen, Beeren und Rosenblütenblätter. Man sagt, dass Elfen gerne Brombeeren zum Frühstück essen. Eine ganze Brombeere ist jedoch zu groß für sie, du solltest sie deshalb in winzige Elfenportionen zerteilen.

Lege einen Gartenpfad mit winzigen, verschiedenfarbigen Kieselsteinen an sowie einen Elfengarten mit Blumen und Zweigen. Grabe ein kleines Loch und lege eine kleine Schüssel hinein, dann hast du einen Gartenteich.

Die Elfen erscheinen gewöhnlich bei Einbruch der Dunkelheit und sie möchten nicht gesehen werden. Verlasse ihr Haus deshalb kurz vor dem Schlafengehen, damit sie deine Gaben finden und zu Abend essen können, während du schläfst. Wenn du am nächsten Morgen ins Elfenhaus zurückkehrst, musst du vielleicht ein bisschen aufräumen und sauber machen, damit ihr Haus wieder tipptopp ist.

Garten- und Parkspiele im Sommer

Versteckspiel

Das hier ist eine lustige Variante des klassischen Versteckspiels. Man kann es im Garten oder im Park spielen.

Lost aus, wer als Erster sucht. Sammelt so viele unterschiedlich lange Grashalme oder Zweige, wie ihr Spieler seid. Wer den kürzesten Halm oder Zweig zieht, sucht als Erster.

Derjenige, der sucht, stellt sich an einen vorher festgelegten Ausgangspunkt und zählt mit geschlossenen Augen laut bis dreißig. Die anderen Spieler rennen los, so schnell sie können, und suchen sich möglichst gute Verstecke. Wenn der Suchende bei dreißig angelangt ist, ruft er laut: »Eckstein, Eckstein, alles muss versteckt sein. Eins, zwei, drei, ich komme!« (Um dich gegen unfaire Verstecke zu wappnen, ruf am besten auch: »Vor mir, hinter mir, über mir, unter mir gilt nicht.«) Sobald der Suchende jemanden in seinem Versteck entdeckt, ruft er beispielsweise: »Ich sehe Friederike hinter dem Kastanienbaum.« Dann muss Friederike aus ihrem Versteck hervorkommen und zum Ausgangspunkt zurückkehren. Kann ein Mitspieler von seinem Versteck aus den Ausgangspunkt erreichen und ist schneller als der Suchende, schlägt er sich dort frei. Er muss also in der nächsten Runde nicht suchen. Das Spiel kann man auch verfeinern, damit es spannender wird. Hier eine Variante: Wenn jemand anders Friederikes Aufmerksamkeit auf sich lenken kann und ihr von seinem Versteck aus zuwinkt, ohne dass der Suchende es merkt, ist Friederike frei und kann versuchen, unbemerkt vom Ausgangspunkt zu fliehen und sich ein neues Versteck zu suchen. Wenn zwei oder mehr Spieler, die entdeckt wurden und am Ausgangspunkt stehen, von einem winkenden Mitspieler befreit werden, können sie ebenfalls versuchen, sich erneut zu verstecken, ohne erwischt zu werden.

Der Blick des Suchenden, wenn dieser sich umdreht und feststellt, dass alle »Gefangenen« noch einmal geflohen sind, und der verwirrte Gesichtsausdruck, wenn er herauszufinden versucht, von woher die sich versteckende Person winkt, ist wirklich ein Vergnügen.

Babys im Wald

Das ist ein Versteckspiel in Paaren. Es gibt natürlich die böse Hexe, die versucht, die Babys zu finden. Die böse Hexe zählt mit geschlossenen Augen bis fünfzig, während die Babys in Paaren davonrennen, sich verstecken und sich mucksmäuschenstill verhalten. Wenn die Hexe sie findet, müssen sie, so schnell sie können, zum Ausgangspunkt rennen. Berührt die Hexe eines der Babys, bevor es dort ankommt, wird dieses Baby die böse Hexe.

Versteckspiel mit verbundenen Augen

Dieses Spiel macht man am besten irgendwo, wo es viele Bäume und Büsche gibt, etwa in einem Park. Ein Spieler verbindet sich die Augen mit einem Tuch. Alle anderen Spieler stellen sich in einer Reihe auf. Sie treten nacheinander vor, ohne etwas zu sagen, und der »blinde« Spieler sagt ihnen, wo sie sich verstecken sollen. Wenn alle weg sind, nimmt er die Augenbinde ab, ruft »Ich komme« und rennt los. Die Personen in ihren Verstecken müssen versuchen, zum Ausgangspunkt zu gelangen, ohne berührt zu werden. Wer berührt wird oder als Letzter den Ausgangspunkt erreicht, ist als Nächster dran.

Dinge berühren

Alle Spieler suchen sich einen kleinen Stock und stellen sich dann in einer Reihe auf. Den Stock halten sie in der Hand. Vor Spielbeginn bestimmt einer der Spieler, der die Rolle des Schiedsrichters übernimmt, einige Dinge, die berührt werden sollen – Bäume, Steine, Gartenstühle, Bänke, Blumentöpfe, Kaninchenställe, Büsche, Blumen, Großmütter, Tanten und so weiter. Die Mitspieler müssen sich genau merken, welche Dinge berührt werden sollen. Sie rennen los und versuchen, alles mit ihrem Stock zu berühren, bevor sie an den Ausgangspunkt zurückkehren dürfen. Vergisst ein Spieler etwas, muss er bei der nächsten Spielrunde Schiedsrichter sein und bestimmt, was berührt werden soll. Dieses Spiel eignet sich auch für drinnen.

Lust auf Tennis?

Das Tennismatch

Einen Tennisplatz zu mieten, wäre vielleicht etwas übertrieben, du kannst genauso gut auf einer asphaltierten Fläche oder einem Rasen in deiner Nachbarschaft mit Kreide beziehungsweise Schnur deinen eigenen Tennisplatz anlegen. Stelle einige Stühle auf beide Seiten des Platzes, schlage einige stabile Pfosten in den Boden und baue mit einer Schnur und einem Laken ein Netz.

Du kommst in die richtige Tennisstimmung, wenn du ein weißes T-Shirt, weiße Socken und einen weißen Rock (oder Shorts) anziehst.

Packe ein Handtuch in deine Tasche (um dir den Schweiß von der Stirn zu wischen). Bringe einige Flaschen Wasser oder Apfelschorle mit, um während des Spiels deinen Durst zu stillen.

Ernenne jemanden zum Schiedsrichter. Jüngere Geschwister können sich als Balljungen oder Ballmädchen betätigen.

Zeig deinem Gegner deine Entschlossenheit, indem du wütende Blicke über den Platz wirfst. Wenn du mit dem Aufschlag dran bist, vergiss nicht, die Ersatztennisbälle in die Hosentasche zu stecken.

Komm in die richtige Wettkampfstimmung: Recke triumphierend die Faust in die Luft, wenn du einen hervorragenden Punkt erzielst. Streite mit dem Schiedsrichter herum, wenn du mit einer Entscheidung nicht einverstanden bist. Wirf dem Publikum Kusshände zu, wenn du das Spiel gewinnst und die Silberschale überreicht bekommen hast!

Wandtennis

Suche dir eine große Wand, am besten ohne zerbrechliche Fensterscheiben. Wenn es dort Fenster gibt, ist das Spiel noch spannender, aber auch schwieriger. Ihr könnt zum Beispiel festlegen: Trifft der Ball bei einem Aufschlag das Fenster oder Fensterbrett, so zählt das als Netzaufschlag und hat einen zweiten Aufschlag zur Folge. Bedenke aber, wenn der Ball die Fensterscheibe zerschlägt, kannst du die nächsten Monate dein Taschengeld vergessen.

* Stecke den Platz ab und markiere eine Linie auf der Wand als Netz.
Die Punkte werden genau gleich gezählt wie beim richtigen Tennis. Wenn der Ball aufs Dach geht, aber wieder zurückrollt oder -hüpft, geht das Spiel normal weiter. Geht der Ball übers Dach hinweg oder bleibt er in einer Regenrinne stecken und kommt nicht wieder zurück, so zählt dies als verlorener Punkt.

Sommerdrinks und Sirups

Der Sommer macht durstig. Kein Wunder bei dem vielen Herumtollen, Tennisspielen, Fahrradfahren, Dinge sammeln, Spielen und Schwimmen in brütender Hitze! Man sollte jeden Tag viel trinken, aber ganz besonders, wenn es heiß ist und man viel schwitzt.

Selbst gemachte Drinks sind einfach und rasch zuzubereiten und schmecken total lecker. Die weiter unten beschriebene Sirupbasis ist nichts weiter als mit Wasser aufgekochter Zucker. Man kann je nach Geschmack verschiedene Kräuter und Blüten hinzufügen. Der Sirup wird dann in einem großen Krug oder einer Flasche mit Wasser verdünnt und kalt mit Eis serviert. Man kann damit auch Puddings, Obstsalate und Kompotte verfeinern. Im Kühlschrank ist Sirup recht lange haltbar und man kann ihn auch einfrieren.

Grundrezept für Sirup Ergibt ungefähr 800 ml

* 450 g Zucker
* 600 ml kaltes Wasser

* Löse den Zucker bei mittlerer Hitze im Wasser auf und bringe die Mischung zum Kochen. Nimm sie nach 2 Minuten vom Herd und lasse sie abkühlen. Falls du den Sirup nicht sofort verwendest, stelle ihn in den Kühlschrank.

Lavendelsirup

Füge dem Grundrezept 1 bis 2 Esslöffel Lavendelblüten hinzu und bringe die Mischung zum Kochen. Gib den Sirup nach dem Abkühlen durch ein feines Sieb und stelle ihn in den Kühlschrank.

Erdbeer-Milchshake Ergibt ungefähr 4 Gläser

* 500 g Erdbeeren
* 900 ml Milch
* 225 g feines Vanilleeis
* 50 g Zucker
* Eiswürfel
* 75 ml Schlagsahne mit hohem Fettgehalt
* ganze Erdbeeren zum Garnieren

Püriere die Erdbeeren mit dem Mixer. Füge Milch, Eis und Zucker hinzu und verrühre alles zu einer glatten Masse. Gib Eiswürfel in hübsche, hohe Gläser, gieße den Milchshake hinein und füge einen Klacks Schlagsahne hinzu. Garniere jedes Glas mit einer Erdbeere. Du kannst das Rezept mit unterschiedlichen Früchten – etwa Mango oder Himbeere – variieren.

Minzsirup

Füge dem Grundrezept 4 bis 6 Stängel frische Minze hinzu (grüne Minze schmeckt besonders lecker) und bringe die Mischung zum Kochen. Gib den Sirup nach dem Abkühlen durch ein feines Sieb und stelle ihn in den Kühlschrank.

Rosmarinsirup

Füge dem Grundrezept 2 frische Rosmarinzweige hinzu und bringe die Mischung zum Kochen. Verfahre weiter wie oben.

Duftpelargoniensirup

Füge dem Grundrezept 6 bis 8 Duftpelargonienblätter hinzu und bringe die Mischung zum Kochen. Mittlerweile müsstest du ziemlich viel Übung im Sirupmachen haben.

Annas Holunderblütensirup Ergibt 1,2 Liter

Der Holunder blüht Ende Mai bis Anfang Juni. Zwischen Hecken entfaltet er auf dem Land und in der Stadt seine üppige Pracht. Sobald du seine spitzenähnlichen cremeweißen Blüten siehst, weißt du, dass der Sommer da ist und dass es Zeit ist, Blüten für den Sommervorrat an Holunderblütensirup zu sammeln. Dieser Sirup wird für Fruchtsaftgetränke und Champagner sowie für viele köstliche Süßigkeiten und Puddings verwendet.

* 16–20 Holunderblütenstände
* 900 g Kristallzucker
* 1,2 l kochendes Wasser
* 25 g Zitronensäure
* 3 unbehandelte Zitronen

Wasche die Blütenstände mehrmals gründlich in sauberem kaltem Wasser, um Insekten und Schmutz zu entfernen (Holunder hat oft grüne oder schwarze Blattläuse). Schüttle dann die Blüten, um überschüssiges Wasser zu entfernen.

Gib den Zucker in eine große Schüssel und begieße ihn mit dem kochenden Wasser. Dann umrühren, bis sich der Zucker ganz aufgelöst hat, und abkühlen lassen. Füge die Holunderblüten hinzu. Sie sollten ganz vom Sirup bedeckt sein. Dann gibst du die Zitronensäure hinzu. Schneide die Zitronen mitsamt der Schale in Scheiben und lege sie über die Holunderblüten. Lasse den Sirup bei Zimmertemperatur 24 Stunden lang zugedeckt ziehen. Am nächsten Tag kannst du ihn durch ein sauberes Küchentuch oder Mulltuch abseihen. Um möglichst viel Holunder- und Zitronensaft zu erhalten, solltest du das Tuch am Schluss fest ausdrücken. Fülle den Sirup in saubere, heiß ausgespülte Flaschen und stelle sie in den Kühlschrank.

Verdünne den Sirup vor dem Verzehr je nach Geschmack mit Leitungswasser. Für einen spritzigen Drink kannst du kohlensäurehaltiges Mineralwasser verwenden. Serviere den Sirup mit einem Stängel Minze und ein paar Eiswürfeln in Cocktailgläsern.

TIPP: *Mit Zitronensäure und Weinsäure (in Lebensmittelgeschäften und Apotheken erhältlich) lässt sich Holunderblütensirup gut konservieren. Weinsäure ist nicht dasselbe wie Weinstein. Letztes Jahr konnte Rosemary keine Weinsäure auftreiben und verwendete für ihren Sirup deshalb Weinstein, wodurch der Sirup leicht nach Backpulver schmeckte – nicht zu empfehlen!*

Flaschen

Fruchtsaftgetränke und andere selbst gemachte Drinks lassen sich gut in hübsch geformten bunten Glasflaschen aufbewahren. Reinige alte Flaschen vor der Verwendung immer gründlich in heißem Seifenwasser und spüle sie mehrmals. Ein Schuss Weißweinessig oder Zitronensaft macht die Flaschen blitzsauber und steril, sodass du sie erneut verwenden kannst.

Selbst gemachte Etiketten

Mache ein paar Etiketten für deine Flaschen. Dazu schneidest du aus Papier einige Vierecke aus – du kannst dafür liniertes weißes Schreibpapier oder braunes Packpapier verwenden. Schreibe den Namen des Getränks auf das Etikett sowie das Datum, an dem du den Drink hergestellt hast, und zeichne zur Dekoration einige Blümchen darauf.

Blüteneiswürfel

Zum Dekorieren deiner Getränke kannst du auch Folgendes probieren: Sammle einige schöne Exemplare von Blüten (am besten aus deinem Garten oder Blumenkasten, dann weißt du, dass sie unbehandelt sind). Achte darauf, nur Blüten von essbaren Pflanzen zu verwenden, wie Gänseblümchen, Veilchen, Stiefmütterchen, Chrysanthemen, Ringelblumen, Rosen oder Lavendel. Lege die Blüten in Eiswürfelbehälter und fülle diese mit Wasser. Lass das Ganze über Nacht im Tiefkühlfach gefrieren. Blüteneiswürfel sehen einfach toll aus!

Lavendel im Garten

Lavendel braucht viel Sonne zum Gedeihen. In der Provence (Frankreich) sieht man oft ganze Felder, die von den leuchtenden blauvioletten Blüten bedeckt sind. Du kannst Lavendel in großen Terrakottatöpfen oder in Blumenrabatten im Garten anpflanzen, dort wo viel Sonnenlicht hinkommt, wo der Boden locker ist und das Wasser leicht abfließt. Lavendel blüht von Beginn des Sommers an bis Ende August oder sogar Anfang September. Wenn man darauf achtet, die verwelkten Blüten und dürren Stiele des Lavendels auszuschneiden, wird er den ganzen Sommer über blühen. Die getrockneten Lavendelblüten können in Bündeln aufbewahrt werden. Zum Trocknen hängt man die Blüten am besten kopfüber an einem schattigen Ort auf. Oder man sammelt die Blütenblätter und bewahrt sie in einem sauberen, luftdicht verschlossenen Glas auf, um sie später zu verwenden. Gegen Ende des Sommers, wenn die Blütezeit des Lavendels zu Ende geht, kannst du die Blüten sammeln. Schneide beim Ernten den Stiel so weit ab, dass unten noch ein paar Blätter übrig bleiben. Entferne dürre oder verholzte Stiele, indem du sie zurückschneidest. So bekommt die Pflanze wieder eine schöne Form. Sie wird nicht wuchern oder anfällig für Krankheiten werden.

Nachdem du den Lavendel geerntet hast, zupfe die Blütenblätter über einer großen Schüssel vom Stiel ab. Am besten räumst du vorher den Küchentisch ab, um eine große Arbeitsfläche zu haben. Lege eine saubere Tischdecke oder ein Leintuch auf den Tisch – dann hast du es nachher beim Aufräumen leichter und kannst am Schluss verstreute Blütenblätter einsammeln. Während du arbeitest, wird das ganze Haus von dem intensiven und angenehmen Lavendelduft erfüllt sein – und das für mehrere Wochen.

Sobald du die Blüten gesammelt hast, kannst du Lavendelwasser (siehe S. 139) oder Lavendelsäckchen herstellen, oder du kannst den Lavendel zum Kochen verwenden.

Lavendelsäckchen

Lavendelsäckchen sind rasch und einfach herzustellen und sie sind im Sommer ein ideales Mitbringsel. Lege sie in Kommoden, damit deine Kleider gut riechen, und in Kleiderschränke, um Motten zu vertreiben. Halte sie unter fließendes heißes Wasser, um dein Bad zu parfümieren, oder lege sie nachts neben dein Kopfkissen, um besonders gut schlafen zu können.

Du kannst entweder kleine Stoffsäckchen verwenden, die du im Haus hast, oder selbst welche machen. Benötigst du auf die Schnelle ein Lavendelsäckchen, tut es auch ein sauberes Taschentuch. Weiße Tücher mit Spitzenrändern sind ideal. Lege eine Handvoll Lavendelblüten in die Mitte des Taschentuchs und lege es so zusammen, dass du einen kleinen Beutel hast. Binde das Säckchen mit einem Band zu. Mache einen kräftigen Knoten und dann eine feste Schleife.

Du kannst eine Untertasse oder einen Kuchenteller als Maß verwenden (je größer der Kreis, desto größer wird dein Lavendelsäckchen). Schneide aus irgendeinem Stoff Kreise aus. Baumwolle, Leinen oder Musselin sind geeignete Materialien. Du kannst Stoffreste verwenden – alte Laken, Hemden oder Baumwollkleider, die ihre besten Tage hinter sich haben. Wasche und bügle die Stoffe, damit sie sauber und glatt sind, bevor du Kreise ausschneidest.

Wenn du eine Zickzackschere (Stoffschere mit gezackten Schneiden) benützt, fransen die Stoffränder nicht aus, und du brauchst sie nicht zu säumen. Platziere den Lavendel in der Mitte des Kreises, lege das Tuch zusammen und binde es, wie oben beschrieben, mit einem Band zu.

HAARE UND HAARPFLEGE

HAARE sind für alle Mädchen ein wichtiges und spannendes Thema. Lang, kurz, glatt, gelockt, dicht, drahtig, fein, rot, braun, blond oder schwarz – Haare üben immer eine große Faszination aus.

Neben der Haut solltest du deinen Haaren ganz besonders viel Aufmerksamkeit widmen. Es gibt nichts Schlimmeres als ungepflegte Haare. Du brauchst etwas Zeit und Erfahrung bis du weißt, was deinen Haaren gut tut und welche Frisur dir am besten steht, deswegen können ein paar Tipps nicht schaden

Welche Frisur?

Für die meisten von uns sind die Haare einfach da. Strapaziere sie nicht. Liebe sie und erfreue dich an ihnen. Zunächst wird deine Frisur höchstwahrscheinlich von den Wünschen deiner Mutter abhängen. Manche Mütter haben ein außerordentliches Interesse an den Haaren ihrer Tochter. Sie flechten das Haar zu Zöpfen oder stylen es anderweitig. Und sie sorgen dafür, dass die Haare mindestens zweimal am Tag ordentlich gebürstet werden. Anderen Müttern ist das zu aufwendig, und sie bevorzugen einen Kurzhaarschnitt, der eher praktisch ist. Sobald du alt genug bist, um in puncto Frisur deine eigenen Entscheidungen zu treffen, solltest du über folgende Fragen nachdenken:

* **Treibst du gerne Sport?** Wenn ja, sind sehr lange Haare oder eine Frisur, die einen großen Pflegeaufwand erfordert, wahrscheinlich keine gute Idee.
* **Welche Frisur passt zu deinem Haar?** Wenn du beispielsweise sehr feines Haar hast, sind lange Haare nicht optimal, weil sie dann oft dünn und schlaff herunterhängen. Sehr lockige oder zum Abstehen neigende Haare dagegen lassen sich oft besser bändigen, wenn sie besonders lang und schwer sind.
* **Wie viel Zeit willst du für deine Frisur aufwenden?** Wenn du Frühaufsteherin und gut organisiert bist, sind lange Haare toll. Mit kurzen Haaren dagegen bist du morgens schneller fertig. Insgesamt erfordern lange Haare mehr Pflege als kurze – aber man kann sie auch vielseitiger frisieren.

Bürsten

Egal was für eine Frisur du hast, verlasse nie das Haus, ohne deine Haare gebürstet zu haben. Gebürstetes Haar trägt nicht nur zu einem guten Aussehen bei, sondern es werden auch alte Haare entfernt, und die Kopfhaut wird besser durchblutet. Achte darauf, nicht an den Haaren zu zerren und die Kopfhaut nicht zu verletzen. Eine altmodische Regel besagt, dass man jedes Mal 100 Bürstenstriche machen sollte. Du kannst das gerne ausprobieren, aber wir persönlich halten es für Zeitverschwendung. 20 bis 30 Bürstenstriche reichen völlig aus – oder du bürstest einfach so lange, bis dein Haar ansehnlich aussieht.

Waschen

Es ist ein Mythos, dass man sich jeden Tag die Haare waschen soll. Aber es ist auch ein Mythos, dass die Haare sich schließlich selbst reinigen, wenn man sie lange nicht wäscht. Sie werden höchstens sehr schlecht riechen.

Wie oft du deine Haare waschen solltest, hängt ganz von dir und deinem Haartyp ab. Wenn du beispielsweise oft ins Schwimmbad gehst, musst du deine Haare natürlich sehr oft waschen und mit Spülungen pflegen. Dasselbe gilt für sportliche Typen, denn verschwitztes Haar ist äußerst unattraktiv. Bei normaler Haarbeschaffenheit gilt als Faustregel, dass man sich die Haare jeden zweiten Tag waschen sollte. Aber wenn deine Haare sehr dicht sind und stundenlang zum Trocknen brauchen, willst du es vielleicht auf zweimal die Woche beschränken. Feine, flatternde Haare sollte man täglich mit einem guten Volumenshampoo waschen, damit sie nicht schlaff und kraftlos aussehen.

Pflegespülungen

Auch dies hängt stark von deinem Haartyp ab. Trockene, lockige oder sehr dichte Haare profitieren von häufigen Spülungen, weil sie dann nicht spröde oder kraus aussehen und sich leichter frisieren lassen. Fettige Haare brauchen nicht jedes Mal eine Spülung. Dasselbe gilt auch, wenn deine Haare sehr fein sind – aber du kannst ihnen trotzdem einmal pro Woche eine Spülung gönnen.

Färbemittel

Die Läden bieten eine Unmenge dieser Produkte an. Aber es gibt auch einige Hausmittel, die genauso wirksam sind (auch wenn es dabei manchmal ein kleines Gemansche gibt).

* **Zitronensaft ist der bekannteste natürliche Aufheller, und es funktioniert tatsächlich.** Der einzige Nachteil ist, dass dein Haar austrocknen kann, wenn es zu viel Zitronensaft abbekommt. Deshalb solltest du es mit Spülungen pflegen. Zitrone verträgt sich nicht gut mit Chlor. Du solltest also, nachdem du dir die Haare gefärbt hast, für ein paar Tage das Schwimmbad meiden. Ansonsten hast du am Schluss womöglich grüne Haare!

HAARE UND HAARPFLEGE ❧ 119

* **Auch Kamille ist toll bei blonden Haaren.** Löse einen Löffel Honig in einer Tasse Kamillentee auf, lasse ihn abkühlen und spüle deine Haare damit.
* **Eine kleine Tassee Kaffee kann braunen oder dunkleren Haaren Intensität und Glanz verleihen.** Verwende nach Möglichkeit keinen Instantkaffee, sondern übrig gebliebenen Bohnenkaffee oder Espresso. Lasse den Kaffee abkühlen und gieße ihn über deine Haare. Nach 10 Minuten gründlich ausspülen.
* Rotbraunen Haaren kannst du einen intensiveren Farbton verleihen, indem du deine Haare mit einer Tasse abgekühltem **Hagebuttentee** spülst.
* **Henna ist eine wunderbare,** natürliche Methode, um Rottöne in dein Haar zu zaubern. Die Anwendung ist sehr einfach. Du verrührst das Pulver mit Wasser zu einer Paste und lässt es ein paar Stunden einwirken, bevor du es ausspülst. Henna hat den zusätzlichen Vorteil, dass es dein Haar pflegt und ihm mehr Volumen verleiht.
* Lass dich bloß NICHT dazu verleiten, deine Haare mit Lebensmittelfarbe zu färben. Schon beim ersten leichten Regen wird die Farbe an deinem Gesicht herunterlaufen. Kein schöner Anblick!

Allgemeine Pflegetipps

* **Kokosöl ist ein fantastisches, natürliches Pflegemittel und es duftet herrlich tropisch.** Erwärme ein wenig Öl in deinen Händen und massiere es in die Haare ein (vielleicht musst du den Vorgang je nach Haarlänge ein- oder zweimal wiederholen). Bedecke den Kopf mit einer billigen Einweghaube oder Frischhaltefolie und umwickle ihn mit einem Handtuch. Lasse das Öl eine Stunde einwirken und wasche die Haare anschließend gründlich mit einem Shampoo.
* **Auch Eier sind bekanntlich gut für die Haare.** Verrühre zwei Eidotter in einer halben Tasse Wasser und massiere sie in die Haare ein. Lasse sie eine Viertelstunde einwirken, dann gründlich mit lauwarmem Wasser auswaschen. Wenn du die Eier nicht ausspülst, wirken sie wie ein sehr starkes Stylinggel, was ideal ist bei störrischen Haaren.
* **Mehr Glanz.** Wenn du es aushalten kannst, spüle deine Haare zuletzt mit KALTEM Wasser. Dadurch schließen sich die Kutikulas (die winzigen Gefäße an der Haaroberfläche) und das Haar erhält Glanz und Geschmeidigkeit. Es ist zugleich ein hervorragendes Mittel, um morgens wach zu werden!

TIPP: *Hast du gewusst, dass deine Haare, während du schläfst, sehr viel Feuchtigkeit verlieren? Teile deine Haare immer durch Flechten oder Drehen in einzelne Partien auf. Flechte oder drehe bis zu den Haarspitzen, um Haarspliss zu vermeiden. Befestige die Strähnen mit einer Haarnadel oder einem Gummiband und bedecke den Kopf vor dem Schlafengehen mit einem Baumwollkopftuch.*

Volumen

Eine gute Möglichkeit, mehr Volumen zu bekommen, ist, das feuchte Haar auf dem Oberkopf zusammenzufassen und es mit einem umwickelten Gummiband zu befestigen. Dann fönst du die Haare, die am nächsten an der Kopfhaut sind. Lasse die Haare anschließend herunter, neige den Kopf nach unten und föne die restlichen Haare. Wow! Diese Methode ist viel besser als Toupieren, was ebenfalls mehr Volumen verleiht, jedoch die Haare schädigt.

Afrohaare

Afrohaare brauchen eine ganz besondere Pflege. Naturhaare (Haare, die nicht chemisch behandelt wurden) können kurz getragen werden, in Zöpfen oder in Cornrows (am Kopf anliegende, geflochtene Zöpfe).

Cornrows sind besonders praktisch, wenn man ein oder zwei Wochen in Urlaub geht. Sie halten nämlich eine ganze Weile und können vorsichtig gewaschen werden. Verwende immer einen grobzinkigen Kamm, denn Kämme mit engen Zinken können die Haare ausreißen. Kaufe auch eine Bürste, am besten eine mit Naturborsten.

Föne dein Haar nicht, sondern rubble es sanft mit einem Handtuch trocken, denn die Hitze kann der Kopfhaut schaden. Weil das Trockenrubbeln ziemlich lange dauert, bittest du am besten deine Mutter, dir zu helfen. Wenn du deine Haare unbedingt fönen musst, föne immer einzelne Partien auf niedriger Stufe und am besten mit einem kombinierten Kamm. Egal wofür du dich entscheidest, lasse deine Haare niemals an der Luft trocknen – die Haare werden brechen und austrocknen.

Sobald dein Haar trocken ist, teilst du es wieder in kleine Partien und trägst eine sanfte Haarlotion oder ein Öl auf. Beginne am Haaransatz und massiere es bis in die Spitzen. Die Haarspitzen sollten mehr Lotion oder Öl abbekommen, da sie sich leicht kräuseln. Je weicher deine Locken sind, desto leichter sollte die Feuchtigkeitslotion sein. Vermeide Produkte auf Mineralölbasis. Pflanzenöle (etwa Olive oder Mandel) und Butter (etwa Sheabutter) dringen am besten in die Haare ein und geben ihnen Nährstoffe.

Bizarres über Haare

* Die alten Ägypterinnen färbten sich das Haar gerne blau oder rieben es mit Goldstaub ein.
* Die Frauen im antiken Griechenland hellten ihre Haare mit Safran auf.
* Zu Beginn des 18. Jahrhunderts machten sich die Frauen gerne fantasievolle Frisuren, die manchmal eine Höhe von 60 cm erreichten.
* Im Jahr 1872 begann man, sich die Haare (mit der Brennschere) zu locken.

Berühmte Frisuren

* **Kleopatra:** Sie hatte in Wirklichkeit gar nicht die glatten schwarzen Haare mit dichtem Pony, wie es in Filmen dargestellt wird. Wahrscheinlich hatte sie rote Haare, die sie in eigenwilligen, gelockten Strähnen trug. Eine ihrer Frisuren wird als »Melonenfrisur« bezeichnet. Diese solltest du lieber nicht zu Hause ausprobieren.
* **Audrey Hepburn:** Audrey Hepburn machte in dem Film *Ein Herz und eine Krone* den Kurzhaarschnitt populär. Sie ließ sich ihr traumhaft langes Haar abschneiden, um zusammen mit dem wunderbaren Gregory Peck auf dem Motorroller durch Rom düsen zu können.
* **Twiggy:** Die Modeikone von 1966. Ihr berühmter Bubikopf wurde bei *Leonard's* in Mayfair kreiert und die Prozedur dauerte sieben Stunden. Die Frisur verkörperte den neuen Optimismus der wilden 60er-Jahre.
* **Jennifer Aniston:** Die Schauspielerin, die in der amerikanischen TV-Sitcom *Friends* mitspielte, machte die Rachel-Frisur (benannt nach der Figur in der Serie) populär. Auf der ganzen Welt ließen sich junge Mädchen sofort dieselbe Frisur verpassen – mit unterschiedlichem Erfolg. Es war ein langer Stufenbob und mit den eingefärbten Strähnen erinnerten die Trägerinnen ein wenig an Afghanische Windhunde.

Frisuren

Der klassische Zopf

Der Zopf ist absolut zeitlos und sehr einfach zu machen. Du kannst auch Rattenschwänzchen zu Zöpfen flechten. Wenn du sehr lange Haare hast, kannst du sie seitlich am Kopf aufwickeln, sodass sie wie aufgerollte Würstchen aussehen – aber nur wenn du in einem Heimatfilm mitwirkst oder mit deinen Brüdern *Star Wars* spielst.

* Bürste deine Haare und teile sie in drei gleiche Stränge. Nimm zwei Stränge in die linke Hand und halte sie mit den Fingern getrennt. Den dritten Strang nimmst du in die rechte Hand. Lege den Strang in deiner rechten Hand quer über den mittleren Strang. Lege dann den linken Strang über Kreuz mit dem »neuen« Mittelstrang (ursprünglich der Strang der rechten Hand). Nimm den Strang der rechten Hand und lege ihn quer über den »neuen« Mittelstrang (ursprünglich der Strang der linken Hand). Es ist wirklich ein Kinderspiel. Übe zunächst mit einer dünnen Haarsträhne oder probiere es bei einer Freundin aus.

Der französische Zopf

* Er ist todschick, und du verhinderst damit, dass dir die Haare in die Augen fallen. Man macht ihn genau gleich wie einen normalen Zopf, außer dass man am Oberkopf mit drei feinen Haarsträngen beginnt. Jedes Mal flechtet man eine neue Haarsträhne von der Seite des Kopfes in den Zopf hinein, erst rechts, dann links. Die Kunst besteht darin, jedes Mal nur eine dünne Strähne hinzuzufügen, ansonsten wird das Ganze zu klobig. Achte auch darauf, dass die neuen Strähnen auf beiden Seiten gleich sind, damit der Zopf ebenmäßig aussieht. Deine Haare müssen für diese Frisur in gutem Zustand sein, sonst wird es schwierig, und sie verheddern sich leicht. Vielleicht musst du die verschiedenen Haarstränge auch glatt streichen, um sie getrennt zu halten. Sobald du im Nacken angekommen bist, fährst du ganz normal mit dem Flechten fort, bis der Zopf fertig ist, und bindest die Haarenden mit einem Gummiband zusammen.

HAARE UND HAARPFLEGE ⁓ 123

Du kannst den Zopf mit allem Möglichen verschönern – ein Zierband oder diamantene Spangen an den Seiten oder entlang der Mitte des Zopfes. Manche glätten den Zopf gerne mit etwas in der Hand erwärmtem Haarwachs oder verschönern ihn mit Haarglitter.

Der französische Zopf erfordert ein wenig Übung, aber wenn du ihn erst einmal beherrschst, kannst du ihn mit geschlossenen Augen machen. Er ist ideal für einen »schlechten Haartag«, an dem deine Haare fettig oder widerspenstig sind.

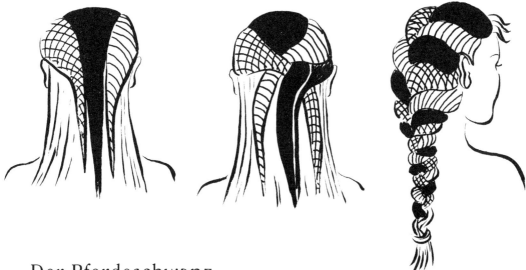

Der Pferdeschwanz

Der tief angesetzte Pferdeschwanz ist schlicht und elegant. Fasse deine Haare im Nacken und binde sie mit irgendetwas zusammen. Besonders gut sieht der Pferdeschwanz mit einem Samtband aus (ein idealer, feierlicher Look, um Tanten zu besuchen oder abends ins Theater zu gehen). Im Sommer kannst du den Pferdeschwanz mit einem romantischen Chiffontuch zusammenbinden und mit geheimnisvollem Blick durch den Garten wandeln.

Der hoch angesetzte Pferdeschwanz sieht fesch und lustig aus. Ziehe, nachdem du dir die Haare am Hinterkopf zusammengebunden hast, auf beiden Seiten des Kopfes ein paar feine Strähnen heraus, damit es weicher wirkt. Falls du Stufen im Haar hast, kannst du die kürzeren Haarsträhnen unterhalb des Gummibands nach oben biegen und etwas Haarwachs draufgeben, um einen flippigen, »stacheligen« Look zu erzielen. Aber übertreibe es nicht.

Der Pferdeschwanzknoten

Das Wort »Knoten« hört sich immer schauderhaft an, aber es ist immerhin noch besser als »Hochsteckfrisur«. Lasse dich also nicht davon abschrecken.

Frisiere deine Haare zu einem hoch angesetzten Pferdeschwanz und ziehe das Ende noch einmal durch das umwickelte Gummiband. So erzielst du einen Knoteneffekt, wobei die Haarenden herausschauen. Wenn du sehr lange Haare hast, wird eine prächtige Tolle deinen Rücken zieren. Du kannst damit herumexperimentieren und ein wenig Haarwachs oder Gel auftragen, sodass der Haarbausch entweder aus einem Strang oder aus mehreren Strängen besteht. Probiere einfach aus, was dir am besten steht.

Wenn du kürzere oder gestufte Haare hast, werden einige Haarspitzen hervorstehen. Biege diese mit etwas Haarwachs oder Gel in unterschiedliche Richtungen, dann hast du ein nettes »Haarkränzchen« am Hinterkopf.

Locken

Fast jedes Mädchen mit glatten Haaren macht irgendwann einmal eine Phase durch, in der es sich sehnlichst Locken wünscht. Es gibt viele verschiedene Möglichkeiten, dieses Ziel zu erreichen.

* Wenn deine Haare fast trocken sind, teile sie in ungefähr 1 cm dicke Strähnen. Drehe diese so lange, bis sie sich wie eine kleine Schnecke aufrollen, und befestige sie mit einer Haarklammer. Lasse die Haare ein paar Stunden aufgerollt. Einige tapfere Menschen schlafen sogar damit, auch wenn das sehr unbequem ist. Das Ergebnis ist ein Schwall wilder Locken. Du wirst sie mit den Händen und etwas Haarwachs oder Gel etwas zurechtstylen müssen, da die Haarspitzen leicht abstehen.
* Für eine wilde Lockenpracht flechtest du dir am ganzen Kopf viele kleine Zöpfchen, die du nach ein paar Stunden wieder aufmachst.
* Für großzügige Wellen sind die weichen Velcro-Lockenwickler unschlagbar. Auch wenn die albernen rosa Lockenwickler auf deinem Kopf grauenhaft aussehen, erzielst du damit fantastische Ergebnisse. Drehe immer einzelne Partien der gekämmten, gerade noch feuchten Haare auf die Lockenwickler und achte

darauf, dass du auch die Haarspitzen erwischst. Dann fönst du dir die Haare. Jetzt kannst du die Haare mit ein wenig Haarspray benetzen. Achte aber darauf, dass du die Sprühdose auf Armeslänge entfernt hältst. Entferne die Wickler vorsichtig, schüttle die Locken aus und zupfe sie mit den Fingern zurecht.

Pony

Auf die ewige »Pony-Frage« gibt es keine Antwort. Meistens ist es wie mit den Locken: Diejenigen, die welche haben, wollen keine haben, und diejenigen, die keine haben, wollen welche haben. Es bleibt dir überlassen. Du kannst ja ausprobieren, wie du mit einem Pony aussehen würdest, indem du dir in einer Zeitschrift ein lebensgroßes Bild von jemandem suchst, es ausschneidest und dir über die Stirn hältst. Oder du bittest eine Freundin, dir das Haar so hochzustecken, dass es aussieht, als hättest du einen Pony. Aber wie du genau mit Pony aussiehst, weißt du erst dann, wenn du tatsächlich einen hast.

Was man niemals tun sollte

* **Verwende niemals Haushaltsgummis für deine Haare.** Die Haare werden brechen und sich spalten und außerdem tun Gummis WEH. Verwende immer die umwickelten Spezialgummibänder.
* **Wickle deine Haare niemals um den Finger,** selbst wenn du eine Mathe-Doppelstunde hast und es gerade um quadratische Gleichungen geht. Es schädigt den Haarschaft und begünstigt Spliss (»Haarfresser«). Dieser lässt sich nicht reparieren – die einzige Lösung ist, die gespaltenen Haarspitzen abzuschneiden!
* **Föne deine Haare niemals auf sehr hoher Stufe nah am Kopf.** Rate mal, was passieren wird. Richtig – die Haare werden sich KRÄUSELN.
* **Frisiere deine Haare niemals zu einem sehr straffen Pferdeschwanz.** Das sieht nicht nur scheußlich aus, sondern es strapaziert die Haarwurzeln und schwächt deine Haare, sodass sie leichter ausfallen können.
* **Ziehe den Scheitel nicht immer an derselben Stelle.** Das strapaziert die Haare entlang des Scheitels.
* **Wasche deine Haare niemals mit Seife.** Das reizt die Kopfhaut und trocknet sie aus. Du wirst Schuppen oder, noch schlimmer, Psoriasis (eine Ekzemart) auf der Kopfhaut bekommen, was wiederum deine Haare schädigen wird.

SPASS IM FREIEN

Wenn du das Glück hast, dass du in freier Landschaft spielen kannst, dann wird dir nie langweilig werden. Du wirst müde, schmutzig und hungrig sein, ja. Vielleicht bekommst du ein paar blaue Flecken und bist manchmal etwas mitgenommen. Aber langweilig – nie.

Also verlass das Sofa und den Fernseher und mach dich auf, die aufregende Welt draußen zu entdecken.

Fallen

Lerne gehen, ehe du rennst; lerne fallen, ehe du kletterst. Richtig fallen ist eine Kunst. Wenn man das gut kann, ist es aufregend, sieht gut aus, kann sehr komisch sein – und außerdem will ja niemand an Krücken gehen.

Versuche erst, eine bühnenreife Ohnmacht zu inszenieren. Das ist, für sich genommen, schon eine sehr wertvolle Fähigkeit und nützlich dazu, um unangenehmen Situationen zu entkommen (nicht gemachte Mathematikhausaufgaben, aus dem Sportunterricht entlassen werden, den Vormittag schulfrei bekommen). Übe das auf einer Wiese oder in einem Raum mit einem dicken Teppich.

Knicke in den Knöcheln um und mach dich ganz schlaff, ehe du zu kippen beginnst. Es ist wichtig, dass du sehr locker, sehr entspannt bist und nicht die Hand ausstreckst, um dich festzuhalten; du sollst bewusstlos sein. Das Ziel ist, von unten her zu Boden zu fallen, sodass die Körperteile, die dem Boden am nächsten sind, auch zuerst dort landen und den Aufprall abmildern. Eigentlich soll es ein Einknicken sein – erst die Wade, dann der Oberschenkel, dann die Hüfte, dann die Schulter. Noch dramatischer und interessanter ist es, wenn du eine halbe Umdrehung dranhängst, damit verteilt sich der Aufprall besser. Lande mit geschlossenen Augen (oder wenn du dich wirklich sicher fühlst, mit nach oben verdrehten Augäpfeln). Widerstehe der Versuchung, mit einem Auge zu blinzeln, um nachzusehen, wie die Reaktionen sind.

Sobald du diese Technik beherrschst, kannst du dich damit auch von allem Möglichen fallen lassen: niedrigen Gartenmauern oder Stühlen. Größere Herausforderungen erfordern auch eine größere Geschicklichkeit: Komme auf den Füßen auf, ganz gebeugt, und kippe dann ganz schnell auf die Seite, fange den zweiten Aufprall mit der Schulter ab. Jetzt ist die Drehung das Wichtigste; du solltest nicht den ganzen Stoß mit deiner Schulter abfangen. Drehe dich einmal, zweimal oder dreimal, wenn dir danach ist. Denke daran: Du willst den Boden nicht meiden, sondern dich mit Geschwindigkeit mit ihm anfreunden.

Klettern

Klettern ist nicht nur eine nützliche Fähigkeit, sondern ist auch praktisch, wenn man Jungs beeindrucken (oder ihnen einen Dämpfer verpassen) will.

Beim Klettern – sei es auf Bäume oder Mauern – ist immer ein Risiko dabei. Es ist klug, am Anfang nicht höher zu klettern, als du zu fallen bereit bist. Schon in wenigen Metern Höhe kann das Adrenalin deine Muskeln zum Zittern bringen und deinen Blick schärfen; du wirst etwas Angst bekommen, aber auch aufgeregt sein. Atme tief durch, entspanne dich und gerate nicht in Panik. Es ist immer gut, unter Anspannung ruhig zu bleiben. Wenn es dir gefällt, gehe in einen Kletterverein. Für den Anfang geben wir dir hier ein paar Tipps.

Beim Klettern kommt es vor allem darauf an, ganz nah an dem Objekt zu sein, auf das du steigst, nah und aufrecht, nicht nach außen geneigt und nicht zusammengekrümmt. So kann dich die Schwerkraft nicht wegziehen und das spart Kraft und Energie.

Hier sind ein paar Grundregeln:

* **Profi-Kletterer haben eine Regel:** Halte immer an drei Punkten gleichzeitig Kontakt, zum Beispiel zwei Füße und eine Hand oder zwei Hände und ein Fuß. Versetze immer nur einen Griff auf einmal.
* **Bleibe ruhig.** Ein guter Kletterer gerät nie in Panik. Nimm dir Zeit.
* **Griff.** Halte dich fest, aber klammere nicht.
* **Mach dir keine Gedanken darüber, wie hoch du bist.** Du bist absolut sicher, sonst würdest du ja fallen – oder?
* **Plane deine nächste Bewegung, ehe du sie ausführst.**
* **Genieße die Situation.** Du bist hier, in der Welt der Vögel und Eichhörnchen. Sei glücklich.
* **Klettere im Augenblick.** Plane auf jeden Fall voraus, aber konzentriere dich auf die Gegenwart. Mach dir keine Sorgen darüber, ob du weiter oben weiterkommst oder wie du wieder herunterkommst.

Bäume

Wenn du auf Bäume kletterst, bleibe nahe am Stamm. Die Äste sind am Stamm am dicksten. Selbst ein kleiner, kaum größer als ein Zweig, kann eine halbwegs ordentliche Stütze abgeben, wenn du deine Zehen dort festklemmen kannst, wo sie mit dem Stamm verbunden sind. Ein dünner junger Zweig kann viel stärker sein als ein dicker alter oder abgestorbener.

Wenn du bereit bist herunterzusteigen, bleibe langsam, konzentriere dich nur auf die nächsten paar cm unter dir. Denke seitwärts. Sieh dich um. Die beste Route kann seitwärts sein. Gelegentlich musst du vielleicht nach oben und um etwas herum klettern, um nach unten zu gelangen. Wenn du fällst, versuche, im Fall so viel wie möglich vom Baum zu ergreifen, damit dein Sturz abgebremst wird.

Werfen

Es ist ein Mythos, dass Mädchen nicht werfen können. Jungen sind allgemein besser darin, weil sie es geübt haben, seit sie Dinge aufheben konnten.

Drehe dich zur Seite – auf dein Ziel zu. Wenn du weit werfen willst, ziele im Winkel von 45 Grad vom Boden nach oben, ziehe deinen Arm nach hinten und atme ein. Wenn du loslässt, tu es wirklich mit Bosheit. Lass richtig Wut raus und atme heftig aus. Der perfekte Wurf kommt nicht aus dem Arm, sondern aus dem hinteren Bein. Wenn du mit der rechten Hand wirfst, beuge das rechte Bein leicht. Lass jetzt alles wie eine Peitsche los: Die Energie wandert von deinem Fuß durch deinen Rücken durch deine Schulter in den Arm und in das Handgelenk. Nimm das ernst: Dein ganzer Körper ist eine Schleuder, und eine Schleuder kennt kein Halten, wenn sie abgeschossen wird. Siehst du? Jetzt hast du weiter geworfen als je zuvor. Übe das eine Weile.

Wenn du gut wirst, stellst du fest, dass dein Arm sich »kräuselt«, als würde eine Welle durch ihn hindurchlaufen, und dein Handgelenk macht eine klappende Bewegung. Die Sachen fliegen wie von selbst. Jetzt werden alle nett zu dir sein, damit du nicht auf die Idee kommst, etwas nach ihnen zu werfen.

Bogenschießen

Bogenschießen ist eine hervorragende Sportart, um deine Konzentration und Körperbeherrschung zu trainieren. Mittlerweile gibt es viele Sportvereine, die Bogenschießen anbieten. In Japan ist das Bogenschießen (Kyudo, ursprünglich von den Samurai entwickelt) zu einer wahren Kunst erhoben worden. Und ganz ehrlich, was wären Robin Hood oder die Indianer ohne Pfeil und Bogen?

Wenn du dir selbst Pfeil und Bogen basteln willst, versuche es mit einem flexiblen, dünnen Ast (abstehende Äste und Unebenheiten musst du natürlich beseitigen) und einer starken Schnur. Mache jeweils eine kleine Kerbe in das obere und untere Ende des Astes, damit du die Schnur besser befestigen kannst und sie nicht verrutscht. Als Pfeile kannst du einfache Holzstäbe nehmen, in die du hinten ebenfalls eine Kerbe schnitzt, damit du den Pfeil an die Sehne anlegen kannst. Als Pfeilspitzen empfehlen wir, Knäuel aus Wattebäuschen zu machen. Du umspannst das Knäuel mit Stoff und befestigst es mit bunten Bändern am vorderen Ende des Pfeils. Du wirst mit dem Bogen keine gloriosen Schüsse abfeuern können, aber zum Indianerspielen erfüllt er seinen Zweck. Obgleich ein Spielzeugbogen harmlos ist, gilt dasselbe wie für alle Schusswaffen: Es ist äußerste Vorsicht geboten. Schieße NIEMALS auf Menschen oder Tiere!

Ein Lagerfeuer

Wenn du im Sommer oder im Herbst draußen bist, macht es Spaß, ein Lagerfeuer zu entfachen, an dem du mit deinen Freundinnen und Freunden sitzen, reden, kochen oder Sprachspiele spielen kannst.

Suche eine passende Lichtung, entweder im Wald (wenn es windet und nieselt) oder in den Feldern (wenn das Wetter schön ist). Du solltest dich generell beim Forstamt oder der Feuerwehr erkundigen, wo du ein solches Feuer machen darfst. Außerdem sollet immer ein Erwachsener dabei sein, wenn du ein Feuer machst.

Wenn das erledigt ist, suche dir einen Platz für das Feuer aus, räume einen Quadratmeter auf dem Boden frei. Wenn es Steine gibt, lege mit ihnen einen kleinen Kreis.

Schichte aus trockenen Blättern, Heu oder Zeitungspapier ein kleines Häufchen auf und bedecke es mit trockenen Zweigen. Zünde den inneren Teil zuerst an und blase von einer Seite leicht in die Flamme, bis das Feuer brennt. Lege allmählich immer größere Zweige oder Holzstücke darauf, die du vorher gesammelt hast. Ersticke die Flammen nicht, es muss Luft daran können. Blase weiter von der Seite hinein, wenn nötig. Nach etwa einer Stunde solltest du ein ordentliches Feuer haben, das für alles Mögliche geeignet ist.

WICHTIG: *Du solltest dein Feuer unbedingt mit Wasser löschen, ehe du gehst (Waldbrandgefahr), und denk daran, deinen ganzen Abfall mitzunehmen.*

Ein paar gute Sachen, die man auf dem Feuer machen kann

Marshmallows

Suche einen langen Zweig und stecke ein Ende in das weiche Marshmallow. Du solltest Essbares nie in die Flamme halten. Suche nach guter Glut im Feuer und halte den Stock mit dem Marshmallow etwa 20 cm vom Feuer entfernt. Drehe das Marshmallow langsam, wenn es allmählich braun wird. Es ist fertig, wenn es leicht braun geröstet ist. Lass es etwas abkühlen und knabbere das getoastete Marshmallow von außen nach innen. Manchmal kannst du es auch zweimal toasten; halte das Marshmallow einfach wieder ins Feuer, wenn du die Außenseite abgeknabbert hast. Drehe den Stock, damit es nicht herunterfällt.

Heiße Kartoffeln und gebackene Bananen mit Schokolade

Beides kannst du im Feuer garen, in Alufolie gewickelt. Die Kartoffeln werden nur durchgegart, wenn du ein größeres Feuer hast, das eine schöne Glut entwickelt hat. Stich die Kartoffeln ein, wickle sie gut in Alufolie und schiebe sie (mit einem Stock) direkt in die Glut unten im Feuer.

Sieh öfters mal nach, doch in der Regel sollten sie innerhalb einer Stunde durch sein.

Bananen gehen schneller und können auch auf einem kleineren Feuer gemacht werden, das nicht so lange gebrannt hat. Schäle die Banane, aber hebe die Schale auf. Mache etwa fünf Längsschnitte in die Banane und lege in jeden Schnitt ein Stück Schokolade. Wickle dann die Banane wieder in die Bananenschale und packe das Ganze in Alufolie. Lege es 10 bis 15 Minuten in die heiße Asche. Lass das Paket auskühlen (sei vorsichtig, denn Bananen und Schokolade enthalten viel Zucker, und der wird SEHR heiß), packe es aus und iss mit den Fingern, direkt aus der Folie.

Stockbrot

* 400 g Mehl
* 2 Teel. Backpulver
* 50 g Butter
* ¼ l Milch
* Salz

Vermenge die Zutaten zu einer glatten geschmeidigen Masse (gib etwas Mehl dazu, falls sie nicht fest genug ist). Packe den Teig in einen gut verschließbaren Plastikbehälter, so kannst du ihn ohne großen Aufwand zu deinem Grillplatz mitnehmen. Such dir einen langen Ast und säubere ihn. Rolle den Teig zu Würsten und winde diese spiralenförmig um den Stock. Halte das Ganze über die Glut und warte bis der Teig knusprig braun aussieht – der Grillklassiker.

Sterngucken

In einer klaren Nacht ist das ein großartiges Erlebnis, mächtig und geheimnisvoll. Du brauchst nur ein Grundverständnis für Astronomie.

Zuerst solltest du den Polarstern finden. Zwei leicht zu findende Konstellationen helfen dir dabei.

Wenn du am Nordpol wärst, wäre der Polarstern direkt über dir. Also musst du zuerst herausfinden, wo Norden ist. Das kannst du mithilfe eines Kompasses oder wenn du weißt, wo die Sonne an diesem Abend untergegangen ist, denn vom Westen aus kannst du alle anderen Himmelsrichtungen finden.

Wenn du Norden gefunden hast, sieh dir den nördlichen Himmel genau an und suche eine helle Ansammlung von Sternen in der Anordnung wie in Abb. A – gut gemacht, diese Konstellation heißt Großer Wagen, und wenn du die gefunden hast, ist alles andere einfach. Sie sieht aus wie eine Pfanne mit Stiel oder eben wie ein Wagen mit Deichsel. Wenn man von den beiden Sternen am Ende des Wagens jeweils eine Linie zieht, so führen diese direkt zum Polarstern. Wenn du diese Sterne nicht sehen kannst, findest du den Polarstern vielleicht von der anderen Sternengruppe, der Kassiopeia, aus, die wie der Buchstabe W aussieht. Diese Gruppe dreht sich um den Polarstern und steht manchmal auch auf dem Kopf. Wenn der Polarstern auf seinem Meridian steht, also ganz genau im Norden, kann man eine Linie durch den einen Arm des W durch den Polarstern zum Ende der Deichsel des Großen Wagens ziehen, wie in Abb. A.

Wenn du diese ganz einfachen Orientierungspunkte einmal gefunden hast, kannst du auch die Lage von anderen Himmelskörpern finden, wie Venus, Merkur, Jupiter, Saturn, die Milchstraße und den Sirius.

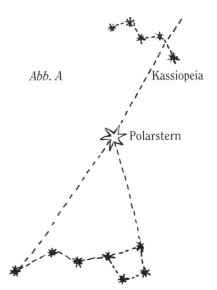

Abb. A

Kassiopeia

Polarstern

Großer Wagen

Große Liebespaare

Die schöne Helena

Die Geschichte von der schönen Helena gehört zu den größten Liebesgeschichten – eigentlich ist es die größte Dreiecksbeziehung der Geschichte. Der griechische Dichter Homer beschreibt sie in seinem Epos Illias, *und sie hat zu tun mit dem zehnjährigen Krieg zwischen den Griechen und den Trojanern, dessen Anlass, so wird uns berichtet, Helena war.*

Die Geschichte ist etwas verwirrend, und es gibt widersprüchliche Berichte. Doch sie lässt sich zusammenfassen: Helena war die schönste Frau der Welt und fast jeder große Held wollte sie heiraten. Ihr Vater Tyndareus, der König von Sparta, hielt es für eine gerechte Lösung, wenn er einen Wettbewerb veranstaltete und dem Gewinner die Hand seiner Tochter gebe. Menelaus, der Bruder von König Agamemnon, gewann und heiratete Helena (die Geschichte berichtet nicht, was Helena von diesem Arrangement hielt, doch es schien sie nicht allzu sehr zu stören). Weil er Ärger vermeiden wollte, nahm Tyndareus allen anderen Helden das Versprechen ab, die Verbindung zwischen Helena und Menelaus zu schützen. Als nun Paris, des Sohn des König Priamus von Troja und Bruder des tapferen edlen Hektor (allgemein bekannt als größter Krieger Trojas), sich in den Kopf setzte, Helena für sich zu gewinnen, brach die Hölle los.

Meistens sind in der griechischen Sage die Götter am Gemetzel schuld. Paris war von Zeus aufgefordert worden zu urteilen, welche der drei Göttinnen die Schönste sei, Aphrodite, Hera oder Athene. Jede bot ihm ein Geschenk, um ihn zu bestechen, und Aphrodites Geschenk war, dass er die schönste Frau der Welt heiraten konnte – und diese Beschreibung traf nur auf Helena zu. Da Paris hinter den Frauen her war, wählte er Aphrodite. Dann forderte er seinen Preis und überredete Helena, mit ihm nach Troja zurückzukehren. Als Menelaus, der weg gewesen war, weil er irgendeine wichtige Heldentat zu erledigen hatte, wieder nach Hause kam und entdeckte, dass Helena nicht mehr da war, rief er sofort alle großen griechischen Krieger zusammen. Unter der Führung seines Bruders Agamemnon fuhren sie mit dem Schiff nach Troja, belagerten die Stadt, was Tausende Tote und viel Leid auf beiden Seiten zur Folge hatte.

Wen Helena wirklich heiraten wollte, lässt sich nicht sicher sagen, denn anscheinend hat sich keiner die Mühe gemacht, sie zu fragen. Am Ende wurde Troja besiegt; manche sagen, Helena ging zu Menelaus zurück, andere sagen, sie sei mit Paris umgekommen. Doch eines beweist ihre Geschichte: Die schönste Frau der Welt zu sein, ist nicht unbedingt so toll, wie man es sich vorstellt.

Romeo und Julia

Die Geschichte von zwei unglücklichen Liebenden spielt im mittelalterlichen Verona und ist die berühmteste Tragödie von William Shakespeare. In der Geschichte finden zwei junge Leben durch Hass und Vorurteile ein frühes Ende. Julia ist die 13-jährige Tochter der adligen Familie Capulet. Romeo ist der Sohn ihrer Todfeinde, der Montagues. Warum die beiden Familien einander hassen und sich seit Generationen befehden, weiß eigentlich niemand mehr – es ist einfach so.

Romeo und Julia treffen sich auf einem Ball, den Julias Eltern veranstalten, damit sie dort Graf Paris kennenlernt, der sie heiraten will (im mittelalterlichen Italien war man mit 13 Jahren schon ziemlich erwachsen). Da es ein Maskenball ist, kann sich Romeo frei im Hause seines Feindes bewegen, ohne entdeckt zu werden. Das Paar verliebt sich sofort, zunächst ohne zu erkennen, wer der jeweils andere ist. Bald jedoch enthüllt Romeo seine wahre Identität. Es folgt eine der berühmtesten Theaterszenen – die Balkonszene. Julia steht am Fenster ihres Schlafzimmers, Romeo darunter. »Romeo, Romeo, warum bist du Romeo?«, ruft sie. Damit beklagt sie, dass er der Sohn des Feindes ihres Vaters ist. Hier beschließen sie, heimlich zu heiraten, und mithilfe von Julias Amme findet sich ein Priester, der die Trauung vornimmt.

Leider endet die Geschichte nicht da. Julias jähzorniger Cousin Tybalt beginnt einen Streit mit Romeo, der es ablehnt, sich zu verteidigen, da seine heimliche Heirat mit Julia ihn zu einem Mitglied der Familie machte. Stattdessen zieht Romeos Freund Mercutio sein Schwert für Romeo und wird getötet. Romeo verfolgt Tybalt wütend, tötet ihn und wird wegen seiner Tat aus Verona verbannt.

Julias Vater spricht mit ihr über die Aussicht, seinen Freund Paris zu heiraten – doch sie lehnt ab und sagt, dass sie Romeo liebt. Verzweifelt wendet sie sich an den Priester, der sie getraut hat, und er schlägt ihr einen Plan vor, um ihre Familie zu täuschen. Sie soll einen magischen Trank zu sich nehmen, der sie tot erscheinen lässt. Dann wird der Priester eine Botschaft an Romeo schicken und ihm sagen, dass sie nicht wirklich tot ist. Er wird ihm mitteilen, dass er sie in der Familiengruft treffen soll, damit sie zusammen fliehen können.

DOCH … Die Botschaft erreicht Romeo nie. Bestürzt über die Nachricht vom Tod seiner Geliebten, besorgt er sich (echtes) Gift und stürzt zur Gruft, um Julia ein letztes Mal zu sehen, ehe er den tödlichen Trank zu sich nimmt und stirbt. Julia erwacht. Als sie ihren armen Romeo tot neben sich findet, sticht sie sich einen Dolch in die Brust und stirbt.

HIMMLISCHE DÜFTE

Es liegt ein Zauber und etwas Beruhigendes in natürlichen Duftstoffen wie Rosen-, Orangenblüten- und Lavendelwasser und in ätherischen Ölen mit exotischen Namen wie Moschus, Ylang Ylang, Weihrauch und Myrrhe. Sie beschwören Bilder des Orients herauf, die Gewürzstraße, Arabien, Persien, Java und Ceylon und orientalische Basare mit Ständen voller wohlriechender Pulver in Farbschattierungen von Golden bis Dunkelrot.

Gewürze, Kräuter und Duftstoffe werden nicht nur zum Kochen gebraucht, sondern auch wegen ihrer medizinischen und sogar sinnlichen Wirkung. Duftöle sollen die Nerven beruhigen, die Verdauung fördern, Schlafprobleme lindern, gut für Herz, Seele und Haut sein und sogar Bakterien abtöten.

Der Nutzen kann praktisch oder emotional sein: Rosenwasser verleiht ein rosiges Aussehen; Dill, Anissamen und Petersilie unterstützen die Verdauung; Knoblauch ist sowohl antiseptisch als auch gut fürs Blut; Lavendel beruhigt und fördert tiefen Schlaf; Rosmarin belebt und wirkt antibakteriell; Mandarine verleiht Energie. Ingwer soll die Menschen liebevoller machen – tu doch deiner Erzfeindin heimlich ein Stück in die Frühstücksdose, wenn sie gerade nicht hinschaut.

Rosenblütenwasser

In ihrer frühen Jugend hatte Rosemary das Glück, dass sie mit ihren Geschwistern in dem Haus leben konnte, das ihre Großeltern im Norden Irlands gebaut hatten.
Im Garten waren Rosen gepflanzt: Kletterrosen, Hochstämmchen, Teerosen und – das Wichtigste – sehr alte Sorten, deren Duft im Hochsommer betörend war. Als ihre Eltern das Haus übernahmen, verwilderte der Garten, doch die Rosen wuchsen wild und ungebändigt über Mauern und über ungejätete Beete.
Das Rosenblütenparfüm, das Rosemary herstellte, wurde in Gläsern aufbewahrt und duftete einen oder zwei Tage lang lieblich, aber wenn sie Wochen später die Gläser irgendwo vergessen in einer Ecke fand, war da nur eine leicht bräunliche Flüssigkeit, die gar nicht mehr lieblich duftete.
Bevor es komplizierter wird und wir aufwendigere Methoden mit Alkohol vorstellen, die das Rosenwasser haltbar machen sollen, hier die Grundmethode:

* Rosenblätter
* Wasser

Fülle ein Glas zur Hälfte mit Rosenblüten und fülle das Glas bis zur Dreiviertelhöhe mit Wasser auf. Lass die Blütenblätter einen oder zwei Tage an einem warmen sonnigen Ort stehen, gieße dann die Flüssigkeit durch ein feines Sieb oder ein Küchentuch in ein sauberes Glas. Drücke die Blütenblätter leicht, damit du alles Rosige aus ihnen herausbekommst.

Verteile das Parfüm großzügig auf Gesicht, Hände und Körper oder gieße etwas davon in dein Badewasser. Oder fülle es in eine schöne kleine Flasche und schenke es deiner Mutter oder Großmutter als nette kleine Überraschung.

Duftwässer

Duftwässer kann man aus Blüten, Kräutern, Blättern und Samen herstellen. Du kannst auch mit Baumrinde und Wurzeln, zerstampften Nüssen und Blütenknospen experimentieren. Zu ihrer Herstellung musst du die Blütenblätter oder die anderen Zutaten in destilliertem Wasser (abgekochtes Wasser, abgekühlt) mindestens einige Wochen an einem sonnigen Ort stehen lassen und klaren, geschmacksneutralen Alkohol als Konservierungsmittel dazugießen – Wodka ist gut geeignet dafür. Dann siebst du die Blüten aus dem Wasser und lässt es bis zu zwei Wochen im Kühlschrank stehen. Blütenwässer haben einen zarten Duft, ätherische Pflanzenöle dagegen duften stärker. Wir haben die Rezepte für Lavendel- und Rosenwasser aufgeschrieben, du kannst sie auch für andere Zutaten verwenden.

Die Duftwässer kannst du ins Badewasser schütten und manche können als erfrischende und reinigende Gesichtswässer für Gesicht und Hände gebraucht werden. Lavendel und Hamamelis sind adstringierend, das heißt, sie sind zum Reinigen leicht fettiger Haut geeignet und beugen Hautunreinheiten vor. Rosenwasser ist für alle Hauttypen geeignet, doch besonders gut ist es, um trockene und empfindliche Haut zu beruhigen.

In den folgenden Rezepten tötet der Wodka Bakterien ab und hilft, den Duft zu bewahren, sonst wird dein Duftwasser bald übel riechen.

Rosen

Rosenwasser

* 2 Tassen destilliertes Wasser
* ¼ Tasse Wodka
* eine große dekorative Glasflasche

* 2 Tassen stark duftende Rosenblütenblätter (aus organischem Anbau, wenn du das Wasser zum Trinken und Kochen verwenden willst)

Stelle es nach derselben Methode her wie das Lavendelwasser (sieh unten). Noch intensiver duftet dein Rosenwasser, wenn du einen oder zwei Tropfen ätherisches Rosenöl dazutust.

Lavendel

Lavendel ist besonders bekannt für seine beruhigenden und besänftigenden Eigenschaften. Lavendelöl und Lavendelsäckchen helfen wunderbar bei der Entspannung und Erholung am Abend – nimm einige Tropfen Lavendelöl ins Badewasser oder lege ein Lavendelsäckchen unter das Kopfkissen, wenn du zu Bett gehst. Lavendelwasser kannst du auch direkt auf dein Kissen sprenkeln, ehe du dich zur langen, erholsamen Nachtruhe begibst.

Lavendel ist auch ein gutes Antiseptikum und heute Bestandteil in vielen Haushaltsreinigern und Waschmitteln.

Lavendelwasser

- 2 Tassen destilliertes Wasser
- 1½ Tassen Lavendelblüten
- ¼ Tasse Wodka
- eine große dekorative Glasflasche

Schütte die Lavendelblüten in eine saubere, gut ausgespülte Flasche. Gieße destilliertes Wasser dazu und dann den Wodka. Verschließe die Flasche und schüttele sie gut. Stelle die Flasche in die Sonne – am besten auf ein Fensterbrett mit direkter Sonneneinstrahlung. Nach zwei Wochen ist das Wasser fertig. Seihe die Flüssigkeit durch einen Kaffeefilter oder ein Baumwolltuch in eine andere, sehr saubere und ausgespülte Glasflasche und bewahre sie im Kühlschrank auf.

Orangenblütenwasser

Orangenblütenwasser entsteht, wenn das ätherische Öl Neroli aus Orangenblüten destilliert wird. Wenn du Orangenblütenwasser im Gesicht und am Körper anwenden willst, kannst du es in Geschäften für Aromatherapie kaufen. Im Nahen Osten wird es häufig zum Kochen und zur Aromatisierung von Desserts und Pudding verwendet und wie Rosenwasser kann man es in den meisten orientalischen Lebensmittelgeschäften kaufen. Wir würden dir nicht empfehlen, dieses Orangenblütenwasser zum Kochen auf der Haut anzuwenden, denn wahrscheinlich enthält es eine Menge Zucker und Chemikalien, doch das lässt sich schwer sagen, denn auf der Flasche sind die Zutaten meist nur auf Türkisch oder Arabisch genannt!

In Frankreich wird Orangenblütenwasser, mit heißem Wasser und Honig vermischt, vor dem Schlafengehen getrunken. Die französische Königin Marie-Antoinette schwor angeblich darauf, um ihren reinen, zarten Alabasterteint zu bewahren.

Du kannst das Wasser selbst herstellen, indem du einige Tropfen Neroliöl mit einem Teelöffel klarem, geruchsneutralem Alkohol mischst und eine Tasse destilliertes oder Quellwasser hinzufügst.

Orangenblütenwasser ist ein guter Muntermacher für fettige und fahle Haut und ist ein Grundstoff in vielen Gesichtscremes und -masken. Es vertreibt blasses und kränkliches Aussehen und verleiht Körper und Haaren einen feinen Duft.

Blütenerfrischung

Vermische gleiche Teile Rosenwasser, Orangenblütenwasser und Lavendelwasser und fülle die Mischung in eine Flasche mit Zerstäuber. Benutze das Wasser nach der Reinigung und zur Erfrischung für die Haut zwischendurch.

Ungarisches Wasser

Diese wunderbar adstringierende Lotion soll das erste Parfüm gewesen sein, das kommerziell produziert und vermarktet wurde. Man sagt, es sei ursprünglich von den Roma hergestellt und als Allheilmittel verwendet worden – als Haarspülung, Mittel gegen Kopfschmerzen, als Mundspülung, Fußbad und Rasierwasser. Ob das wirklich so war, wissen wir nicht, aber Ungarisches Wasser ist ein sehr erfrischendes Tonikum für das Gesicht und auch eine wunderbare Haarspülung, besonders für dunkles Haar.

Die vielen Zutaten aufzutreiben ist etwas aufwendig, aber es lohnt sich.

* 6 Teile Zitronenmelisse
* 4 Teile Kamille
* 1 Teil Rosmarin
* 3 Teile Calendula
* 4 Teile Rosen
* 1 Teil Zitronenschale
* 1 Teil Salbei
* 3 Teile Beinwellblätter
* Essig (weißer Weinessig oder Apfelessig)
* Rosenwasser oder Hamamelisextrakt
* ätherisches Öl von Lavendel oder Rose

Schütte alle Kräuter in ein sauberes Glas mit großer Öffnung. Gieße so viel Essig hinein, dass die Kräuter gut bedeckt sind. Verschließe es gut und stelle es zwei bis drei Wochen lang an einen warmen Ort.

Seihe die Mischung durch ein sauberes Baumwolltuch oder einen Kaffeefilter. Füge je Tasse Ungarisches Wasser ½ bis 1 Tasse Rosenwasser oder Hamamelis und nach Belieben 1 oder 2 Tropfen ätherisches Öl dazu. Fülle es in eine

- saubere Flasche. Es muss nicht im Kühlschrank aufbewahrt werden und hält sich unbegrenzt.

Ungarisches Wasser ist ein schönes und ungewöhnliches Geschenk. Halte auf Flohmärkten Ausschau nach schönen alten Duftfläschchen, die du befüllen kannst, oder verwende leere Parfümfläschchen oder Glasflaschen vom Schaumbad. Spüle sie gut aus, ehe du dein selbst gemachtes Wasser einfüllst.

Die Aufbewahrung von Blütenwässern und Aufgüssen

Glasflaschen mit Zerstäuber gibt es in Geschäften, die Naturkosmetika verkaufen. Du kannst auch leere Parfüm-Glasfläschchen aufbewahren und wiederverwenden, das ist noch besser.

- Wasche die Flaschen gut aus, mit sehr heißem Wasser und einigen Tropfen Spülmittel.

Spüle sie gut mit sauberem warmem Wasser, dem du einen Schuss Weißweinessig oder Zitronensaft zugesetzt hast (damit werden sie blitzsauber und steril).

Fülle dann einfach dein eigenes Blütenwasser ein. Versuche es mit verschiedenen Duftkombinationen. Du könntest zum Beispiel Rosenwasser, Lavendelwasser und Orangenblütenwasser kombinieren. Fülle immer nur kleine Mengen in die Flaschen, bewahre die Hauptmenge im Kühlschrank auf. Sie wird sich einige Wochen halten.

Grundmethoden der Aufgussherstellung

Vielleicht willst du aus Kräutern und Blüten einen Tee zubereiten. Hier sind zwei Methoden zur Teebereitung.

Heißer Aufguss

Das geht wie normales Teeaufgießen: Gib einen Teelöffel Kräuter/Blätter/Blüten in eine Tasse, schütte kochendes Wasser darüber und lass alles etwa 5 Minuten ziehen. Gieße dann die Mischung durch ein Sieb und trinke. Wenn du eine größere Menge zubereiten möchtest, gilt dasselbe wie für den Tee: Nimm einen Löffel pro Tasse und einen Löffel extra für die Kanne. Lass es dann etwa 10 Minuten ziehen. Die Stärke kann nach Geschmack variiert werden.

Kalter Aufguss

Übergieße einen Teelöffel oder mehr Kräuter oder Blütenblätter mit kaltem Wasser oder kalter Milch und lass es einige Stunden ziehen. Trinke es dann entweder als Tee oder nimm es als Lotion oder Packung für die Haut. Diese Aufgüsse halten sich im Kühlschrank einige Tage.

Welcher Duft passt zu deiner Persönlichkeit und deinem Stil?

Vieles spricht für einen eigenen persönlichen Duft. Jedes Mädchen sollte sich darüber Gedanken machen. Wenn du nicht so gern Parfüm trägst, wird der Duft deiner Seife oder deines Shampoos DEIN persönlicher Duft. Trage ihn mit Selbstbewusstsein.

Der Duft einer Person wird mit der Person selbst assoziiert – er bleibt auf einem Schal oder einem häufig getragenen Pullover, in den Wintermänteln, sogar in Handtaschen. Ein Zimmer nimmt den Duft seines Bewohners an und bestimmte Gerüche werden mit verschiedenen Personen, Häusern, Zeiten und Orten in Verbindung gebracht.

Der Duft von Rosemarys Mutter hieß Blue Grass. Sie kann sich immer noch daran erinnern, wie die kleine Glasflasche auf ihrem Frisiertisch sie erfreute, wie verboten und geheimnisvoll sie ihr erschien.

Die Düfte ihrer Großmutter dagegen waren die Salbe *Germolene* und geräucherter Schinken … die ihres Vaters war ein feine Mischung aus Mist vom Bauernhof und *Old Spice*. Alles ist möglich.

Auf die Frage, was sie im Bett trage, antwortete Marilyn Monroe: »Chanel No. 5.«

Es hat etwas sehr Erwachsenes und Bedeutendes, wenn man sich für einen Lieblingsduft entscheidet. Einiges musst du dabei bedenken, wenn du darüber nachdenkst, welcher Duft und welches Parfüm zu dir passen könnten. Und mach dir keine Sorgen, wenn du deinen persönlichen Duft nicht mehr magst und feststellst, er ist nichts für dich. Drehe ihn deiner Schwester oder Cousine an oder brauche ihn auf und gib Familienmitgliedern rechtzeitig vor deinem nächsten Geburtstag einen kleinen Wink.

Verschiedene Stimmungen erfordern natürlich verschiedene Düfte, und wenn du dich erst einmal ein bisschen auskennst, kannst du mit Mischungen aus verschiedenen Düften experimentieren, damit der Duft zu deiner jeweiligen Stimmung passt.

Tagesdüfte sollten leichter und zarter sein als Abenddüfte, die üblicherweise schwerer sind und eher eine Moschusnote haben. Durch die Mischung von zwei Düften oder die Zugabe von einem Spritzer ätherischem Öl kannst du die Stimmung deines Duftes verändern.

Wie man Duft aufträgt

Es gibt nichts Schlimmeres, als zu viel Parfüm aufzutragen. Wenn du zu viel nimmst, bekommen du und alle in deiner Umgebung schreckliche Kopfschmerzen oder ihnen wird schlecht. Am besten bewahrst du deinen Duft für besondere Gelegenheiten auf – es scheint etwas übertrieben, montags zur doppelten Mathestunde teures Parfüm zu tragen.

Eine charmante und sehr kluge Geschäftsfrau in einem Pariser Kaufhaus brachte Rosemary vor einigen Jahren bei, wie man Duft trägt. Sie denkt zwar häufig nicht daran, aber es ist gut zu wissen, wie man es richtig macht: Sprühe das Parfüm einmal kurz, aber reichlich vor dich und trete dann in den Duft. So, sagte die Pariser Dame, hüllt der Duft dich und deine Kleidung zart und gleichmäßig ein, ohne dass er einen gleich umwirft.

* Wenn du eine Parfümflasche mit Pfropfen hast, brauchst du nur einen kleinen Tupfer mit dem Finger auf deine wichtigsten Pulspunkte aufzutragen – traditionell sind das beide Seiten am Hals, kurz unter dem Kiefergelenk an den Ohren, und die Handgelenke.

  Wenn du es etwas auffälliger magst, und es ist ein besonderer Anlass, kannst du deinen Duft etwas weniger dezent hinten auf dem Nacken und in den Kniekehlen auftragen.

HAUSTIERE UND PONYS

Manche sagen, Haustiere machen nur Dreck und Arbeit. Vielleicht haben sie recht. Natürlich haben sie recht. Haustiere machen Dreck, sie zerbeißen deine Lieblingsschuhe, man muss mit ihnen spazieren gehen, sie sauber machen, … ABER. Es bringt so viel Befriedigung, für ein anderes Lebewesen zu sorgen – besonders wenn es zufällig ein munterer Welpe oder ein kuscheliges Meerschweinchen ist. Tiere können deine besten und treuesten Freunde werden und dieses Gefühl ist jede Mühe wert.

Katzen

Die ersten Katzen sollen vor 8000 Jahren in Zypern gelebt haben. Die Römer brachten sie bis nach Großbritannien. Das Mittelalter war schlimm für sie, weil sie mit Hexen und dem Teufel in Verbindung gebracht und oft gequält und verbrannt wurden. Heute sind sie beliebte Haustiere, doch zwischen Katzen- und Hundebesitzern gibt es oft Rivalitäten.

Katzen sind unabhängig, elegant und unergründlich. Sie sind keine Rudeltiere wie die Hunde und zeigen Neigung, für alle ihre Grundbedürfnisse selbst zu sorgen. Sie sind hervorragende Jäger, mit derselben Taktik wie Leoparden und Tiger, und sie können Vögel, Mäuse und sogar Skorpione und Grashüpfer fangen und töten. Dann machen sie diese Trophäen gern ihren Besitzern zum Geschenk – was zu mancher Schockreaktion führen kann. Sie sind Fleischfresser und beim Fressen oft wählerisch.

Sie spielen gern mit einer Schnur oder einem Ball, besonders wenn ein Glöckchen darin ist. Obwohl sie anspruchsvoll sind, können sie sehr anhänglich sein. Anders als Hunde muss man sie nicht spazieren führen, das heißt, sie sind ideale Haustiere in der Stadt.

Es gibt so viele verschiedene Arten von Katzen. Am weitesten verbreitet sind die Getigerten, gestreift, oft mit weißer Nase und Pfoten, die Schildpattkatzen mit vielen verschiedenen Farbflecken im Fell, die rote Katze und die schwarze Katze. Bekannte Zuchtkatzen wie die Burmakatze, die seidiges Fell in allen Farbschattierungen von Tiefbraun bis Flieder und wunderbare bernsteinfarbene Augen hat; die Siamkatze, eine aristokratische Katze mit den als »blue« beschriebenen dunkleren Pointierungen (Schwanz, Pfoten und Gesicht); und natürlich die Perserkatze mit ihren üppigen langen Haaren.

* **Wissenswertes:** *Nur Hauskatzen tragen ihren Schwanz erhoben in der Luft, Wildkatzen tun das nie.*
* **Beste Geschichte:** »Die Katze, die frei umherstreifte« *von Rudyard Kipling.*

Hunde

Ah, Hunde. Wenn du wissen willst, was bedingungslose Liebe ist, dann brauchst du einen Hund. Hunde sind schlau, haben weiches Fell und lecken dir die Tränen von den Wangen, wenn du rührselige Filme ansiehst.

Hunde stammen von Wölfen ab und wurden vor etwa 15 000 Jahren domestiziert, wahrscheinlich in China. Sie sind Rudeltiere und sollen ihre menschlichen Besitzer als Mitglieder des Rudels anerkennen (sie müssen uns für recht eigenartige Hunde halten, ohne Haare am Körper, mit Kleidern, manchmal mit Brille und immer auf zwei Beinen gehend). Wegen ihrer Treue und Ergebenheit nennt man sie den besten Freund des Menschen. Wegen ihrer Intelligenz bildet man sie zum Blinden-, Spür-, Rettungs- und Drogenhund aus. Sie können Schafe hüten, Schlitten über das arktische Eis ziehen und Fährten verfolgen.

Sie fressen eigentlich alles, aber am besten gibt man ihnen ein gutes Trockenfutter, damit sie gesund bleiben und keinen Mundgeruch bekommen (das ist wichtig, wenn sie dir sehr nahe kommen). Schokolade, Rosinen, Zwiebeln und Macadamianüsse sind giftig für Hunde. Sie brauchen viel Auslauf, viel Zuwendung, müssen jede Woche gebürstet werden und müssen immer frisches Wasser haben. Wissenschaftler spekulieren zurzeit darüber, ob Hunde lachen können.

Jeder hat seine Lieblingsrasse, doch der Labrador, der Schäferhund und der West Highland Terrier (die süßen kleinen flauschigen Weißen, die man Westies nennt) sind kaum zu schlagen. Ein gelockter Pudel kann ebenso reizvoll sein wie ein struppiger Drahthaar. Manche sagen, dass Kreuzungen weniger neurotisch sind als ihre Verwandten mit gutem Stammbaum. Die Lab-Collie-Kreuzung ist eine der freundlichsten: Der glatte schwarz glänzende Hund hat die Intelligenz des Collies in Verbindung mit der Gutmütigkeit des Labradors; sie sind hervorragende Apportierhunde, leicht auszubilden (man kann ihnen beibringen, für einen Keks Pfötchen zu geben) und sie sind brillante Springer.

Hunde die du meiden solltest (natürlich gibt es immer nette Ausnahmen):

* **Rottweiler und Pitbull-Terrier** – zu aggressiv.
* **Mops und Pekinesen** – schnarchen und schniefen zu viel.
* **Chihuahuas und andere Hunde mit sehr wenigen Haaren und solche, die so klein sind, dass sie in eine Handtasche passen** – einfach unnatürlich.
* **Yorkshireterrier** – zu haarig und kläffen zu viel.

Wissenswertes:

* Eine Kreuzung zwischen einem Pudel und einem Spaniel heißt »Cockapoo« (kein Scherz).
* Im Zweiten Weltkrieg wurde ein Collie mit dem Namen Rob zusammen mit dem Special Air Service, einer Spezialeinheit der englischen Armee, mit dem Fallschirm hinter die feindlichen Linien gebracht. Er sollte die erschöpften Männer bewachen, wenn sie zwischen den Geheimaktionen schliefen.

Wichtig

* Bringe dein Gesicht nie direkt vor das Gesicht eines Hundes und halte nicht zu lange direkten Augenkontakt. Selbst friedliche Hunde könnten das als Zeichen für Aggression verstehen.
* Ziehe nie einen Hund am Schwanz, an den Haaren, an den Pfoten und so weiter.
* Wenn sich ein Hund dir gegenüber aggressiv verhält, stecke die Hände in die Taschen, bleibe ruhig stehen, wende dich etwas zur Seite und schau weg. Nicht rennen, mit den Armen rudern oder rufen.
* Schlage NIEMALS einen Hund, schreie ihn auch nicht an. Für ein NEIN genügt ein kurzer Laut »Uh-uh«. Das hat Ähnlichkeit mit dem Laut, mit dem Rudelführer in der freien Wildbahn einen in der Rangordnung unter ihnen stehenden Hund auf seinen Platz verweisen.
* Überfüttere deinen Hund nicht. Das ist keine Tierliebe, sondern Grausamkeit. Hunde sind gefräßig und wissen nicht, wann sie aufhören müssen. Also ist es deine Aufgabe, dafür zu sorgen, dass er ausgewogen ernährt wird.

Goldfische

Goldfische können wir eigentlich nicht wirklich empfehlen. Sie tun nicht viel, öffnen nur ab und zu das Maul und schließen es wieder. Das Beste, was man über einen Goldfisch sagen kann, ist, dass er sich im Falle seines vorzeitigen Ablebens leicht durch einen identisch aussehenden Kollegen ersetzen lässt.

Meerschweinchen

Meerschweinchen sind süße kleine, gedrungene Wesen, die die meiste Zeit mit Fressen verbringen. Sie stammen aus Südamerika, können bis zu acht Jahre alt werden und bleiben – wie bewundernswert – ihr Leben lang mit demselben Partner zusammen. Am zufriedensten sind sie, wenn man sie zu zweit hält, in einem netten mit Holzspänen ausgelegten Käfig. Sie fressen gerne Gras, Heu und rohes Gemüse. Sie sind bekannt für ihr lautes Quieken und können sehr an ihrem Besitzer hängen, das heißt, sie leiden, wenn sie von ihm getrennt werden.

Wissenswertes: *Wenn Meerschweinchen aufgeregt sind, machen sie kleine Sprünge in die Luft, das wird auch »Popcornen« genannt.*

Hamster

Der Hamster ist kleiner und ruhiger als das Meerschweinchen und schläft die meiste Zeit. Als Haustier wird meistens der Syrische Goldhamster gehalten. Er ist zwar unglaublich weich und niedlich, doch wenn er mit Artgenossen kämpft, geht es um Leben und Tod. Also gilt als goldene Regel: ein Hamster, ein Käfig. Zwerghamster dagegen wollen lieber paarweise gehalten werden.

Hamster brauchen alle einen geräumigen Käfig mit Küchen- oder Toilettenpapier, das sie für den Nestbau zerkleinern können (das Nestbauen ist ihnen fast wichtiger als das Schlafen). Sie baden auch gern im Sand und laufen gern im Laufrad. Sie fressen Obst, Gemüse und sogar einige Insektenarten.

Papageien

Es gibt viele Papageienarten – Aras, Kakadus, Sittiche, Amazonen und Graupapageien. Sie sind bekannt dafür, dass sie die menschliche Sprache imitieren und außerordentlich lange Schreie ausstoßen können, manchmal bis zu fünf Minuten lang. Sie leben sehr lange, knabbern gerne an Möbeln, Kleidern und Schmuck und werfen beim Fressen ihre Nahrung umher. Möglicherweise nicht ideal, wenn man ein ruhiges Leben wünscht.

Die beste Geschichte: Eine britische Zeitung berichtete die Geschichte eines Araweibchens mit dem Namen Charlie, das 1899 geschlüpft war und im Jahre 2004 im Alter von 105 Jahren starb. Angeblich gehörte sie im Zweiten Weltkrieg Winston Churchill. Sie war bekannt für ihre abfälligen Bemerkungen über Adolf Hitler und die Nazis.

Gespenstschrecken oder Stabschrecken

Die Gespenstschrecken sind überraschend beliebt als Haustiere. Man braucht einen großen Maschendrahtkäfig, damit sie genügend Luft haben, Raum zum Wachsen und etwas zum Klettern. Die meisten Arten fressen Brombeer- und Eukalyptusblätter, die Peru-Stabschrecke frisst nur Farne (und spricht wahrscheinlich Spanisch). Alle Stabschrecken sind Meisterinnen der Tarnung.

Pferde und Ponys

Pferde sind keine Haustiere im eigentlichen Sinn (wir meinen, Haustiere sind so klein, dass man sie tragen oder zumindest neben ihnen auf dem Sofa sitzen kann), doch es macht Spaß, sie zu halten oder wenigstens davon zu träumen, eines zu besitzen.

Es ist nicht bekannt, wann das Pferd domestiziert wurde, doch wurden Pferde im Laufe der Zeit für vieles gebraucht: für Wagenrennen, im Krieg, auf dem Bauernhof, in Kohlegruben zum Transport, beim Viehhüten, zum Pflügen auf dem Feld, als Polizeipferde, für die Dressur, Vielseitigkeitsreiten, Springreiten, Polo, Jagd, Rennen und auch nur zum Vergnügen.

Ponys haben weniger als 148 cm Stockmaß. Man kann sie für Shows, zum Reiten, Springen, Jagen, zum Ziehen kleiner Wagen und natürlich für Reiterfeste einsetzen. Zwar sind Ponys kleiner und niedlicher als Pferde und haben ein dichteres Fell, doch sie gelten als schwieriger im Umgang. Sie können sehr gerissen und dickköpfig sein. Viele machen sich einen Spaß daraus, schnell einmal zuzuzwicken, wenn du gerade nicht hinsiehst. Doch wenn sie dich einmal als ihresgleichen akzeptiert haben, sind sie sehr anhänglich und treu und gehen mit dir durch dick und dünn.

Viele Eltern fürchten den Moment, in dem ihr Kind sich für Ponys begeistert, weil das eine Menge teurer Ausrüstung, sehr viel Zeit und sehr harte Arbeit nach sich zieht. Ponys müssen täglich ausgemistet, gebürstet, gefüttert, trainiert und gelegentlich zum Tierarzt gebracht werden. Wenn du einmal mit Showing, Springen, Dressur oder Vielseitigkeitsreiten angefangen hast, bedeutet das noch mehr Arbeit, denn es gibt täglich Unterricht und Training. Man muss früh losfahren, um zu weit entfernten Austragungsorten zu gelangen, dazu kommen Pflege und Erhalt von allerlei Ausrüstungsgegenständen. Wenn du also das Glück hast, dass deine Eltern dem Kauf eines Ponys zustimmen, sei immer sehr dankbar und sei nicht unhöflich zu deiner Mutter, wenn sie dich am Turniertag um 5 Uhr 30 weckt.

Turniere

Bei Turnieren lernst du viel fürs Leben: Wie man Enttäuschungen mit Fassung trägt, wie man den Sieg mit Würde und Bescheidenheit annimmt. Die am weitesten verbreiteten Formen des Wettkampfs sind:

Showing – eine Prüfung beim Westernreiten

Beim Showing gibt es Prüfungen, bei denen man Schritt, Trab und Galopp vor den Richtern zeigt. Manchmal musst du auch das Pony abzäumen (das ist weniger dramatisch, als es klingt, meistens musst du nur den Sattel abnehmen) und es im Schritt und Trab führen, damit die Richter sehen können, wie es sich ohne Reiter bewegt und reagiert. Es gibt auch Geländeprüfungen für Working Hunter Ponys, wo man neben den oben beschriebenen Fähigkeiten auch einen kurzen Parcours mit natürlichen Hindernissen springt. Die dafür ausgebildeten Westernpferde sind allgemein weniger empfindlich und zäher als die Ponys für die »Show«, die hauptsächlich für elegantes Aussehen bewertet werden.

Springreiten

Hier kommt es nicht auf das Aussehen an; manche Springponys sehen sogar eher eigenartig aus. Geschwindigkeit, Präzision und Leistung allein zählen, wenn die Ponys in der ersten Runde einen Parcours von Hindernissen bewältigen müssen. Bei denen, die das fehlerlos schaffen, gilt die beste Zeit. Das kann sehr aufregend sein.

Vielseitigkeitsprüfung

Das ist ein Wettbewerb, bei dem du einen Geländeparcours mit festen natürlichen Hindernissen bewältigen musst. Anders als beim Springreiten, wo die Hindernisse aus Stangen bestehen, die abgeworfen werden können, sind Geländehindernisse fest und gehören zur natürlichen Umgebung, wie Büsche, Holzstapel oder Wasserläufe. Der Umgang mit diesen Hindernissen erfordert Beweglichkeit, Mut und Intelligenz von Pferd und Reiter. Oft muss zuerst eine einfache Dressurprüfung bestanden werden und ein kurzer Sprungparcours danach.

Dressur

Hier führen Pony und Reiter eine Reihe vorgegebener Bewegungsabfolgen aus, die Dressurprüfung. Das geht langsam, ist mühevoll und erfordert stundenlanges geduldiges Üben und Training, kann für dich aber unglaublich bereichernd sein, wenn du es richtig machst. Das Gefühl, wenn sich Pferd und Reiter wie eine Einheit bewegen, ist beglückend. Die Dressur ist auch schon als Ballett für Pferde beschrieben worden.

Reiterfeste

Bei einem Reiterfest werden mit Ponys lustige Spiele veranstaltet.

* **Pony Slalom:** Dabei muss sich das Pony durch eine Reihe von Stangen schlängeln.
* **Sackhüpfen:** Der Reiter muss sein Pferd durch die Länge des Vierecks führen und dabei in einem Sack hüpfen (der Reiter, nicht das Pony).

Bei Reiterfesten konkurrieren auch aufgeregte Mütter mit riesigen Picknickkörben. Sie sind fertig mit den Nerven und weinen, wenn dein Pony vor dem Hindernis dreimal verweigert und disqualifiziert wird. Da geht es auch um Rosetten. Die roten oder blauen sind die besten, doch jede ist ein Erfolg. Dir wird von einem der strengen Richter eine Rosette verliehen und deinem Pony an das Zaumzeug gebunden. In einer Ehrenrunde führst du einen Siegersprung vor und deine Mutter weint (wieder).

Reiterferien

In Deutschland gibt es im Sommer Angebote für Reiterferien, zu denen Reiter ihre Ponys mitnehmen oder auf Schulponys alles genießen, was mit Pferden zu tun hat. Sie haben Unterricht, zum Beispiel springen sie ohne Steigbügel oder Zügel über kleine Hindernisse, machen lange Ausritte, verschiedene Wettbewerbe und unternehmen oft einen Geländeritt.

Große Pferde der Geschichte

Bucephalus

Bucephalus wurde um 355 v. Chr. geboren und war das berühmteste Pferd der Antike. Es war schwarz mit einem weißen Stern zwischen den Augen und von bester thessalonischer Abstammung. Es war berühmt, weil es ein wildes Pferd war, das keiner zähmen konnte außer dem zwölfjährigen Alexander dem Großen, der es auch behalten durfte. Er nannte es Bucephalus, weil der Kopf des Pferdes so breit war wie der eines Bullen. Es trug Alexander treu durch viele Kriege und starb schließlich in einer Schlacht 326 v. Chr. Alexander liebte es so sehr, dass er ihm zu Ehren eine Stadt gründete.

Halla

Die berühmte Wunderstute gewann dreimal olympisches Gold für Deutschland und 125 Springreiten. Diese Leistung an sich war schon beeindruckend. Doch den Ruf als Wunderpferd erlangte sie 1956 mit ihrem Reiter Günter Winkler bei den olympischen Spielen in Stockholm. Die Goldmedaille scheint schon zum Greifen nahe, als der Reiter sich verletzt und nur unter starken Schmerzen und Medikamenten antreten kann. Ohne Halla wirklich lenken zu können, bestreitet sie den Parcours fehlerfrei. Selbst Jahre später im Ruhestand erhält Halla Post und Zucker von Fans aus aller Welt. Um die Einzigartigkeit der Stute zu ehren, wurde der Name Halla gesperrt, kein Turnierpferd darf unter diesem Namen antreten.

Marengo

Napoleons berühmter grauer Araber. Er trug den Kaiser durch vier Schlachten, auch Waterloo, und wurde achtmal verwundet. Wie alle Pferde Napoleons war auch er darauf trainiert, dass neben ihm Trompeten geblasen oder Kanonen abgefeuert wurden und Hunde zwischen seinen Beinen herumliefen. Er sollte ruhig und unerschütterlich in der Schlacht sein. Man sagt, er konnte in fünf Stunden 120 Kilometer zurücklegen. Die Briten nahmen ihn in Waterloo gefangen und er verbrachte den Rest seines Lebens in Großbritannien. Er starb im Alter von 38 Jahren und sein Skelett wurde im Armeemuseum in London ausgestellt, mit Ausnahme von einem Huf. Aus dem wurde für die Mitglieder der Brigade of Guards eine Schnupftabaksdose gemacht.

PARTYS

Bei einer Party sollen alle Spaß haben – auch die Gastgeberin. Das ist nicht möglich, wenn du dich in Hektik um das Essen kümmern und die Partyspiele organisieren musst. Eigentlich soll alles mühelos und entspannt wirken – und dafür musst du vorausplanen. Nimm dir ein paar Tage davor Zeit und überlege dir genau, was alles getan werden muss. Deine Party wird sicher ein Riesenspaß.

Die Einladungen

Versuche, die Einladungen mindestens drei Wochen im Voraus abzuschicken. Versichere dich, dass sie folgende wesentliche Informationen enthält:

* Wo und wann
* Anlass der Party (zum Beispiel Geburtstag)
* Beginn und Ende
* Kleiderordnung oder Thema der Party
* Wie man sich rückmelden soll – im Allgemeinen bittet man in einer Einladung um Zu- oder Absage an eine angegebene Adresse oder Telefonnummer bis zu einem bestimmten Zeitpunkt.
* Wegbeschreibung: Wenn deine Party nicht zu Hause stattfindet, mach eine Kopie von einer Karte der näheren Umgebung und markiere die Adresse darin für deine Gäste.

Wenn du von Hand geschriebene Einladungen verschickst, macht alles noch mehr Spaß und ist noch aufregender – und du kannst deine kreative Seite ausleben. Hier sind einige Vorschläge …

Überrasche mit Größe

Wenn du eine Dinosaurier-Party veranstaltest, sorgst du mit einer gigantischen Einladung in Postergröße dafür, dass deine Botschaft unmissverständlich ist (und niemand vergisst zu kommen)

Verschiedene Formen

Einladungen müssen nicht rechteckig sein. Mache eine Schablone für deine Kartenform – Sternform, Ballettschuh, Insekt, Fußball und so weiter – und schneide die Karten aus.

Fotos

* Schreibe mit Kühlschrankmagneten – Buchstaben und Zahlen – Datum, Ort und Zeit an den Kühlschrank, fotografiere die Kühlschranktür und mache Abzüge von den Fotos.

    Oder lege Bauklötze mit Zahlen und Buchstaben darauf auf den Boden und bitte jemanden, dich damit zu fotografieren, oder ordne Scrabble-Buchstaben entsprechend auf einem schönen Untergrund und mache ein Foto davon.

Briefe

* Schneide einzelne Buchstaben und Zahlen aus Zeitungen oder Zeitschriften aus (wie bei Erpresserbriefen im Film) und schreibe damit deine Einladungen.

Partyleckereien

Denkt man an Party, fallen einem Tanzen, Clowns und Luftballons ein, doch wir finden immer das Essen am besten. Hier sind einige unserer Lieblingsleckereien.

Erdnussbuttersandwich

* Weiches Körnerbrot eignet sich am besten. Nimm weiche Butter (bitte keine Margarine) und verstreiche die Erdnussbutter darauf. Schneide die Rinden ab und schneide die Brote in Streifen (aus irgendeinem Grund schmecken sie so besser). Wenn unter deinen Gästen jemand keine Erdnussbutter mag, mach für sie Brote mit Erdbeer- oder Himbeermarmelade nach derselben Methode.

Cocktailwürstchen in Honig

* Heize den Backofen auf 180 °C vor. Lege deine rohen Partywürstchen (etwa vier pro Person) auf ein Backblech. Sprenkle etwas flüssigen Honig darüber und rüttle sie ein bisschen. Wenn du willst, kannst du noch Sesam darüberstreuen. Lass sie etwa 20 Minuten im Ofen backen und wende sie zwischendurch einmal.

Kartoffelspalten

Heize den Backofen auf 180 °C vor. Wasche so viele Kartoffeln, wie du brauchst. (Eine pro Person sollte reichen. Wenn auch Jungen kommen, brauchst du mehr.) Lass die Schale dran. Schneide sie der Länge nach durch, halbiere diese Teile wieder der Länge nach. Lege die Viertel auf ein Backblech (du kannst sie gleichzeitig mit den Würstchen zubereiten, aber auf extra Backblechen). Träufle etwas Olivenöl darüber und streue ein wenig Salz darauf (schiebe sie etwas auf dem Backblech herum, bis sie richtig damit bedeckt sind). Lass sie 20 bis 25 Minuten im Backofen garen und wende sie zwischendurch einmal um. Serviere alles auf einer großen Platte mit einem Schälchen Tomatenketchup und/oder Mayonnaise zum Dippen.

Ampeln

Das Allereinfachste. Schneide gelborangenen Käse (Gouda oder Ähnliches) in Würfel, etwa so groß wie Spielwürfel. Mach dasselbe mit einer Gurke, lass die Schale dran (natürlich bekommst du keine exakten Würfel, aber versuche es so gut wie möglich). Stecke auf einen Zahnstocher einen Gurkenwürfel, einen Käsewürfel und zum Schluss eine Cocktailtomate – und schon hast du deine Ampel. Du kannst auch grünen Paprika anstelle der Gurken nehmen oder sogar ein Stück knackigen grünen Granny-Smith-Apfel.

Dein Partytisch

Der Tisch muss immer schon gedeckt sein, wenn die Gäste ankommen. Wenn du ein Thema vorgegeben hast (siehe S. 160), sollte man das auch in der Tischdekoration sehen. Wenn du zum Beispiel großer Fan des Bären Paddington bist, nimm braune Papierkärtchen als Tischkarten. Wenn du eine Halloweenparty feierst, besprenkle dein Tischtuch mit Blut (rote Farbe) und verstecke künstliche Spinnen unter den Servietten deiner Gäste. Es ist immer nett, wenn auf dem Tischtuch kleine Naschereien verteilt sind – Smarties oder Gummibärchen kommen immer gut an. Du kannst deine Gäste auch zum Lachen bringen, wenn du auf jeden Teller ein kleines zusammengerolltes Papierstück mit einem Witz darauf legst.

Themenpartys

Es ist immer lustig, wenn eine Party ein Thema hat. Damit haben deine Gäste auch einen Anhaltspunkt, was sie anziehen sollen (und natürlich, was sie schenken sollen). Das macht es auch dir leichter, denn du weißt, in welche Richtung du kreativ werden kannst. Es gibt unendlich viele Themen, von Monstern und Mumien bis hin zu Bastel- und Picknickpartys.

Fußballparty

Das ist ein gutes Thema, wenn du Jungen einladen willst, die im Allgemeinen die Nase rümpfen über Blumenfeen-Themen.

* **Einladungen:** In Form von Fußballschuhen. Top-Trumps-Karten mit deinem Lieblingsspieler oder eine Einladung, die wie eine Eintrittskarte für ein Fußballspiel aussieht.
* **Kleidervorschrift:** Fußballdress
* **Essen und Trinken:** Hamburger, Orangen in Viertel geschnitten, Hotdogs, Minipizzen
* **Geburtstagskuchen:** Fußballform mit schwarzer und weißer Glasur oder in der Form eines Fußballfelds mit grüner Glasur und kleinen Fußballspielern.

Orange Geburtstagsparty

* **Einladungen:** Natürlich orange und in Orangenform
* **Kleidervorschrift:** Egal, Hauptsache orange
* **Essen und Trinken:** Orangen, orange Käse, orange Paprika, Karottensticks, zum Dippen in Hummus, Schälchen mit orange Smarties, Orangenmarmelade und alles, was dir einfällt in der Farbe Orange
* **Geburtstagskuchen:** Orangenform und -geschmack, mit Orangenglasur

Hollywoodparty

Die Oscars werden jedes Jahr im Februar oder März vergeben. Es ist die glamouröseste Veranstaltung in Hollywood.

- **Einladungen:** In der Form des Oscar, in der Form eines roten Teppichs, ein Premiereticket, viel Glitzer, Gold und jede Menge Sterne – Stars!
- **Kleidervorschrift:** Glamour!
- **Essen und Trinken:** Blinis mit Frischkäse und geräuchertem Lachs, Dips mit Gemüsesticks, »Champagner« aus Sprudelwasser und Holunder, Süßigkeiten aus Fondant
- **Geburtstagskuchen:** Mit weißem Guss oder Schlagsahne, mit Goldkerzen, Wunderkerzen und Erdbeeren

Eine lustige Variation ist eine Bollywoodparty, bei der alle schöne leuchtende Farben und Fußkettchen tragen und dazu geschmeidige indische Tanzbewegungen machen.

Blumenfeen-Party

Kommt immer gut an.

- **Einladungen:** Winzige, in zartes Papier gewickelte Kärtchen in winzigen Umschlägen, lass etwas Glitzer darüberrieseln, ehe du die Umschläge verschließt.
- **Kleidervorschrift:** Feenkleider, Feenflügel, silberne Zauberstäbe, Blumen im Haar
- **Essen und Trinken:** Kleine Sandwiches, Wachteleier, Kirschtomaten, Cocktailwürstchen, kleine Törtchen mit hellrosa Glasur, Fruchtsaft-Zaubertränke und -elixiere
- **Geburtstagskuchen:** Biskuitkuchen mit Cremefüllung und -überzug, dekoriert mit Blütenblättern

Partyspiele

Orangenjagd

Eines von mehreren Spielen zum Orangenthema. Überall im Haus oder Garten sind Orangen versteckt. Auf den Orangen sind beliebige Zahlen verteilt. Die Spieler behalten die Orangen, die sie gefunden haben, und am Ende des Spiels werden die Punkte ermittelt, indem man die Zahlen auf den Orangen jedes Spielers zusammenzählt. Wer die höchste Zahl hat, bekommt einen Preis – ein Stück Orangenseife, einige orangefarbene Luftballons oder Süßigkeiten mit Orangengeschmack.

Orangen weitergeben

Die Spieler sitzen auf Stühlen in zwei Reihen, die sich gegenüberstehen. Ziel ist es, die Orange mit den Füßen von einer Person zur anderen weiterzugeben. Das ist schwerer, als man denkt – man muss die Orange oben auf die Füße legen und die Füße steif halten. Dann neigst du deine Füße langsam zur Seite, bis die Orange auf die Füße der nächsten Person rollt. Gewonnen hat die Seite, der es zuerst gelingt, die Orange bis ans Ende zu transportieren.

Schlafender Löwe

Ein gutes Spiel für das Ende der Party, wenn alle ein bisschen überhitzt und aufgedreht sind …

Alle Spieler (außer einem oder zwei Jägern, das können auch Erwachsene sein) legen sich auf den Boden in Schlafposition und müssen ganz still liegen. Die Jäger gehen herum und versuchen, die schlafenden Löwen dazu zu bringen, sich zu bewegen, indem sie sie zum Lachen bringen. Sie flüstern ihnen Witze zu, geben ihnen verrückte Namen und so weiter. Die Jäger dürfen die Löwen nicht berühren oder kitzeln. Wenn ein schlafender Löwe sich bewegt, steht er auf und schließt sich den Jägern an. Der letzte Löwe, der noch schläft, bekommt einen Preis.

Musikalische Kleider

Lege möglichst viele Kleidungsstücke aus der Verkleidungstruhe oder sonst aus dem Haus in einen großen Sack. Das können Feen- und Prinzessinnenkleider sein, Cowboyanzüge, Schlafanzüge und Nachthemden, Federboas, Handschuhe, alte Brillen, Perücken, Hüte, falsche Bärte, Schals, Mäntel und Schuhe, Männerhemden und Abendkleider.

Die Spieler stehen im Kreis, und wenn die Musik beginnt, wird der Sack herumgereicht. Wenn die Musik aufhört, muss der Spieler, der den Sack hat, etwas herausnehmen und es anziehen. Das Spiel geht so lange weiter, bis der Sack leer ist. Gewonnen hat die Person, die die meisten Kleider angezogen hat.

Modedesigner

Die Spieler teilen sich in Paare oder kleine Gruppen auf. Jede Mannschaft erhält einige Zeitungen, Klebeband und Schere. Ein Kind in jeder Gruppe oder in jedem Paar ist das Model und wird von der/den anderen angekleidet. Du kannst im Voraus ein Thema festlegen (Punkrock oder Oscars) und Gewinner in verschiedenen Kategorien ermitteln – das Originellste oder das, was am aufwendigsten herzustellen war, mit geflochtenen Bändern oder mit Spitzen zum Beispiel.

Das Namenspiel

Die Spieler sitzen in einem Kreis auf dem Boden. Die erste Spielerin beginnt und fragt zum Beispiel: »Welches Gemüse magst du am liebsten?«. Die nächste Spielerin antwortet, so schnell sie kann, mit zwei oder drei Gemüsesorten, die denselben Anfangsbuchstaben haben wie ihr Name. Wenn die Spielerin Claudia Anna Seiler heißt, könnte sie antworten: »Chili, Auberginen und Salat.« Eine Gemüsesorte darf nicht zweimal genannt werden. Wenn es mit Gemüse zu schwierig wird, kann man auch in der nächsten Runde Obst, Tiere, Nahrungsmittel, Blumen und so weiter nehmen. Das ist lustig, weil manchen ihr zweiter Vorname peinlich ist!

Musikalische Statuen

Lege fetzige Musik auf. Während die Musik spielt, müssen alle heftig und flippig tanzen. Wenn die Musik aufhört, erstarrt jeder zur Statue. Der Schiedsrichter (normalerweise ein Erwachsener) muss urteilen, ob sich nicht noch jemand bewegt hat, nachdem die Musik aufhörte. Wenn jemand weitertanzt oder wackelt, muss er ausscheiden. Spielt das so lange, bis die letzte Statue ruhig dasteht.

Plumpsen

Weniger ein Spiel als vielmehr ein Ritual. Das Geburtstagskind wird von vier »Freundinnen« an Armen und Beinen gehalten. Für jedes Lebensjahr wird sie mit dem Hinterteil auf den Boden gelassen. Wann und wo das bei einer Party geschehen wird, weiß keiner. Die Gäste müssen ihr auflauern, wenn sie es am wenigsten erwartet. Lebhaftes Protestgeschrei ist erlaubt und wird sogar gefordert. Es ist angemessen, mit den Tätern mindestens 5 Minuten lang nach dem Vorfall nicht mehr zu reden. Räche dich, wenn du willst. Warte, bis sie es am wenigsten erwarten, dann schlag zu. Zum Beispiel mit einem Wurm in ihrer Partytüte. Rache ist süß!

Musikalischer Plumps

Verläuft ähnlich wie die musikalischen Statuen, nur wenn die Musik aufhört, muss jede Spielerin sich auf den Boden setzen. Die letzte, die sich setzt, scheidet aus. Wenn eine Spielerin eine falsche Bewegung macht, versucht zu schummeln und sich setzt, ehe die Musik aufhört, wird sie disqualifiziert und scheidet aus dem Spiel aus.

Flaschendrehen

* Flaschendrehen kann man als gewagtes Spiel mit Küssen spielen, wenn auch Jungen auf der Party sind. Man setzt sich in einem Kreis auf den Boden oder an den Tisch und legt eine leere Flasche auf die Seite. Wer sie zuerst dreht, muss die Person küssen, auf die der Flaschenhals zeigt, wenn sie aufhört, sich zu drehen. Danach ist diese Person dran und dreht die Flasche. Wenn die Flasche auf ein anderes Mädchen zeigt, sollte diejenige, die die Flasche gedreht hat, den Jungen neben dem Mädchen küssen.

Merkspiel

* Bereite ein Tablett mit einer Anzahl Gegenständen darauf vor (Streichholzschachtel, Nadel, Faden, Tasse, Untertasse, Löffel, Apfel, Banane, Kuli und so weiter). Die Spieler dürfen das Tablett eine kurze Zeit sehen und müssen dann versuchen, sich an alle Gegenstände zu erinnern. Decke das Tablett mit einem Tuch ab, und die Spieler müssen eine Liste mit allem aufschreiben, an das sie sich noch erinnern. Der Spieler, der sich an alles oder das meiste erinnert, hat gewonnen.

Teelöffel-Rennen

* Die Spielerinnen sitzen sich in zwei Reihen am Tisch gegenüber. Jede nimmt einen Teelöffel in den Mund. Die Spielerin am Ende der Reihe legt einen Zuckerwürfel oder eine Weintraube auf ihren Löffel und legt ihn sachte auf den Teelöffel der nächsten Spielerin und so weiter bis zur letzten Spielerin in der Reihe. Gewonnen hat die Mannschaft, die ihr Zuckerstück zuerst zum Ende der Reihe bringt, ohne es fallen zu lassen.

Partytüten

* Nicht unbedingt notwendig, aber eine gute Möglichkeit, deinen Gästen für ihr Kommen zu danken und ihnen eine Erinnerung an deine Party mitzugeben. Übertreibe nicht: Eine Papiertüte mit ein paar Süßigkeiten und einem kleinen Andenken – ein Spielzeug oder ein Stück Geburtstagskuchen – reicht völlig aus.

Dankesbriefe

Es ist sehr wichtig, allen für die Geschenke zu danken. Also bring nichts durcheinander, schreib dir auf, von wem du was erhalten hast. Dann kannst du beim Briefeschreiben auch gezielt darauf eingehen. Hier ist ein Beispiel:

Liebste Tante Ida,
vielen Dank für die wunderbare Blumenpresse, die Du mir geschenkt hast. (Ein paar Details machen sich gut.) Ich habe schon Gänseblümchen aus dem Garten hineingetan, und Mami sagt, wenn ihre Stiefmütterchen rauskommen, kann ich auch davon ein paar haben. (Eine kleine höfliche Nachfrage ist nie verkehrt.) Ich hoffe, Deinem Knöchel geht es besser – es tut mir furchtbar leid, dass Du auf dem verschütteten Pudding ausgerutscht bist. (Und zum Schluss ein fröhlicher Gruß.) Grüße Onkel Thomas von mir. Ich hoffe, ich sehe Euch beide bald wieder.

Übernachten bei Freundinnen

Alle wissen, dass es bei den Übernachtungspartys darum geht, so wenig wie möglich zu schlafen. Lege einen Vorrat an Süßigkeiten an, hänge ein großes Schild mit PRIVAT an dein Zimmer und erfinde ein Passwort, um Unbefugte auszuschließen. Alle Erwachsenen, die ohne korrektes Passwort hereinkommen wollen, müssen Strafe zahlen – etwa eine Extraportion Popcorn. Wenn ihr dann einmal eingerichtet seid, könnt ihr Verschiedenes machen …

Wahrheit oder Pflicht

Das ist eine Variation des Flaschendrehens. Knobelt aus, wer anfängt. Die Person, auf die die Flasche zeigt, wird gefragt: »Wahrheit oder Pflicht?« Wenn sie »Wahrheit« wählt, muss sie absolut ehrlich auf JEDE Frage antworten, die ihr gestellt wird. Wenn sie »Pflicht« wählt, muss sie eine Aufgabe erfüllen, die die Gruppe vorgibt.

Mögliche Wahrheitsfragen:

- Mit wem hast du zuletzt Händchen gehalten?
- Wen würdest du gerne küssen, wenn du jeden auf der Welt küssen könntest?
- Was ist die schlimmste Lüge, die du je erzählt hast?
- Was ist das Schlimmste an deiner besten Freundin?
- Wen hasst du am meisten in der Schule?

Mögliche Pflichten:

- Kalt duschen.
- Dreimal nackt durch den Garten oder durchs Wohnzimmer laufen.
- Einen Jungen anrufen und ihn ins Kino einladen.
- Eine Knoblauchzehe essen.
- Fünfmal am Teppich lecken.

Kissenschlachten

Beim Übernachten gibt es normalerweise irgendwann in der Nacht eine Kissenschlacht. Es gibt keine Regel für die Kissenschlacht – jede greift sich einfach ein Kissen, und man haut sich die Kissen um die Ohren, entweder bis eines platzt oder bis man erhitzt und erschöpft zusammenbricht.

Schminken ohne Spiegel

Jede muss sich möglichst glamourös herausputzen – ohne in einen Spiegel zu schauen. Oder eine bekommt die Augen verbunden und muss eine andere schminken, ohne zu spicken.

Gespenstergeschichten

Ein guter Abschluss. Macht das Licht aus, zündet eine oder zwei Kerzen an, setzt euch darum herum und erzählt euch die gruseligsten Geschichten, die ihr euch denken könnt. Als Anregung kannst du die Geschichte eines großen Meisters lesen: *Die Bergwerke zu Falun* von E. T. A. Hoffmann, eine düstere und geheimnisvolle Liebesgeschichte; Kapitel zwei von Bram Stokers *Dracula*, wo der junge Mr Harkness im Vampirschloss ankommt; *Das Gespenst von Canterville* von Oscar Wilde (nicht so gruselig, aber eine tolle Geschichte).

HERBST

Der Herbst ist eine schöne Zeit zum Draußensein, um im Park oder auf Feldwegen spazieren zu gehen, für lange Streifzüge durch den Wald, wenn die Bäume in bunten Farben erstrahlen. Jetzt kannst du Blätter, Bucheckern, Rosskastanien, Äpfel, Nüsse und Samen sammeln und im Herbst gibt es an den Hecken allerlei Beeren und Herbstfrüchte. Im Wald ist es die beste Zeit zum Pilzesammeln und nach Giftpilzen Ausschau zu halten.

Das Wetter kann kühl und windig sein, aber es ist noch nicht zu kalt – solange du einen dicken Pulli, eine Regenjacke und ein Paar stabile Stiefel hast, kannst du nach Herzenslust in den Dreck springen, in Pfützen herumplatschen und im Unterholz herumstöbern, ohne dass dir vor Kälte die Zehen abfallen.

Die Uhr eine Stunde zurückstellen

*
Die Sommerzeit endet im Oktober und die Uhr wird eine Stunde zurückgestellt, also kannst du eine Stunde länger im Bett bleiben. Damit man weiß, ob die Uhr nun vor- oder zurückgestellt wird, kann man sich Folgendes merken: Im Sommer stellt man die Gartenmöbel VOR das Haus, im Herbst stellt man sie wieder ZURÜCK.

Blätter und Hubschraubersamen fangen

Mit dieser scheinbar sinnlosen Tätigkeit kannst du Stunden verträumen und dich hypnotisieren lassen – im Wald, auf dem Feld, in deinem Garten oder auf der Straße, auf dem Heimweg vom Einkaufen oder von der Schule oder bei einem Spaziergang im Park.

*
Es ist nicht so leicht, wie es aussieht, besonders wenn es ein stürmischer Tag ist und der Wind die Blätter um deine Nase und aus deinen Fingern wirbelt. Geeignet zum Darunterstellen sind Buchen, Eichen und Platanen, doch eigentlich tut es jeder Baum, der noch viele Blätter hat.

Die Samen mancher Bäume wie Bergahorn, Ahorn und Linde haben Flügel wie Propeller, mit denen sie in spiralförmigen Bögen abwärtsfallen und auch dem geschicktesten und flinksten Blattfänger eine echte Herausforderung bieten.

Manche glauben, es bringt genauso Glück, wenn man ein Blatt fängt, wie wenn man eine Münze aufhebt oder eine Sternschnuppe sieht oder wenn man Vogelkacke auf den Kopf bekommt.

Ein Lagerfeuer machen

*
Der Herbst ist die Zeit, in der im Garten aufgeräumt wird und abgestorbene Pflanzen, Äste, Grasschnitt und anderer Abfall, der sich im Laufe des Sommers angesammelt hat, aufgeräumt werden. Versuche, das Feuer mit nur einem einzigen Streichholz anzuzünden und nicht eine ganze Flasche Petroleum darüberzugießen oder mit dem Feuerzeug zu arbeiten. Tipps zum Feueranzünden findest du auf Seite 131.

Laub rechen

Das Laubrechen im Herbst kann man entweder als lästige Pflicht betrachten oder als gesunde Tätigkeit an der frischen Luft, die Spaß macht und deinen Wangen eine frische Röte verleiht. Wenn ihr zu mehreren recht, könnt ihr einen Wettbewerb veranstalten, wer den größten Laubhaufen zusammenrecht, in den man sich dann werfen kann – und danach natürlich wieder zusammenrecht.

Bewahre die trockenen Blätter in einem Schuppen oder an einem anderen trockenen Ort auf oder reche sie zu einem Haufen zusammen und decke sie mit einer Plastik- oder Zeltplane ab. Du wirst sie gut brauchen können, um dein Herbstfeuer damit anzuzünden. Wenn du Platz hast, lass die Blätter in einer Tonne etwa ein Jahr lang verrotten, um sie dann als Kompost zu verwenden.

Rosskastanien

Der Oktober ist der Monat, in dem man Rosskastanien sammelt – glänzend braune Kastanien, mit denen man spielen kann. Und die Esskastanien in ihren stacheligen grünen Schalen, die man in der Glut des Feuers oder im Herd zu Hause rösten kann. Rosskastanien sind ungenießbar für den Menschen, aber man gibt sie den Kühen und sie wurden früher als Pferdefutter verwendet.

Kastanienmännchen

Wenn du genug Kastanien gesammelt hast, kannst du anfangen, kleine Männchen daraus zu basteln. Du kannst deiner Fantasie freien Lauf lassen und ganze kleine Familien oder auch Tiere entstehen lassen. Keins wird aussehen wie das andere, da die Kastanien ganz unterschiedliche Formen und Größen haben. Zum Zusammenstecken der Kastanien eignen sich Streichhölzer oder Zahnstocher. Zum Verzieren kannst du auch Schnüre, Bänder, Bast und Farben verwenden. Versuche doch, andere Herbstfrüchte wie Hagebutten oder Bucheckern einzuarbeiten.

Große Liebespaare

Marcus Antonius und Kleopatra

Kleopatra war erst 18, als sie Königin von Ägypten wurde und gemeinsam mit ihrem jüngeren Bruder Ptolemäus regierte, mit dem sie ebenfalls verheiratet war (damals im alten Ägypten war vieles anders). Sie war nicht besonders schön – sie hatte eine Hakennase –, doch sie war auf jeden Fall eine hervorragende Musikerin, war charmant und sprach neun Sprachen.

Ehe Kleopatra Marcus Antonius kennenlernte, war sie die Freundin des Größten aller Römer, Julius Cäsar, von dem sie einen Sohn hatte. Nach Cäsars Ermordung im Jahr 44 v. Chr. wurde das Römische Reich zwischen drei Herrschern aufgeteilt, von denen Marcus Antonius einer war. Kleopatra beeindruckte ihn mit ihrem Reichtum. Sie kam zu ihrem ersten Treffen in einer goldenen Barke als Venus, die römische Göttin der Liebe, verkleidet. Sie lachte über seine Witze und schmeichelte ihm und nach kurzer Zeit hatten sie drei Kinder.

Doch diese Liebe sollte sich nicht einfach so erfüllen. Erstens hatte Marcus Antonius schon eine Frau in Rom. Zweitens, und das war noch wichtiger für einen Römer, war er so hingerissen von Kleopatra, dass er seine Pflichten als Soldat und Staatsmann vernachlässigte. Man sagte, er sei verhext.

31 v. Chr. führte Marcus Antonius eine große Seeschlacht gegen die römische Flotte vor der griechischen Küste an und die Gerüchte über seine schwindende Macht bestätigten sich: Die Römer schlugen seine Truppen haushoch. Als Kleopatra sah, dass er verlor, floh sie. Marcus Antonius verließ die Schlacht, als er sie gehen sah, und folgte ihr. So bestätigte er das Gerücht, dass er nur noch ihr Sklave war.

Zurück in Alexandria erwartete Kleopatra und Marcus Antonius ihr unentrinnbares Schicksal. Als die römische Armee die Tore der Stadt erreichte, verließen ihn seine Männer und schlossen sich den Eindringlingen an. Wütend beschuldigte Marcus Antonius Kleopatra, sie hätte ihn verraten. Sie floh in ihr Mausoleum und schickte ihm die Nachricht, sie sei tot. Als Marcus Antonius das hörte, war er außer sich vor Schmerz und beging Selbstmord, indem er sich in sein Schwert stürzte. Der Legende nach soll er zu Kleopatra gebracht worden sein und starb kurz darauf in ihren Armen.

Kleopatra wurde gefangen genommen und erlitt ein demütigendes Schicksal. Doch sie war immer noch Königin von Ägypten und bestellte ein Festmahl, darunter einen Korb mit Feigen. Ihre römischen Wachen hatten nicht bemerkt, dass zwischen den Feigen eine Giftschlange verborgen war. Kleopatra wurde tot aufgefunden – vergiftet durch einen Schlangenbiss.

Wie man Esskastanien röstet

Die Esskastanie kommt in Deutschland nicht überall vor, in manchen Parks und Gärten findet man sie jedoch. Die Römer haben aus den Kastanien Mehl gemacht.

In unserem Klima trägt die Esskastanie erst im Alter von 25 Jahren Früchte. Die meisten, die wir kaufen können, stammen aus wärmeren Klimazonen.

Wenn du Glück hast und bei deinen Streifzügen eine Esskastanie findest, suche nach den grünstacheligen Schalen mit der Esskastanie darin. In jeder Schale sind eine bis drei Kastanien.

Am besten röstet man die Esskastanien in den Schalen in der Glut eines Holzfeuers. Ob du sie nun über dem offenen Feuer oder im Ofen machst, auf jeden Fall solltest du die braune Außenschale mit einem Messer einschneiden, damit sie nicht explodieren. Wenn die Schale leicht schwarz wird, sind sie gar: Lass sie etwas abkühlen, ehe du sie schälst.

Beeren und Samen im Herbst

Beerensammeln im Herbst für den Naturtisch, zum Basteln und für Kunstwerke macht Spaß. Man kann auch Marmelade, Wein und Likör daraus machen.

Die Heckenfrüchte können wie Blumen für einen Herbststrauß verwendet werden – und im Gegensatz zu den Blumen halten sich die Beeren- und Samenarrangements viel länger, ohne zu welken und die Farbe zu verlieren.

Die meisten Samen und Beeren halten sich lange, wenn man sie einfach an der Luft trocknet – sammle Sträuße von Bergahorn, Esche und Hainbuchen mit ihren Samen, dazu alle möglichen Tannen- und Fichtenzapfen und arrangiere sie in einer Vase oder einem Blumentopf.

Wenn deine Sammlung von Nüssen, Eicheln und Bucheckern länger halten soll, lass sie erst an der Luft trocknen und überziehe sie dann mit Klarlack, damit sie nicht verschrumpeln.

Collage aus Herbstblättern, Samen und Beeren

Sammle bei einem Herbstspaziergang trockene Halme von verschiedenen Gräsern, Getreide, einige bunt gefärbte Beeren wie zum Beispiel den roten Weißdorn, Eberesche, Hagebutten und verschiedene Samenhüllen – Buche, Linde, Mohn und Silberblatt zum Beispiel. Außerdem brauchst du:

* eine Pralinen- oder Schuhschachtel oder ein Stück stabilen Karton, etwa 25 x 20 cm groß
* ein Stück Filz in derselben Größe
* Klebstoff
* Borte, ein schmales Band oder getrocknete rote Kidneybohnen

Klebe den Filz auf den Deckel oder den Karton. Arrangiere deine Samen, Gräser und Beeren darauf zu einem Bild oder einer Landschaft und klebe sie fest.

Unten ist ein Vorschlag für ein Arrangement – der Boden besteht aus Buckern, die großen Pflanzen aus Gräsern, die Beeren bilden einen roten Strauch, das Silberblatt einen glänzenden Strauch und die Ahornsamen sind so aufgeklebt, dass sie wie Vögel oder auch Libellen aussehen. Du kannst auch mit den Silberblatt- und Ahornsamen Schmetterlinge und Falter darstellen.

Wenn du dein Bild geklebt hast und deine Collage getrocknet ist, säume den Rand mit der Borte oder dem Band ein oder klebe rote Kidneybohnen als Rahmen außen herum.

Hagebutten

Für diesen Sirup musst du viele Hagebutten sammeln, aber er schmeckt köstlich und ist sehr gesund. Hagebuttensirup enthält Vitamin A, C und E. Hagebutten enthalten – nach Gewicht gemessen – 20-mal mehr Vitamin C als Orangen – sind also sehr gesund. Wenn du Hagebuttensirup machst und aufbewahrst, hast du im Winter ein gutes Mittel gegen Erkältungen und lästigen Husten. Am besten nimmst du wilde Hundsrosen von Hecken für den Sirup oder du nimmst die Hagebutten der Rosa rugosa (Japanrose). Der Sirup hält sich mehrere Monate, wenn du deine Flaschen gut sterilisiert hast.

Hagebuttensirup Ergibt etwa 850 ml

* 900 g Hagebutten
* 2,5 l Wasser
* 450 g Zucker

Bringe 1,8 l des Wassers in einem großen Topf zum Kochen. Schneide oder hacke die Hagebutten (das kannst du schnell in einem Mixer machen) und schütte sie in das kochende Wasser. Bringe es wieder zum Kochen, nimm es von der Kochstelle, lass es 15 Minuten ziehen, schütte es dann durch ein feines Nylonsieb oder ein Tuch. Schütte das Fruchtfleisch wieder in den Topf, gieße das restliche Wasser dazu und bringe es zum Kochen, schalte die Hitze ab und lass es 5 Minuten ziehen, siebe es dann wieder ab. Gieße den Saft in einen sauberen Topf und bringe ihn noch mal zum Kochen. Lass ihn ohne Deckel köcheln und reduziere die Flüssigkeit auf etwa 850 ml. Füge dann den Zucker dazu, rühre, bis er sich aufgelöst hat, und lass es noch einmal 5 Minuten kochen.

Gieße den Sirup in sterilisierte Flaschen mit Schraubverschluss.

Holunderbeerensaft

Wie Hagebuttensirup ist auch der Holundersaft hervorragend zur Abwehr von Erkältungen und Grippe geeignet.

* Holunderbeeren (noch auf den Dolden)
* Zucker
* Nelken
* Wasser

Wasche die Holunderbeeren, um Schmutz und Insekten zu entfernen, und koche sie mit den Stängeln in einem großen Topf, sodass sie gerade von Wasser bedeckt sind. Wenn sie zu Mus verkocht sind, schütte es durch ein Tuch oder ein feines Sieb. Rühre mit einem Holzlöffel, damit der dicke Saft noch herausgepresst wird. Miss den Saft ab und nimm je 600 ml, 450 g Kristallzucker und 10 Nelken. Lass es 10 Minuten lang kochen, bis es die Konsistenz von Sirup hat.

Lass es abkühlen und fülle es mit einem Trichter in sterile Flaschen mit gut sitzendem Deckel oder Korken. Die Nelken machen den Saft haltbar, also verteile sie gleichmäßig auf die Flaschen. Du kannst den Saft gleich trinken, aber in gut verschlossenen Flaschen hält er sich ein oder zwei Jahre.

Pilze und Giftpilze

Die meisten Pilze erscheinen im Spätsommer und Herbst, wenn das Wetter feucht ist. Versuche doch dieses Jahr eine eigene Sammlung anzulegen. Waldpilze, die man auf Baumstümpfen oder an den Wurzeln findet, halten sich jahrelang, wenn man sie nur an der Luft trocknen lässt. Andere zartere Pilze wie die kleinen Pfifferlinge kannst du wie Blumen pressen.

Einige essbare Pilze

In Frankreich ist das Pilzesammeln geradezu ein Nationalsport und leidenschaftliche Pilzesammler verbringen ganze Wochenenden im Herbst mit der Suche nach den schwer zu findenden und wertvollen Pfifferlingen und den schmackhaften Morcheln. Pilzkenner empfehlen, die frisch gesammelten Exemplare am besten einfach in Butter, vielleicht mit etwas Knoblauch, gehackter Petersilie und etwas Zitronensaft zu braten und dann mit frischem Brot zu essen. So zubereitet kann man sie auch in einem Omelette oder Rührei essen.

Für Anfänger ist es schwierig, Pilzsorten zu erkennen. Fast jeder Speisepilz hat einen giftigen Doppelgänger. Manche sind nicht stark giftig, sondern einfach ungenießbar. Leider gibt es keine Kennzeichen, die auf den ersten Blick sichtbar machen: Das ist ein giftiger Pilz, das ist ein essbarer Pilz.

Zwei Ammenmärchen darüber, wie man Giftpilze erkennt, sollen aber ausgeräumt werden: Man sagt, nur essbare Pilze könnten geschält werden, und man könne sie daran erkennen, dass sie einen Silberlöffel nicht schwarz färben. Das ist keinesfalls verlässlich, denn der Wiesenchampignon kann zwar durch diese Tests als nicht giftig und essbar erkannt werden, doch ebenso der Grüne Knollenblätterpilz, der giftigste von allen, durch den die meisten tödlichen Vergiftungen entstehen!

Pilze kann man in Mischwäldern, Nadelwäldern und Parks sammeln. Vielleicht hast du auch Glück und hast Pilze im eigenen Garten – suche unter Bäumen und im Gestrüpp unter Sträuchern.

Kauf dir ein gutes Pilzbuch mit Bildern, in dem eindeutig erklärt wird, wie du die verschiedenen Pilze erkennen kannst und welche sich am besten zum Essen eignen. Oder erkundige dich nach organisierten Pilzwanderungen in deiner Gegend, die von einem Pilzexperten oder Mykologen geführt werden.

Riesenboviste

Riesenboviste können einen Durchmesser von über 30 cm erreichen und fast 30 cm hoch werden. Sie wachsen meistens auf Weiden. Ab Ende August kannst du nach ihnen Ausschau halten. Manchmal sehen sie wie Totenschädel aus – es gibt eine Geschichte von Arbeitern, die einige Riesenboviste unter dem Boden eines Hauses fanden und dann die Polizei verständigten, weil sie glaubten, sie hätten ein Massengrab gefunden. Boviste haben normalerweise eine leicht abgeflachte ovale Form und sind durch einen dicken Stamm mit dem Boden verbunden. Die äußere Hülle ist zuerst flaumig und wird dann weich und cremefarben, später mit zunehmendem Alter gelb und braungelb. Wenn der Pilz alt ist, bricht die zerbrechliche äußere Hülle und wird schwammig. Auf Berührung werden die braunen, pulverigen Sporen freigesetzt. Das Fleisch des Bovists ist essbar, wenn er jung, weiß und noch weich ist.

Zur Zubereitung schneidet man das Fleisch in Scheiben, wendet es in geschlagenem Ei, paniert es, würzt und brät es in Butter auf beiden Seite goldbraun aus. Serviert wird es mit gehackter Petersilie.

Herbstfalter

Zwar ist der Sommer die Hauptsaison für Schmetterlinge und Falter, doch an milden Herbstabenden kann man Falter nicht nur anlocken, indem man das Licht anlässt, sondern auch durch den Geruch von Alkohol.

Dazu musst du etwas verfaultes Obst wie Äpfel, Bananen oder Pflaumen auf dem Balkon oder einem Fensterbrett draußen liegen lassen. Du kannst auch Baumstümpfe oder Zweige im Garten »zuckern«. Stelle eine süße alkoholische Mischung aus Apfelsirup und Wein her und lass sie 24 Stunden lang fermentieren. Bestreiche abends, kurz vor der Dämmerung, einige Baumstümpfe mit der Mixtur und sieh einige Stunden später nach. Es werden sich Falter um die zuckrige Lösung angesammelt haben, um davon zu fressen.

ZAUBEREI

Das Geheimnis jedes erfolgreichen Zauberers lautet: Übung macht den Meister. Zeige nie einen Trick vor Publikum, ohne ihn vorher so lange geprobt zu haben, bis du ihn perfekt beherrschst und bis ins Letzte verfeinert hast.

Wenn du vor geladenem Publikum auftrittst, biete eine kurze Vorstellung, damit du seine Aufmerksamkeit nicht verlierst. Wenn die Zuschauer anfangen, unruhig zu werden, besteht die Gefahr, dass sie nicht mehr richtig zusehen und -hören. Daher musst du unbedingt alles, was du für den Trick brauchst, im Voraus vorbereiten und alles zur Hand haben. Da ist es enorm hilfreich, wenn du eine oder mehrere Assistentinnen zur Hand hast.

Assistentinnen sind super, weil du ihnen die ganzen langweiligen Dinge überlassen kannst – und du kannst sie zum Vergnügen deiner Zuschauer herumkommandieren und so den Eindruck verstärken, dass du eine große und gefürchtete Zauberin bist. Kleine Geschwister oder auch ein gutmütiges Haustier eignen sich gut für diesen Zweck.

Du brauchst Kostüme für dich und auch für deine Assistentin. Ihres sollte zu deinem passen, aber entsprechend weniger spektakulär sein. Du brauchst auch einen Zauberer-Namen: Mesmeralda zum Beispiel; oder Violet Voilà; oder Prinzessin Presto.

Beginne deine Zaubervorstellung mit einem sehr schnellen und einfachen Trick, der sicher die Aufmerksamkeit des Publikums fesselt. Lass darauf etwas Komplizierteres folgen und beende die Vorführung immer mit deinem besten und erstaunlichsten Trick. Wenn ein Trick misslingt, kannst du so tun, als sei das Absicht gewesen – als gehörte das zur Aufführung. Oder du kannst deiner Assistentin die Schuld geben und ihr drohen, sie in einen Frosch zu verwandeln. Bleibe immer ruhig und mache weiter.

Deine Ausrüstung und Kleidung

Vielleicht willst du dir einen echten Zauberstab und einen Zauberhut kaufen, aber als Anfängerin und zum Üben zu Hause kannst du auch deine Requisiten selbst basteln.

Der Zauberstab

Einen sehr echt wirkenden Zauberstab bekommst du, wenn du ein weißes Blatt Papier sehr eng um eine Stricknadel oder einen Malstift wickelst und es dann seitlich festklebst. Male ihn schwarz an und lass nur das Ende weiß.

Der Zauberhut

Suche in Secondhandläden oder auf Flohmärkten nach alten Zylindern oder bastle dir deinen Zauberhut selbst aus Zeichen- oder Packpapier. Schneide ein etwa 60 cm langes und 30 cm breites Stück Papier aus, falte es in der Mitte und male eine bogenförmige Linie darauf. Öffne das Papier und schneide es entlang der Linie zu einem Halbkreis, falte dann das Papier am Rand und klebe es mit Klebstoff oder Klebeband zu einem kegelförmigen Hut zusammen. Bemale und dekoriere den Hut mit Sternen und Glitzerpailletten.

Der Zauberumhang

Ein Vampircape von Halloween eignet sich gut als Zauberumhang. Du kannst auch ganz einfach ein Stück schwarzen Stoff als Umhang über deinen Schultern drapieren.

Dein Zaubergeplauder

Ein wichtiger Teil der Zauberkunst ist das Geplauder während der Vorführung. Auch der brillanteste Trick wird das Publikum nicht sehr amüsieren, wenn er schweigend vorgeführt wird, und da du keine Trommelwirbel bieten kannst (wenn eine deiner Assistentinnen musikalisch talentiert ist, könntest du das nutzen und deine Aufführung mit Musik untermalen), sollte der Zauberer zur Unterhaltung während der Vorführung ständig Scherze machen und Geschichten erzählen. Das Geplauder hat auch die Aufgabe, die Aufmerksamkeit des Publikums von den Einzelheiten bei den Tricks abzulenken. Übe deine Handbewegungen und deinen Text für die Vorstellung vor dem Spiegel – »Abrakadabra. Simsalabim!« zusammen mit einem Schwall von einfachen französischen Sätzen wie zum Beispiel »Et voilà!« oder »C'est comme ça!« oder »Hopla! C'est magique!«

Kartentricks

Verrate nie, wie ein Kartentrick geht – egal wie sehr das Publikum dich auch darum bitten mag.

Durch den Stapel sehen

Nimm deinen Kartenstapel, und wenn keiner hinsieht, drehst du die erste Karte um, mit dem Rücken zu den restlichen Karten. Merke dir, welche Karte das ist. Halte die Karten hinter deinem Rücken und erzähle den Zuschauern, du hättest magische Kräfte und könntest jede Karte im Stapel richtig voraussagen. Halte den Stapel zu den Zuschauern, sodass sie die Karte sehen können, die du zuerst umgedreht hast, und sage ihnen, ohne sie anzuschauen, welche Karte es

ist. Gleichzeitig musst du dir die Karte merken, die jetzt zu deiner Seite zeigt. Nimm die Karten wieder hinter deinen Rücken und nimm die letzte Karte vom Stapel (die zu deiner Seite gezeigt hat) und lege sie mit der Oberseite nach außen oben auf den Stapel auf die Karte, die du angesagt hast. Halte die Karten wieder hoch und rufe die Karte aus. Wiederhole das so lange, bis sich die Frage erhebt, wie das wohl vor sich geht. Höre dann auf, gehe ruhig zum nächsten Trick über und ordne die Karten neu, ohne dass es jemand sieht.

Eine Karte finden

Mische ein Kartenspiel. Halte den Stapel in einer Hand mit der Oberseite nach unten und teile den Stapel. Mit einer Hälfte in der einen Hand und der anderen in der anderen bittest du jemanden aus dem Publikum, die oberste Karte von der Hälfte in deiner linken Hand zu nehmen und sich diese Karte zu merken. Sage ihnen, sie sollen sie dir nicht zeigen. Wirf inzwischen heimlich einen Blick auf die unterste Karte in deiner rechten Hand und merke sie dir. Man darf dich dabei nicht beobachten. Bitte die Person aus dem Publikum, ihre Karte wieder oben auf den Stapel in deiner rechten Hand zu legen. Lege die beiden Hälften zusammen und mische einige Male. Wirf die Karten nacheinander auf den Tisch und sage die Karte, die ausgewählt wurde, triumphierend an. Du wirst die richtige Karte vorhersagen können, weil sie höchstwahrscheinlich auf diejenige folgen wird, die du gerade unten im Stapel in deiner rechten Hand angesehen hast (achte beim Mischen darauf, dass diese Karten nicht ihre Reihenfolge ändern).

Der Wasserglastrick

Frage dein Publikum, ob sie es für möglich halten, dass man zwei Wassergläser bis zum Rand mit Wasser füllt, eines umdreht und auf das andere stellt, ohne einen Tropfen zu verschütten. Sie werden dich verwirrt ansehen, bis du es ihnen demonstrierst.

Fülle zwei Gläser bis zum Rand mit Wasser und lege ein Stück dickes Zeichenpapier auf sie. Lege die Fläche deiner linken Hand auf das Papier, hebe das Glas mit der rechten Hand und drehe es schnell um. Nimm deine Hand vom Papier und stelle das Glas auf das andere. Ziehe jetzt vorsichtig das Papier heraus.

Wenn du das einige Male übst, wirst du keinen Tropfen Wasser verschütten.

versteckte Karten

Die vier Einbrecher

Nimm erst alle Buben aus dem Kartenspiel. Nimm dabei heimlich noch drei andere beliebige Karten aus dem Spiel und verstecke sie unauffällig hinter den vier Buben in deiner Hand. Es ist wichtig, dass keinerlei Verdacht aufkommt und keiner etwas merkt. Breite die vier Buben in deiner Hand wie einen Fächer aus, wie in der Abb. gezeigt, wobei die drei Karten hinter dem letzten Buben versteckt sind. Zeige die Buben dem Publikum. Lege den Rest des Spiels mit der Oberseite nach unten auf den Tisch.

Erkläre dem Publikum: Die vier Buben sind vier Einbrecher, und der Rest des Stapels ist ein Haus, in das sie einbrechen werden. Drehe die Karten in deiner Hand um (die drei Karten, die du heimlich weggenommen hast, liegen jetzt auf den vier Buben) und erkläre, dass der erste Einbrecher oder Bube in den Keller einbricht. Nimm diese erste Karte und lege sie weit unten in den Stapel zurück. Der nächste Einbrecher steigt durch ein Fenster ein, also wird die nächste Karte, die du in die Hand nimmst, etwas weiter oben in den Stapel geschoben. Der dritte Einbrecher kommt zur Eingangstür herein; deshalb wird die dritte Karte noch weiter oben in den Stapel geschoben, während der vierte Einbrecher draußen bleibt und Schmiere steht. Er wird zur Warnung dreimal klopfen, wenn er jemanden sieht. Die letzte Karte (das sind in Wahrheit die vier Buben, die du in der Hand behalten hast) wird jetzt schnell oben auf den Stapel gelegt.

Warne die drei Einbrecher, indem du den Stapel dreimal mit deinem Zauberstab berührst. Hebe dann die vier Buben einzeln ab und verkünde: »Hier kommen alle vier Einbrecher aus dem Haus gerannt!«

Ein verzwicktes Rätsel

Lege einen Schal auf den Tisch und bitte jemanden aus dem Publikum, vorzukommen und auf einem Stuhl Platz zu nehmen. Bitte sie, in die Mitte des Schals einen Knoten zu machen und dabei den Schal an beiden Enden festzuhalten, ohne loszulassen. Wer den Trick nicht schon kennt, wird ratlos sein, wie das geschehen kann. Wenn sie aufgibt, bitte sie aufzustehen und dir den Schal zu geben. Verschränke die Arme über Kreuz und fasse mit jeder Hand ein Ende. Löse deine Arme, ohne die Enden loszulassen – dabei wirst du mühelos einen Knoten in die Mitte gemacht haben.

Ein Trick mit Dominosteinen

Baue ein Haus mit Dominosteinen, indem du zwei aufrecht auf den Tisch stellst und zwei horizontal darauflegst. Stelle dann wieder zwei aufrecht hin und noch einen obendrauf, wie in der Abb.. Jetzt geht es darum, den im Bild mit A markierten Dominostein zu entfernen, ohne die anderen zu bewegen. Das ist ganz einfach.

Lege einen weiteren Dominostein der Länge nach hin (Stein B). Fahre mit deinem Zeigefinger durch die Öffnung und lege ihn auf das Ende von Dominostein B, drücke fest darauf, sodass er in die aufrechte Position springt. Er wird gegen den waagrecht liegenden Dominostein A schlagen und ihn aus dem Haus schießen lassen, wobei die anderen in ihrer Position bleiben. Übe einige Male, bis du den Trick beherrschst, ehe du ihn vor Publikum vorführst.

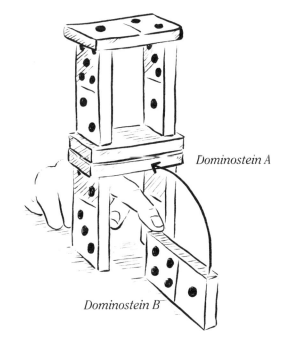

Dominostein A

Dominostein B

Tricks mit Münzen

Eine Münze verschwinden lassen

Mit etwas Übung kannst du lernen, eine normale Münze scheinbar in deiner Hand erscheinen und verschwinden zu lassen und sie dann hinter dem Ohr einer Zuschauerin oder aus ihrem Haar hervorzuholen.

Am besten nimmst du eine besonders glänzende Münze. Die solltest du immer in deiner Tasche haben als deine magische Münze. Dann kannst du deine Tricks üben, wo du willst, zum Beispiel auf einer langen Busfahrt oder im Zug.

Halte die Münze mit dem Zeigefinger und Daumen deiner linken Hand an den Rändern, mit dem Handrücken zum Publikum, auf Schulterhöhe (Abb. A).

Bringe deine rechte Hand mit ausgestrecktem Zeigefinger und Daumen zur linken, als wolltest du die Münze in die rechte Hand nehmen. Verdecke die linke Hand mit der rechten und lasse währenddessen die Münze in die linke Hand fallen und verstecke sie entweder in einer Falte der Handfläche oder indem du sie mit dem Daumen verdeckst. Halte deine linke Hand relativ offen und entspannt, und wenn die Münze fällt, schließe deine rechte Hand fest (als würdest du die Münze festhalten) und bewege deine Hände auseinander (Abb. B).

Mach ein paar Späße und tu dann so, als würdest du die Münze mit der linken Hand, in der die Münze versteckt ist, hinter dem Ohr hervor, aus der Achsel oder einem anderen Körperteil einer Person im Publikum ziehen. Sie werden sich auf die geschlossene, aber leere rechte Hand konzentrieren und glauben, die Münze befinde sich darin.

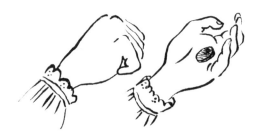

Abb. A *Abb. B*

Eine Münze im Handumdrehen verschwinden lassen

* Borge dir von jemandem aus dem Publikum eine Münze aus und zeige allen, wie sie auf den Fingern deiner rechten Hand liegt. Wirf sie jetzt einige Male von einer Hand in die andere und lass die Zuschauer zusehen, wie sie von Hand zu Hand geht. Halte die Münze nach einigen Würfen zwischen dem Zeige- und Mittelfinger der rechten Hand fest (Abb. C). Diesmal tust du nur so, als würdest du sie in die linke Hand fallen lassen, die du dann auch gleich fest schließt, als hättest du die Münze gerade gefangen (Abb. D). Reibe die Finger der linken Hand ein wenig, öffne dann die Hand und zeige, dass die Münze auf magische Weise verschwunden ist. Ziehe dann mit großem Aufheben die Münze, die in deiner rechten Hand versteckt ist, aus dem Ohr oder der Tasche einer Zuschauerin.

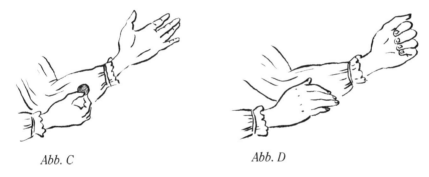

Abb. C   Abb. D

Wie ein Zwei-Euro-Stück durch ein 1,5-cm-Quadrat passt

Dieser Trick scheint unmöglich, denn der Durchmesser der Münze ist viel größer als 1,5 cm. Doch das ist leicht machbar, ohne das Papier zu zerreißen. So geht es:

* Nimm ein Stück Papier und schneide ein Quadrat mit einer Seitenlänge von 1,5 cm aus. Falte das Papier in der Mitte und lege die Münze in den Falz. Biege das Papier vorsichtig nach oben und außen. Du wirst sehen, die Münze fällt leicht durch das Loch. Gib deinen Freundinnen das Papier und die Münze und bitte sie, es zu versuchen. Die werden verwirrt dreinschauen und sagen, das sei unmöglich (es sei denn, sie kennen den Trick!). Zeige ihnen dann, wie es geht.

Eine Münze im Tuch verschwinden lassen

Nimm ein sauberes Taschentuch und reibe eine Ecke mit farbloser Seife ein. Lege das Taschentuch flach auf den Tisch mit der eingeseiften Ecke auf dich zu und lege eine Münze in die Mitte (Abb. A). Jetzt falte die (geseifte) Ecke um, sodass sie die Münze bedeckt, falte dann die anderen Ecken ein, wie auf der Abb. angezeigt (Abb. B).

Zeige, dass die Münze noch im Tuch ist, indem du jemanden aus dem Publikum aufforderst, sie zu ertasten. Lege deine Finger in eine der Falten mit den Daumen darunter (Abb. C) und ziehe deine Hände schnell auseinander und zur Seite weg, wobei du die beiden Ecken des Tuches in die Finger nimmst und das Taschentuch ausschüttelst. Die Münze, die allem Anschein nach verschwunden ist, wird in deinen Fingern sein.

Bei diesem Trick kommt es darauf an, dass die eingeseifte Ecke die Münze bedeckt und leicht an ihr kleben bleibt. So kannst du sie leicht zwischen deinen Fingern fangen.

Natürlich brauchst du dazu, wie für alle guten Zaubertricks, etwas Übung, doch wenn du fleißig bist, wirst du bald eine Expertin. Je auffälliger und schneller das Taschentuch angehoben wird, desto überzeugender verschwindet die Münze.

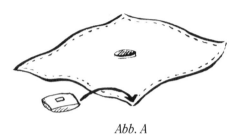

Abb. A

Abb. B

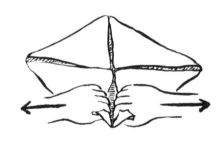

Abb. C

Ein Trick mit Karte und Münze

Balanciere eine Spielkarte auf der Spitze deines linken Zeigefingers. Balanciere eine Münze auf der Mitte der Karte, sodass sie genau über deiner Fingerspitze liegt. Schnippe mit dem Nagel deines rechten Zeigefingers kräftig gegen die Karte. Mit etwas Übung sollte die Karte weggeschleudert werden und die Münze sollte auf deiner Zeigefingerspitze liegen bleiben.

Der Streichholzschachtel-Trick

Erzähle deinen Freundinnen, du könntest eine Streichholzschachtel dazu bringen, jeden Befehl auszuführen. Du brauchst nur eine leere Streichholzschachtel. Öffne die Schachtel ein wenig und lege sie mit der offenen Seite nach unten auf die Knöchel deiner flach ausgestreckten Hand. Schließe die Schachtel, sodass etwas von der Haut auf den Knöcheln in der Schachtel eingeklemmt wird. Schließe jetzt deine Hand zur Faust und die Streichholzschachtel sollte aufrecht stehen.

Lenke die Zuschauer mit deinem Gerede ab, indem du mit der anderen Hand über der Streichholzschachtel herumfuchtelst, während sie sich durch die magischen Kräfte deiner Finger hebt und senkt.

Noch ein Streichholzschachtel-Zauber

Besorge dir zwei normale, identisch aussehende Streichholzschachteln, schneide von einer das Etikett weg und klebe es auf die Rückseite der anderen Schachtel, sodass du eine doppelseitige Schachtel hast. Nimm den Auszug heraus und klebe auf die untere Seite eine Reihe ungebrauchter Streichhölzer. Schiebe ihn wieder in die doppelseitige Hülle zurück.

Wenn du die Schachtel öffnest, wird sie leer sein, doch wenn du sie mit den Worten »Schwuppdiwupp!« umdrehst und öffnest, ist sie scheinbar voll. Du kannst auch den Zuschauern die volle Seite zeigen, sodass sie die Streichhölzer sehen, und die Schachtel dann umdrehen, ohne dass die Zuschauer es bemerken, und sie bitten, sie zu öffnen. Dann werden die Streichhölzer verschwunden sein.

HALLOWEEN

Als wir noch klein waren, war Halloween in England eine wichtige Angelegenheit. Es wurde lange geplant, wie wir uns verkleiden wollten und welche Maske wir uns im Zeitschriftenladen für die Halloweenparty in der Küche oder in der Scheune kaufen wollten. Dann gingen wir in einer Gruppe los und klopften an die Türen. Wir nahmen, was man uns gab, normalerweise Süßigkeiten und Nüsse, doch manchmal auch Geld. Wir riefen nicht »trick or treat« wie in Amerika – der Anblick unserer unheimlichen Verkleidung und die Tatsache, dass wir uns im Dunkeln mit unseren Rübengeistern auf Stangen bei eisiger Kälte und oft bei Regen auf die Straße gewagt hatten, reichte aus, um uns eine Belohnung zu verdienen.

Kürbisgeister-Laternen

Kürbisse gab es nicht, als wir Kinder waren, also mussten wir uns mit komisch riechenden alten, harten Rüben begnügen und daraus einen Rübengeist schnitzen. Wenn du die Möglichkeit hast, nimm einen schönen orangefarbenen Kürbis.

Kürbisgeister verschrumpeln schnell oder werden an den Schnitträndern leicht matschig, also fange am besten nicht zu früh damit an. Warte bis kurz vor Halloween und bewahre deinen Kürbisgeist auf einem Fensterbrett oder an einem kühlen Ort auf. Wenn du die Schnittränder mit Vaseline einreibst, verschrumpelt er nicht so schnell.

Nimm einen schön geformten, gleichmäßig gefärbten Kürbis, keinen mit Druckstellen oder Rissen. Große Kürbisse sehen geschnitzt spektakulär aus, doch kleinere haben eher festeres Fleisch und halten länger.

Sorge dafür, dass der Kürbis fest steht und nicht wackelt; wenn er nicht gerade steht, glätte den Boden ein bisschen, indem du Unebenheiten entfernst. Schneide oben den Deckel ab und schneide ein quadratisches Stück als Fuß, sodass sich der Deckel später leichter daraufsetzen lässt. Pule mit den Händen so viel Fruchtfleisch und Kerne heraus wie möglich. Nimm dann einen spitzen Löffel oder einen Eisportionierer, um den Rest herauszukratzen. Es soll noch etwa 1 cm vom Fruchtfleisch übrig sein, sodass das Licht besser durchscheinen kann.

Jetzt kannst du ein unheimliches Gesicht schnitzen – kleinere Mädchen sollten ihre Eltern für die schwierigen Teile um Hilfe bitten. Male mit einem Bleistift das Gesicht direkt auf den Kürbis oder mache erst eine Skizze von einem Furcht einflößenden Gesicht auf Papier. Halte dich an einfache Formen – viereckige Augen, eine dreieckige Nase und ein schöner großer Mund mit schaurig schiefen Zähnen. Klebe deine Zeichnung auf den Kürbis und drücke dann die Umrisse mit einem Bleistift mit kleinen Lochmarkierungen durch. Entferne dann das Papier und schneide an den Umrissen entlang. Nimm ein scharfes spitzes Messer für den ersten Schnitt, arbeite dann mit einem kleinen Sägemesser und sägenden Bewegungen weiter und schneide die Formen aus.

Stelle ein Teelicht oder eine Kerze in einem Halter in den Kürbis, lege den Deckel darauf, stelle ihn ins Fenster und lass das gespenstische Treiben beginnen.

Halloween-Verkleidungen

Beim Verkleiden für Halloween wurde bei uns zu Hause immer noch in letzter Minute schnell etwas zugeschnitten, genäht und improvisiert. Du kannst dir ein paar neue Accessoires kaufen – einen Hexenhut oder Teufelshörner – und dann in den Schränken und Kleidertruhen nach schaurig gespenstischen Sachen zum Verkleiden stöbern. Suche in Secondhandläden nach passenden Stücken, die dann für dein Kostüm geändert werden können – für eine Hexen-Verkleidung zum Beispiel schwarze Spitzenkleider und -blusen, schwarze Tüllunterröcke und Chiffonschals. Als Dracula kannst du ein weißes Herrenhemd mit Rüschen und eine lange schwarze Smokingjacke nehmen. Als Zombie könntest du eine schwarze Herrenanzugjacke tragen, in die du dann Risse und Löcher machen kannst.

Schminke dich mit Gesichtsfarben oder kaufe dir eine grässliche Maske, um deinem Kostüm den letzten Schliff zu geben. Schließlich geht es beim Halloween nicht darum, großartig auszusehen, sondern alle zu Tode zu erschrecken!

Bitte deine Mutter oder deinen Vater um Erlaubnis, ehe du ihre »alten« Kleider zerschneidest. Und denke daran, dass es kalt sein wird, wenn du einen Abend zum »trick or treat« draußen verbringen willst, also musst du mehrere Lagen tragen, sonst wirst du erbärmlich frieren und den ganzen Abend mit den Zähnen klappern.

Hexenkostüm

Für einen Umhang schneidest du aus schwarzem seidigem Futterstoff oder Tüll einen Halbkreis aus und nähst oben etwas schwarzes Band an, damit du ihn um die Schultern binden kannst. Kleide dich ganz in Schwarz: ein langärmeliges schwarzes Oberteil und ein schwarzer Rock oder ein altes schwarzes Kleid von deiner Mutter. Sehr effektvoll sind auch verschiedene Lagen unterschiedlicher schwarzer Kleidungsstücke – ein großes langärmeliges Spitzenoberteil unter einem kurzen T-Shirt sieht nach Spinnweben aus.

Wenn du einen Rock nach deinen Wünschen ändern willst, schneide einige Stücke aus verschiedenen Stoffresten aus und befestige sie darauf; nimm Silber- und Goldstoff für Mond und Sterne.

Trage schwarze Netzstrümpfe über glatten grünen oder roten Strumpfhosen, damit du wirklich nach Hexe aussiehst. Mache Löcher in die Netzstrümpfe.

Lackiere deine Nägel mit schwarzem, blutrotem oder grünem Nagellack. Schminke dein Gesicht weiß und verteile dann mit einem Schwamm grüne Gesichtsfarbe darauf. Male noch einige schwarze Punkte als Warzen dazu und zeichne Falten um Augen und Mund und auf die Stirn. Färbe deine Lippen dunkelrot oder schwarz – ein oder zwei schwarze Zähne machen sich auch gut.

Bastle dir einen spitzen Hexenhut – dazu brauchst du zwei große Bogen dicken schwarzen Karton. Schneide einen Halbkreis aus einem Bogen und rolle ihn zu einem spitzen kegelförmigen Hut – hefte ihn am Rand fest oder klebe mit Klebstreifen am Rand entlang. Für die Krempe schneidest du einen großen Kreis mit etwa 30 cm Durchmesser aus dem anderen Bogen schwarzen Kartons und zeichnest mithilfe eines kleinen Tellers innen einen Kreis hinein. Schneide den inneren Kreis aus und mache kleine Einschnitte am inneren Rand, damit du den Rand knicken und an den Kegel anpassen kannst – klebe die Krempe mit Klebstoff oder Klebeband fest. Du kannst noch grüne Haare innen im Hut festkleben – aus grünen Wollfäden oder Streifen von grünem Krepppapier.

Bastle dir einen Hexenbesen – suche dir einen stabilen Stock oder einen alten Besenstiel. Sammle Reisig und befestige es am Ende des Besenstiels mit breitem Klebeband oder binde es mit schwarzen Schnürsenkeln fest.

Gespensterkostüm

Das klassische Gespensterkostüm ist einfach: ein weißes Bettlaken oder für kleinere Mädchen ein Kopfkissenbezug, mit zwei Löchern für die Augen und einigen Schlitzen im unteren Teil.

Du kannst auch ein Loch in die Mitte eines großen Tuchs schneiden, durch das dein Kopf passt. Ziehe dann mehrere Lagen aus glänzendem weißem Stoff, Tüll oder Spitze darüber, das gibt dem Ganzen einen schwebenden Effekt.

Trage eine Gespenstermaske oder male dein Gesicht ganz weiß an; verteile dann schwarze Schminke um Augen und Mund. Sprühe silbernes und weißes Haarspray auf dein Haar.

Gespenstische Tricks

Draculazähne

Wenn du das nächste Mal eine Orange isst, schneide sie in Viertel, anstatt sie zu schälen und in Spalten zu essen. Damit kannst du dir ein Furcht einflößendes Gebiss basteln. Das ist auch eine gute Notlösung, wenn du für Halloween noch ein passendes Accessoire brauchst.

* Schneide eine unbehandelte Orange in Viertel. Iss das Fruchtfleisch. Nimm ein Stück der Orangenschale und lege es flach auf ein Schneidbrett. Schneide mit einem Messer einige scharfe Zähne hinein. Öffne den Mund weit und schiebe die falschen Draculazähne vor deine eigenen Zähne und über dein Zahnfleisch in den Mund, mit der weißen Seite nach außen. Wenn du die Draculazähne trägst, tippe jemandem leicht auf die Schulter, damit er sich zu dir umdreht, öffne dann den Mund und lächle breit.

Rezept für falsches Blut

* rote Lebensmittelfarbe
* grüne Lebensmittelfarbe
* Eierbecher
* Löffel
* Maissirup
* Tasse

* Tröpfle etwa zwei Tropfen rote und einen Tropfen grüne Lebensmittelfarbe (je nachdem, wie hell oder dunkel dein Blut sein soll) in den Eierbecher und vermische sie mit dem Löffel. Wenn du mit der Blutfarbe zufrieden bist, gieße etwas Sirup in eine Tasse, füge die Lebensmittelfarbe dazu und vermische alles gut.

   Du kannst das falsche Blut über dein Gesicht träufeln oder zusammen mit falschen Zähnen einsetzen, das gibt einen tollen Dracula-Effekt an Halloween.

Falsches Glas

Mit dieser Methode kannst du sehr echt wirkendes falsches Glas herstellen. Warum, magst du fragen, sollte ich falsches Glas herstellen wollen? Nun, du kannst es zusammen mit dem falschen Blut an Halloween verwenden, um deine Großmutter oder deine Eltern zu Tode zu erschrecken. Du kannst kleine scharfe Splitter daraus machen und sie so anordnen, dass sie aus deinem Arm oder Kinn ragen, zum Beispiel. Wenn du etwas ehrgeiziger bist, könntest du mit verschiedenen Formen experimentieren und falsche Gläser oder Requisiten für Horrorvideos herstellen. Stelle dir vor, wie erschrocken und ungläubig deine Freundinnen schauen, wenn du auf einer Party dein falsches Glas leerst, es plötzlich zerbeisst und es isst!

* Nimm für den Anfang ein flaches Backblech für die Glasscheiben oder eine Form für Teller und Schalen. Außerdem brauchst du:

  * Butterbrotpapier oder Frischhaltefolie
  * 2 Tassen Wasser
  * 3 ½ Tassen Zucker
  * 1 Tasse Maissirup

* Lege ein Backblech oder eine Form mit Butterbrotpapier oder Frischhaltefolie aus – dann klebt das Glas nicht fest und du kannst es leicht ablösen.

  Tu das Wasser, den Zucker und den Maissirup in einen Topf und bringe die Mischung bei mittlerer Hitze zum Kochen. Lass sie leicht köcheln, bis sie dickflüssig wird und das Wasser eingekocht ist. LASS DICH NICHT VERFÜHREN, den Finger hineinzustecken und zu probieren, wie es schmeckt. Kochender Sirup verursacht ernsthafte Verbrennungen. Schütte eine dünne Schicht Sirup auf das Backblech für eine Glasscheibe oder in die Form, wenn du eine Schale oder einen Teller möchtest. Lass die Masse abkühlen, bis sie hart ist (du kannst sie in den Kühlschrank oder die Tiefkühltruhe stellen, damit es schneller geht).

  TIPP: *Lass dein Glas nicht direkt in der Sonne stehen – es wird weich und klebrig. Das falsche Glas hält sich nicht lange, also verbrauche es schnell.*

Spiele für die Halloweenparty

Nach Äpfeln tauchen

Fülle eine große Schüssel oder Wanne mit kaltem Wasser und lass einige Äpfel darin schwimmen. In Paaren oder einer nach dem anderen müssen die Spieler auf dem Boden knien, die Hände auf den Rücken legen und versuchen, einen Apfel zwischen den Zähnen zu fassen und ihn aus dem Becken zu heben, ohne die Hände zu Hilfe zu nehmen. (Noch schwieriger ist es, wenn die Spieler mit verbundenen Augen antreten.) Wenn das einem Spieler gelingt, darf er den Apfel essen.

TIPPS:
* *Wenn die Äpfel klein sind, kannst du sie von der Schüssel hochsaugen, ohne dir das Gesicht nass zu machen!*
* *Wenn es dir nichts ausmacht, dass dein Haar nass wird, versuche die Sturzbomber-Technik. Such dir einen Apfel aus, tauche mit dem Kopf ins Wasser, klemme ihn am Boden fest, packe ihn dann mit den Zähnen und tauche triumphierend auf.*
* *Schiebe mit dem Kinn einen der schaukelnden Äpfel an den Rand der Schüssel – und fasse ihn dann mit den Zähnen.*

Schokolade auf dem Berg

Wir spielten dieses Spiel immer direkt nach dem Apfeltauchen, solange unsere Gesichter noch nass waren. Die Kombination von nassem Gesicht und Mehl hatte ihren Reiz.

* Schütte einen Berg Mehl auf einen großen Teller und lege Schokolade darauf. Lege ein Messer neben den Teller. Die Spieler gehen um den Tisch herum, und müssen nacheinander ein Stück vom Mehlberg abschneiden, ohne dass die Schokolade herunterfällt. Wenn der Berg zusammenbricht, wenn du dran bist, hast du Pech und musst die Schokolade mit dem Mund aufheben.

Nussknackerabend

* Um etwas über dein Liebesglück zu erfahren, musst du an Halloween zwei Nüsse auf den Kaminrost legen – eine Nuss für das Mädchen, eine für den Jungen. Wenn die Nuss, die der Junge ist, Feuer fängt, heißt das, dass er viel von dir hält. Wenn sie hochspringt oder zerbricht, wird der Junge untreu sein. Wenn die beiden Nüsse zusammen verbrennen, bedeutet das, dass ihr beide euch liebt und heiraten werdet.

Brotschnappen

* Bestreiche Brötchen oder Brotscheiben dick mit Melasse oder Rübensirup, hänge sie dann mit Fäden an einen Besenstiel. Der Besen wird hochgehalten, sodass die Brotstücke an ihren Fäden schwingen. Die Spieler müssen mit den Händen hinter dem Rücken versuchen, die Brote zu essen. Der Besen kann auch angehoben werden, sodass die Spieler hochspringen müssen, um einen Bissen zu bekommen, mit dem Ergebnis, dass am Ende des Spiels die Gesichter ganz verschmiert sind.

Mumienwettbewerb

* Teile deine Gäste in Gruppen von zwei bis vier Spielern. Jede Mannschaft erhält zwei Rollen Toilettenpapier und eine Person im Team wird als Mumie ausgewählt. Die Teams müssen in 5 Minuten die Mumie »bandagieren«, so gut sie können, indem sie die Rollen mit dem Toilettenpapier weiterreichen und das Opfer von Kopf bis Fuß einwickeln. Das Team mit der am echtesten aussehenden Mumie hat am Ende gewonnen – und muss sich nicht daran beteiligen, das Toilettenpapier wieder aufzurollen und die Bescherung aufzuräumen.

St. Martin

Der St.-Martinszug am 11. November macht unheimlich Spaß. Jeder hat seine bunte Laterne dabei und man kann gemeinsam im Dunkeln durch die Straßen laufen und Lieder singen. Eine Laterne kann man zwar auch kaufen, aber eine selbst gebastelte ist unschlagbar und einfach einzigartig.

Eine Laterne basteln

* 1 Käseschachtel aus Pappe (Durchmesser 16 cm)
* 1 Bogen Pergamentpapier (52 x 19 cm)
* buntes Transparentpapier
* einen Kerzenhalter (gibt es im Bastelgeschäft zu kaufen)
* Kerze
* Laternenstab

Schneide dir deinen Bogen Pergamentpapier zurecht und beginne mit der kreativen Arbeit. Deine Laterne braucht ein buntes Muster, damit sie im Dunkeln wirklich aufregend aussieht. Schneide oder reiße Stücke Transparentpapier ab und bilde daraus Motive oder lege sie ganz frei an. Wenn du das Papier so angeordnet hast, wie es dir gefällt, kannst du es mit Klebstoff auf das Pergamentpapier aufkleben. Nun beginnt der etwas schwierigere Teil. Mache mit einem Messer zwei kleine Schnitte in den Boden der Käseschachtel (lass dir von einem Erwachsenen dabei helfen) und schiebe den Kerzenhalter hindurch. Knicke die Laschen des Kerzenhalters so um, dass er fest auf dem Boden sitzt. Deine Kerze soll später möglichst nicht herumwackeln. Bestreiche den äußeren Rand des Käseschachtelbodens mit Klebstoff und rolle das Pergamentpapier drumrum. Schneide aus dem Deckel der Käseschachtel den oberen Kreis aus, sodass nur ein Ring übrig bleibt. Bestreiche auch diesen von außen mit Klebstoff und setze ihn in das zylinderförmig aufgerollte Pergamentpapier ein. Nun kannst du auch die Seitenränder des Pergamentpapiers miteinander verkleben (entweder mit Klebstoff oder einem Klebstreifen). Mache mit einer Nadel zwei gegenüberliegende Löcher in den oberen Rand der Laterne (durch den stabilen Pappring). In diesen Löchern kannst nun einen gebogenen Draht befestigen. Stecke die Kerze in den Kerzenhalter, zünde die Kerze an und schon kannst du die Laterne an deinem Laternenstab aufhängen.

Kandierte Äpfel Ergibt 4 bis 6 Stück

Kandierte Äpfel sind köstlich knusprig und süß – iss sie, während du dem Feuerwerk zusiehst und am Freudenfeuer herumstehst.

* 500 g Zucker
* 1 Teel. Weinstein
* ¼ Tasse Wasser
* einige Äpfel

Mische alle Zutaten außer den Äpfeln in einer schweren Pfanne. Rühre sie bei niedriger Hitze, bis der Zucker sich aufgelöst hat, und bringe die Masse dann zum Kochen. Nimm dann die Hitze wieder weg und lass die Masse köcheln, bis sie dicker wird, rühre gelegentlich mit einem Holzlöffel um.

Prüfe die Konsistenz, indem du eine kleine Menge von der Zuckermasse in ein Glas kalten Wassers tropfen lässt. Du merkst, dass sie fertig ist, wenn sich im Wasser sofort eine harte, knusprige Kugel bildet.

Stecke in jeden Apfel einen Schaschlikspieß. Wälze die Äpfel sorgfältig in der Zuckermasse und bedecke sie großzügig damit. Stelle sie dann verkehrt herum auf ein Brett mit Butterbrotpapier und lass sie auskühlen.

BÜCHER, ZITATE UND FILME

Diese Liste ist keinesfalls vollständig (dafür würde man mindestens das ganze Buch brauchen). Doch es gibt einige ausgewählte Bücher und Filme, die unserer Meinung nach jedes Mädchen kennen sollte. Einige sind lustig, einige lehrreich, andere hoffnungslos romantisch, manche tragisch, manche sind nur eine Flucht aus der Wirklichkeit. Doch sie sind auf jeden Fall alle besser als mancher Unsinn im Fernsehen.

Bücher

*Es ist unmöglich, alle guten Bücher der Welt aufzuzählen; die folgende
Liste ist eine Auswahl von Klassikern, die uns gefielen, als wir jung waren,
und die uns immer noch gefallen. Diese Geschichten können ab dem Alter
von acht Jahren gelesen werden.*

Die unendliche Geschichte von Michael Ende

Ein wunderschönes Buch, das man immer wieder lesen kann. Es geht um Bastian Balthasar Bux, einen unbeliebten dicklichen Jungen, der sich vor einigen fie-
sen Mitschülern in einer Buchhandlung versteckt und dort ein geheimnisvolles
Buch entdeckt. Er kann nicht anders und nimmt es einfach mit. Bastian flieht
mit dem Buch auf den Dachboden seiner Schule, fängt an zu lesen und wird in
eine faszinierende Geschichte hineingezogen. Phantásien, das Land der Träume
und der Fantasie, ist in Gefahr und mit ihm die Kindliche Kaiserin, die alterslose
und gütige Herrscherin des Reiches. Atréju, ein junger Krieger, wird mit dem
magischen Amulett Auryn auf die Suche nach einem Heilmittel geschickt, doch
schließlich wird klar, dass nur ein Menschenkind Phantásien retten kann. Die
kindliche Kaiserin kann nur durch einen neuen Namen geheilt werden, denn:
»Nur der richtige Name gibt allen Wesen und Dingen ihre Wirklichkeit«. Obwohl Bastian es nicht glauben kann, merkt er, dass er selbst derjenige ist, der
Phantásien retten muss.

Die Geschichte ist großartig erzählt und voller faszinierender Wesen, wie Fu-
chur, dem Drachen, oder der Uralten Morla, der Schildkröte in den Sümpfen der
Traurigkeit. Doch auch das Buch an sich ist wunderschön gemacht. Der Teil der
Handlung, der in Phantásien spielt, ist in grüner Farbe gedruckt, und der Teil
der Handlung, der in Bastians Realität spielt, hat eine rote Schrift.

Der König von Narnia von C. S. Lewis

Das ist eine Geschichte über vier Kinder, die in ihrem Schrank eine magische
Welt mit dem Namen Narnia entdecken. Dort begegnen ihnen viele erstaunliche
und fantastische Wesen, darunter auch Aslan, ein tapferer und edler Löwe, der
kämpft, damit die böse weiße Hexe Narnia nicht in immerwährende Dunkelheit

stürzt. Es ist zwar eine Fantasygeschichte, erscheint aber völlig real. *Der König von Narnia* ist der zweite Band in einer Serie von sieben Büchern *Die Chroniken von Narnia*. Alle Bände der Serie sind umwerfend, aber dieses wirst du nicht aus der Hand legen.

Der kleine Hobbit von J. R. R. Tolkien

Das Buch ist die Vorgeschichte zu Tolkiens dreibändiger Fantasysaga *Der Herr der Ringe*, doch es ist weniger kompliziert und es gibt nicht annähernd so viele verrückte Schlachtszenen. Es erzählt die Geschichte eines Hobbits mit dem Namen Bilbo Beutlin, der sich mit Gandalf, einem großen Zauberer, und einer Gruppe von Zwergen auf den Weg macht, um einen Schatz zurückzugewinnen, der von einem großen Drachen mit dem Namen Smaug bewacht wird. Auf dem Weg begegnen ihnen eine Reihe von schrecklichen und rätselhaften Gestalten, darunter Trolle, Elben und Riesenspinnen. Bilbo stiehlt einen Zauberring (den Ring, wie sich später herausstellt) von einer unheimlichen Gestalt namens Gollum, die tief im Inneren eines Berges lebt. Man muss wirklich keiner dieser verrückten *Herr der Ringe*-Fans werden, um dieses Buch zu mögen.

Blitz, der schwarze Hengst von Walter Farley

In *Blitz, der schwarze Hengst* fährt der junge Alec Ramsey mit einem Schiff von Arabien nach Amerika. Am Hafen sieht er, wie ein wunderschöner schwarzer Hengst in den Frachtraum geladen wird. Das Pferd schlägt aus und wiehert, als wolle es sich gegen diese schreckliche Beleidigung wehren. Das Schiff geht unter und Junge und Pferd finden sich auf einer verlassenen Insel wieder. Im Zentrum der Geschichte steht die berührende Geschichte über die sich entwickelnde Beziehung zwischen den beiden. Hier treffen Gegensätze aufeinander – der sanfte Junge und das wilde Pferd –, und es entwickelt sich eine bewegende Geschichte über die Liebe und das Vertrauen, die zwischen Menschen und Tieren wachsen können.

Glücklicherweise gibt es davon noch fünfzehn weitere Bände, und das sind bei Weitem die besten Pferdegeschichten.

Pippi Langstrumpf von Astrid Lindgren

Rote Haare, Sommersprossen – das kann nur Pippi sein. Die Bücher entstanden, als Astrid Lindgrens kleine Tochter krank im Bett lag und ihre Mutter bat, ihr Geschichten von Pippi Langstrumpf zu erzählen. Das tat sie und schrieb die Geschichten später auf. Damit schuf sie das frechste und netteste Mädchen überhaupt. Pippi, die mit vollständigem Namen Pippilotta Viktualia Rollgardina Pfefferminz Efraimstochter Langstrumpf heißt, lebt mit einem gepunkteten Pferd und dem Äffchen Herr Nilsson in der Villa Kunterbunt. Sie ist stärker als jeder Räuber, lustig, einfallsreich und hilfsbereit. Ihre Mutter ist ein Engel im Himmel und ihr Vater Kapitän und König von Taka-Tuka-Land. Pippi lebt allein in der Villa, kann tun und lassen was sie will und hat immer einen Koffer voller Goldstücke bei sich zu Hause liegen. Gemeinsam mit ihren Freunden Tommy und Annika erlebt sie eine Menge Abenteuer, spielt die tollsten Streiche und hat schon Generationen von Mädchen auf lustige Ideen gebracht.

Die rote Zora und ihre Bande von Kurt Held

In einer alten Burg an der kroatischen Küste hausen Zora, das mutige Mädchen mit den feuerroten Haaren, und ihre Freunde. Als Branko, der seine Eltern verloren hat, vor lauter Hunger Essen stiehlt, wird er ins Gefängnis gesperrt. Zora und ihre Bande befreien ihn. Gemeinsam kämpfen die Kinder ums tägliche Brot, gegen Entbehrung und Verfolgung, denn niemand fühlt sich verpflichtet, sich um die verlassenen Kinder zu kümmern. Mit ihren Streichen bringen sie die Bewohner der kleinen Stadt gegen sich auf. Bis Gorian, der alte Fischer, sich für sie einsetzt. Ein Buch, das zeigt, wie wichtig Freundschaft und Zusammenhalt sind.

Genau-so-Geschichten von Rudyard Kipling

Bezaubernde Geschichten über Themen wie »Wie das Kamel zu seinem Höcker kam«. Sie sind alle kurz und leicht zu lesen; sie sind lustig und weise und bringen dich ein bisschen zum Nachdenken. Wenn sie dir gefallen, kannst du das *Dschungelbuch* vom selben Autor lesen.

Märchen von Jacob und Wilhelm Grimm

Jedes Mädchen sollte ein richtiges Märchenbuch besitzen, nicht nur weil sie spannend zu lesen sind, sondern weil sich aus diesen Mythen und Legenden viele große Geschichten der Literatur speisen. Die Brüder Jacob und Wilhelm Grimm dachten sich die Märchen nicht selbst aus, sondern begannen Anfang des 19. Jahrhunderts, durchs Land zu ziehen, um alte, mündlich überlieferte Volksmärchen zu sammeln und niederzuschreiben. Wer weiß, ob wir sonst je von Hänsel und Gretel, Schneewittchen oder dem Froschkönig erfahren hätten?

Heidi von Johanna Spyri

Wahrscheinlich kennen die meisten Heidi aus Filmen und Zeichentrickserien und wissen gar nicht, dass die Geschichte ursprünglich in zwei Büchern erschienen ist. Johanna Spyri erzählt vom Waisenmädchen Heidi, das bei ihrem Großvater, dem Alm-Öhi, in den Bergen aufwächst. Ihr bester Freund ist der Geissenpeter, mit dem sie wandert, die Ziegen hütet und dem Rauschen des Windes in den Tannenwipfeln zuhört. Den Rest der Geschichte mit Klara und dem nicht besonders netten Fräulein Rottenmeier kennt ihr sicher schon, aber es lohnt sich die Bücher zu lesen.

Der Trotzkopf von Emmy von Rhoden

Heldin des Buches ist die ungestüme, temperamentvolle Ilse, die allein mit ihrem Vater aufwächst und ein sehr jungenhaftes Benehmen an den Tag legt, bis ihre neue Stiefmutter sie auf ein Internat schickt, damit sie dort Benehmen und weibliche Tugenden lernt. Ilse findet in der Engländerin Nellie eine gute Freundin und kehrt nach einem schweren und lehrreichen Jahr als wohlerzogene Dame nach Hause zurück. Auf der Rückreise lernt sie einen Mann kennen und verlobt sich mit ihm. Eigentlich ist ihr Vater nicht so sehr begeistert von Ilses Wandlung, da sie ihm als Wildfang besser gefallen hat, und glücklicherweise wird Ilse auch später nie ganz brav. Man muss bedenken, dass das Buch 1885 erschien, deswegen wirkt vieles sehr altmodisch. Man lernt aber viel über die damalige Zeit und wie es früher war als Mädchen aufzuwachsen.

Betty und ihre Schwestern von Louisa May Alcott

* In *Betty und ihre Schwestern* (siehe auch den Film auf S. 213) geht es um vier Schwestern, die im amerikanischen Bürgerkrieg aufwachsen. Jede Schwester ist anders: Die älteste, Meg, ist sehr hübsch; die zweitälteste, Jo (auch die Erzählerin), ist intelligent und ehrgeizig. Dann gibt es noch Beth, die schüchterne und liebenswerte, und die kleinste, die verwöhnte Amy. Gemeinsam lernen sie, mit der Wirklichkeit im Leben umzugehen und zahlreiche Hindernisse zu überwinden.

Tim und Struppi von Hergé

* Die Bücher sehen zwar wie Comics aus, sind aber sehr anspruchsvoll. Tim, der unerschrockene Reporter, der immer brummige Kapitän Haddock und der Hund Struppi jagen überall auf der Welt Verbrecher. Es sind zahlreiche Bände der Serie erschienen und du wirst die eher eigenartigen Charaktere lieb gewinnen – den schwerhörigen Professor Bienlein, den aufrechten Diener Nestor, die ungeschickten Detektive Schulze und Schultze und natürlich Tim und Struppi, die immer im Zentrum der Abenteuer stehen. Die Schauplätze sind häufig exotische Orte – Urwald oder Gebirge, der Mond und das Meer.

Die unglaubliche Reise von Sheila Burnford

* Zwei Hunde und eine Katze reisen über zweihundert Meilen durch die kanadische Wildnis, um wieder nach Hause zu kommen. Auf dem Weg begegnen sie vielen tückischen Hindernissen, doch durch ihre bedingungslose gegenseitige Treue und ihre Entschlossenheit schaffen sie es, zu ihren geliebten Besitzern zurückzukehren.

Der glückliche Prinz und andere Märchen von Oscar Wilde

* Diese gehören zu den poetischsten und rührendsten Geschichten, die je für Kinder geschrieben wurden. Es sind einfühlsame Geschichten mit einer moralischen Botschaft. Manche werden dich zum Weinen bringen, also liest du sie am besten allein, mit ein paar Papiertaschentüchern neben dir – und vielleicht einem Keks.

Das Tagebuch der Anne Frank

Das Tagebuch der Anne Frank ist ein berührendes und einzigartiges Zeugnis über die NS-Zeit in Europa. Das jüdische Mädchen Anne versteckte sich mit ihrer Familie im Haus eines Bekannten in Amsterdam, um der Verfolgung durch die Nazis zu entkommen. Über zwei Jahre konnte Anne das beengte Versteck nicht verlassen, dafür vertraute sie ihre Gefühle und Erlebnisse ihrem Tagebuch an. Die Einträge sind in Briefform an erfundene Freundinnen verfasst, die Anne in ihrer Jugendzeit nicht haben konnte. Das Versteck der Familie Frank wurde jedoch entdeckt und Anne und ihre Familie wurden ins Konzentrationslager deportiert. Anne starb im Alter von 16 Jahren im KZ Bergen-Belsen. Miep Gies, eine Freundin, die die Familie in der Zeit im Versteck versorgt hatte, fand Annes Tagebuch, das bis heute in über 50 Sprachen übersetzt wurde und uns an Annes Gefühlen und ihrem Schicksal teilhaben lässt.

Meine Familie und anderes Getier von Gerald Durrell

Ein amüsantes Buch über Insekten, Fledermäuse, Geckos, Eulen und eine exzentrische Familie in der schläfrigen Hitze Korfus. Das ist die leicht ausgeschmückte, aber wahre Geschichte des Jungen Gerald Durrell, der sich schon immer für alle Arten von Tieren interessierte und fünf Jahre auf einer griechischen Insel verbrachte. Ein Bruder ist künstlerisch veranlagt, der andere mehr praktisch, und seine Schwester wäre gerne mondän und ist ziemlich eitel. Sie versammeln viele tierische Freunde um sich herum, die einfach dableiben, und haben Hunde mit seltsamen Namen.

Wenn man dieses Buch gelesen hat, könnte einen der dringende Wunsch befallen, den Rest seines Lebens, auf dem Bauch im hohen Gras liegend, den Weg der roten Ameise zu verfolgen. Nun, uns ging es jedenfalls so.

Englische Liebschaften von Nancy Mitford

Mondän, schrullig und voller sehr vornehmer Menschen, die sich verlieben und hervorragend Witze erzählen. Es ist wieder die Geschichte einer exzentrischen Familie, der Alconleighs, und basiert auf Personen, die wirklich gelebt haben, auch wenn sie sich mehr für Labradore interessieren als für Ameisen. Es ist sehr lustig und wimmelt von köstlich bizarren Personen – Lord Merlin färbt seine Tauben rosa –, doch eigentlich geht es um das menschliche Herz, um die tiefen, beständigen Bande der Freundschaft und um die wilde, romantische Liebe, nach der sich alle Mädchen sehnen.

Frühlingsluft von Georgette Heyer

Dies ist nur einer von zahlreichen Romanen von Georgette Heyer. Sie sind voller eigensinniger Heldinnen und schneidiger Männer in Reithosen. Lass dich nicht davon abschrecken, dass diese Romane sehr dicht sind und Wörter aus dem 19. Jahrhundert enthalten, die du nicht gleich erkennst – wenn du einmal im Lesefluss bist, wirst du das Gefühl haben, du seist von einem Zeitreisenden in eine Welt voller glänzender Kutschen, Musselinkleider, aristokratischer Stadthäuser und achtgängiger Menüs entführt worden. Es geht um Liebe, Missverständnisse, manchmal um eine geplante Flucht über die Grenze, um mutige und freimütige junge Damen und extrem gut aussehende und gut gekleidete Kavaliere. Wenn du dich einmal in dieser Welt zurechtgefunden hast, wirst du sie nie mehr verlassen wollen.

Weitere Klassiker, die dir ebenfalls gefallen könnten ...

* *Fabeln* von Äsop
* *Märchen* von Hans Christian Andersen
* *Alice im Wunderland* von Lewis Carroll
* *Gullivers Reisen* von Jonathan Swift
* *Gretchen Sackmeier* von Christine Nöstlinger
* *Das doppelte Lottchen* von Erich Kästner
* *Psammy sorgt für Abenteuer* von E. Nesbit
* *Unsere kleine Farm* von Laura Ingalls Wilder
* *Der kleine Prinz* von Antoine de Saint-Exupéry
* *Sara, die kleine Prinzessin* von Frances Hodgson Burnett
* *Mary Poppins* von P. L. Travers
* *Black Beauty* von Anna Sewell
* *Der rote Seidenschal* von Federica de Cesco
* *König des Windes* von Marguerite Henry
* *Nils Holgersson* von Selma Lagerlöf
* Die *Bille und Zottel*-Serie von Tina Caspari
* Die *Hanni und Nanni*-Serie von Enid Blyton
* *Unten am Fluss* von Richard Adams
* *Pinocchio* von Carlo Collodi
* *Wind in den Weiden* von Kenneth Grahame
* *Der geheime Garten* von Frances Hodgson Burnett
* *Anne auf Green Gables* von L. M. Montgomery

Vielleicht sind einige Ausgaben nicht mehr lieferbar, weil sie schon ein ehrwürdiges Alter erreicht haben. Oft findet man sie im Internet noch zu einem vernünftigen Preis.

Inspirierende Frauen

Virginia Woolf (1882–1941)

Virginia Woolfs faszinierende Tagebücher und wegweisende Romane stellen einen Wendepunkt in der weiblichen Schriftstellerei dar. Sie wuchs in London und St. Ives (Cornwall) mit sieben Geschwistern auf. Als sie 13 war, starb ihre Mutter ganz plötzlich, und Virginia war am Boden zerstört. Sie hatte den ersten von zahlreichen Nervenzusammenbrüchen. Sie hat nie eine Schule oder Universität besucht, schrieb jedoch schon in jungen Jahren ihre Gedanken nieder. Durch Freunde ihres Bruders aus Cambridge wurde sie ein bedeutendes Mitglied der Bloomsbury-Gruppe, einer einflussreichen Gruppe von Intellektuellen, Schriftstellern und Denkern. 1912 heiratete sie Leonard Woolf.

In ihrem viel zu kurzen Leben schrieb sie den Essay Ein eigenes Zimmer, der ein wichtiges Signal für die Unabhängigkeit der Frauen setzte. Außerdem veröffentlichte sie mehr als zehn literarische Werke, darunter Mrs Dalloway, den wir für einen der besten Romane in englischer Sprache halten. Sie kämpfte ihr Leben lang sehr mutig gegen ihre psychische Krankheit, doch leider behielt diese am Ende die Oberhand, und sie beging Selbstmord.

Die neun Töchter des Zeus

Die neun Töchter des Zeus waren keine richtigen Frauen, sondern die mythologischen Töchter des mythologischen Zeus, des Königs der Götter. Sie waren Kinder von Zeus und Mnemosyne, der Tochter von Uranus und Gaia. Man nannte sie die Musen, die die Geschichte, die Tragödie, die Poesie und den Tanz inspirierten. Jede war auf eine besondere Kunstform spezialisiert: Calliope (epische Poesie), Clio (Geschichte), Erato (Liebespoesie), Euterpe (lyrisches Lied), Terpsichore (Tanz), Melpomene (Tragödie), Polyhymnia (heiliges Lied), Thalia (Komödie) und Urania (Astronomie). Sie waren im Wesentlichen wohlwollende Wesen, konnten aber sehr gereizt reagieren, wenn man sie herausforderte, und einmal verwandelten sie Rivalinnen in Vögel.

Man erbaute Tempel und meißelte Statuen für sie und es bildete sich ein Kult um sie. Viele Werke aus der großen Kultur der Antike wurden in ihrem Namen produziert. Meistens stellte man sie in Chiffongewändern dar, wie sie, ihrer Kunst gewidmet, umherschweben. Tausende Jahre später gibt es immer noch Musen, doch heute sind das eher nette Mädchen von nebenan mit dem Namen Arabella und keine echten Gottheiten mehr.

Zitate

*Denke an das Schöne, das sich in dir und um dich immer wieder vollzieht,
und sei glücklich!*
Anne Frank

*Zwei Eigenschaften braucht ein Mädchen: Sie sollte Klasse haben und fabelhaft
sein.*
Coco Chanel

*Die großen Leute verstehen nie etwas von selbst, und für die Kinder ist es zu
anstrengend, ihnen immer und immer wieder erklären zu müssen.*
Antoine de Saint-Exupéry

*Wenn ein Mädchen auch scheu wie eine Maus ist, so muss man doch den Tiger in
ihr fürchten!*
Chinesisches Sprichwort

Kein Akt der Freundlichkeit, und sei er auch noch so gering, ist je verschwendet.
Äsop

*Derjenige verdient es, ins Paradies zu gelangen, der seine Freunde zum Lachen
bringt.*
Koran

Glücklich allein ist die Seele, die liebt
Johann Wolfgang von Goethe

*Das Wichtigste im Leben ist nicht der Triumph, es ist der Kampf; das Wesentliche
ist, nicht gesiegt, sondern sich wacker geschlagen zu haben.*
Pierre de Coubertin

Wer wagt, selbst zu denken, der wird auch selbst handeln.
Bettina von Arnim

Mir imponieren nur die Ratschläge und Grundsätze, die der Ratgebende selbst beherzigt ...
Rosa Luxemburg

Niemand kann dir ohne dein Einverständnis das Gefühl vermitteln, du seist minderwertig.
Eleanor Roosevelt

Schönheit liegt nicht im Gesicht, sondern ist ein Licht im Herzen.
Khalil Gibran

Wer Freude gewinnen will, muss sie teilen. Das Glück ist ein Zwilling.
Lord Byron

Jeder, der sich die Fähigkeit erhält, Schönes zu erkennen, wird nie alt werden.
Franz Kafka

Edle Taten und heiße Bäder sind die besten Mittel gegen Depressionen.
Dodie Smith

Als Frau habe ich kein Land. Als Frau ist mein Land die ganze Welt.
Virginia Woolf

Du musst dir die Zähne nicht putzen, nur die, die du behalten willst.
Verfasser unbekannt

Träume, als würdest du ewig leben. Lebe, als würdest du heute sterben.
James Dean

Man braucht nichts im Leben zu fürchten, man muss nur alles verstehen.
Marie Curie

Fabelhafte Filme

> Mädchen-Faktor   Liebe   Tränendrüse   Diva   Supertyp

Der Zauberer von Oz (1939)

Einer der ersten Farbfilme, die je gedreht wurden, knallig bunt und eindrucksvoll. Die junge Judy Garland spielt die Heldin Dorothy mit den magischen roten Schuhen. Dorothy wird durch einen Tornado in die fantastische Welt von Oz, das Land hinter dem Regenbogen, befördert. Um wieder nach Hause zu kommen, muss sie den Zauberer von Oz finden, denn nur er kann ihr helfen. Die böse Hexe des Westens stellt sich ihr in den Weg, doch Dorothy ist nicht alleine. Sie wird von ihren Freunden begleitet: ihrem Hund Toto, einer Vogelscheuche ohne Verstand, einem Blechmann ohne Herz und einem ängstlichen Löwen.

Kleines Mädchen, großes Herz (1944)

Diese Geschichte von einem Schulmädchen, das ein Pferd gewinnt und dann im Grand National siegt, ist insgesamt einfach toll. Elizabeth Taylor spielt mit und es geht um Pferde. Was braucht ein Mädchen mehr?

Die roten Schuhe (1948)

Wenn dir Tanzen gefällt, magst du sicher diesen Film. Es geht um eine junge Tänzerin (die göttliche Moira Shearer), die zwischen der Kunst (Ballett) und dem Leben (eigentlich der Liebe) hin- und hergerissen ist. Der Film hat alles: Drama, Leidenschaft, tolle Kostüme und heftige Schicksalsschläge – alles in grellsten Farben.

Ein Herz und eine Krone (1953)

Audrey Hepburn, Gregory Peck und Rom, die Ewige Stadt – all das ergibt einen der romantischsten Filme aller Zeiten. Hepburn ist eine gelangweilte europäische Prinzessin auf der Suche nach einem Abenteuer. Peck ist ein abgebrühter

Reporter. Langsam, aber sicher verlieben sie sich. Hepburn ist der Inbegriff von Schick und Schönheit. Peck ist der perfekte Gentleman, sogar auf einem Motorroller. Außerdem beweist der Film, dass Rom und nicht Paris die eigentliche Hauptstadt der Liebe ist.

Sissi (1955)

Die erst 16-jährige grandiose Romy Schneider spielt die Rolle ihres Lebens. Erzählt werden die Jugendjahre der Kaiserin Sissi. Diese fährt mit ihrer Mutter Königin Ludovika und ihrer Schwester Néné nach Bad Ischl. Dort lernt sie einen jungen Mann kennen und beide verlieben sich auf den ersten Blick ineinander. Doch der junge Mann stellt sich als Kaiser von Österreich heraus und Sissi weiß, dass er sich eigentlich mit ihrer Schwester verloben soll. Kaiser Franz ist entschlossen Sissi zu heiraten, auch gegen den Willen seiner Mutter. Der unbekümmerten Sissi fällt es schwer, sich an das strenge Hofzeremoniell zu gewöhnen, sie erweist sich aber durch ihre Klugheit und ihren natürlichen Charme als perfekte Kaiserin, die die Herzen ihrer Untertanen für sich gewinnt. Eine Mischung aus Märchen und Heimatfilm mit einer Prise Romantik und Kitsch. Die grandiosen Kostüme und Frisuren sind unvergesslich.

Susi und Strolch (1955)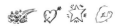

Als wäre er gestern erst gedreht worden, der immer noch bezauberndste aller Walt-Disney Filme: Zwei Hunde aus unterschiedlichsten Verhältnissen verlieben sich. Du wirst lachen und weinen, und du bist nie zu alt, um diesen Film anzusehen.

Drei Haselnüsse für Aschenbrödel (1975)

Das Märchen vom Aschenputtel kennt ihr, doch keine Verfilmung war je so schön, wie die tschechische aus den 70er-Jahren. Allein das schelmische Lächeln der Schauspielerin Libuše Šafránková verleiht dieser Bearbeitung des altbekannten Märchens einen neuen Zauber. Das Aschenputtel ist keineswegs nur ein schüchternes Mädchen. Sie kann besser schießen und reiten als jeder Junge, liebt die Natur und die Freiheit und schließlich erobert sie mit ihrem geheimnisvollen Charme auch den Prinzen. Die märchenhafte Filmmusik und die fantasievollen Kostüme verdienen besondere Erwähnung.

Grease (1978)

John Travolta und Olivia Newton-John tanzen und singen sich durch das billigste und simpelste Musical der Welt. Null künstlerischer Wert, aber tolle Frisuren. Die Musik ist auch nicht schlecht: »Hopelessly Devoted To You«; »Your're the One That I Want«; »Summer Nights«. Gut geeignet zum Mitsingen bei Übernachtungspartys.

Das letzte Einhorn (1983)

Wahrscheinlich der poetischste Zeichentrickfilm, der je gemacht wurde. Die Musik rührt zu Tränen und die Geschichte nicht minder. Das letzte Einhorn, ein wunderschönes magisches Wesen, verlässt seinen Wald und macht sich auf die Suche nach seinen verschwundenen Artgenossen. Auf dem Weg trifft es den tollpatschigen Zauberer Schmendrick und die freundliche Molly, die es begleiten. Die Suche führt sie zum bösen König Haggard und seinem roten Stier, denn sie sollen hinter dem Verschwinden der Einhörner stecken. Eine herzergreifende und fantastische Geschichte.

Ronja Räubertochter (1984)

Die dunkeläugige Räubertochter mit dem struppigen Haar hat alle Herzen im Sturm erobert. Ronja ist eigensinnig, gutherzig und selbstbewusst. Sie liebt den Wald trotz seiner Gefahren – Graugnome, Wilddruden und reißende Flüsse. Für Ronja ändert sich alles, als sie den Sohn der feindliche Räubersippe Birk Borkason kennenlernt und als sie erfährt, was Räuber so machen. Weder Ronja noch Birk wollen bei dem gemeinen Räubertreiben der Erwachsenen mitmachen und beschließen fortan gemeinsam in einer Bärenhöhle zu wohnen. Am Ende steht natürlich die große Versöhnung mit einem großen Fest und Räubergesang.

Momo (1986)

Die bezaubernde Radost Bokel war wie geschaffen für diese Rolle. Momo ist ein merkwürdiges Mädchen mit Lockenkopf und lumpigen Kleidern, das plötzlich in einer kleinen Stadt auftaucht. Der Straßenkehrer Beppo bietet ihr an, in einem Amphitheater zu wohnen. Momos Nachbarn sind freundliche Menschen, die gemütlich vor sich hin leben, bis die grauen Herren auftauchen und ihnen die Idee in den Kopf setzen, Zeit sparen zu können. Doch die Menschen werden eigentlich um ihre Zeit betrogen, sie wird immer weniger. Der alte Meister Hora, der Wächter über die Zeit, nimmt gemeinsam mit Momo den gefährlichen Kampf gegen die grauen Herren auf.

Betty und ihre Schwestern (1995)

In dieser Verfilmung der klassischen Erzählung über das Erwachsenwerden von Louisa May Alcott spielt Susan Sarandon die perfekte Mutter und Winona Rider spielt sehr überzeugend die Heldin Jo. Es gibt harte Zeiten, Krieg, Krankheit, Verehrer und schönen Schnee in Massen, schöne Kleider und einige allgemeine Wahrheiten. Bringt dich garantiert zum Weinen, aber auf eine nette Weise.

Lassie kehrt zurück (2005)

Dass die Neuverfilmung besser ist als das Original, ist selten. Beeindruckend sind die Aufnahmen von Schottland und Peter O'Toole spielt eine zentrale Rolle, den ultimativen exzentrischen feinen Pinkel. Und natürlich ist der klügste und beste aller Hunde dabei. Der Köter hat einen Oscar verdient. Wuff, wuff.

Stolz und Vorurteil (2005)

Jane Austen für Anfänger. Wunderschöne Kleider, grüblerische Männer auf eigensinnigen Pferden und Stoff für schmachtende Blicke in rauen Mengen. Der Beweis dafür, dass man mit Kratzbürstigkeit doch zu einem Happy End kommen kann UND noch dazu zu einem riesigen herrschaftlichen Wohnsitz. Die Aufnahmen von Mr Bennet und einer erstaunlichen Menge von Gänsen und anderem Wildgeflügel sollten dich nicht irritieren.

DEIN SCHÖNHEITSSALON

Wenn du erwachsen bist und dein eigenes Geld verdienst, kannst du für Behandlungen im richtigen Schönheitssalon so viel Geld verschwenden, wie du willst. Bis dahin kann dich jedoch nichts davon abhalten, deinen eigenen Schönheitssalon im behaglichen Badezimmer zu Hause einzurichten. Außerdem kannst du zu Hause viel besser herumexperimentieren und Freundinnnen dazu einladen.

Hautpflege

Pflege deine Haut und sie wird dich pflegen. Die Haut ist das größte Organ des menschlichen Körpers und auch dasjenige, das den Elementen am meisten ausgesetzt ist. Sie ist viel komplizierter, als man denkt, und kann auch Hinweise auf den allgemeinen Gesundheitszustand einer Person geben. Eine gute Haut kann dich fabelhaft aussehen lassen, schlechte Haut lässt dich krank aussehen.

Es gibt viele Faktoren, die deine Haut beeinflussen – die Ernährung, die Gene, die Hormone –, doch es lohnt sich auf jeden Fall, sich an gute und sorgfältige Hautpflege zu gewöhnen. Je früher du damit anfängst, desto besser, und bald wird die Hautpflege für dich keine Last mehr sein, sondern etwas ganz Selbstverständliches, wie das Zähneputzen.

Meistens gibt es bei der Schönheitspflege drei Stufen: reinigen, mit Gesichtswasser, tonisieren und Feuchtigkeitspflege. Saubere Haut ist sehr wichtig, denn je sauberer die Haut, desto weniger Unreinheiten hat sie und desto strahlender und besser sieht sie aus. Gesichtswasser ist nicht unbedingt notwendig, aber sehr angenehm, denn die meisten enthalten Lavendel oder Rose, die die Stimmung aufhellen. Du musst auch nicht glauben, nur weil du fettige Haut hast oder zu Pickeln neigst, brauchst du keine Feuchtigkeitspflege. Feuchtigkeit ist gut für deine Haut; Fett und Bakterien verursachen die Pickel.

Idealerweise solltest du deine Haut morgens und abends reinigen, Gesichtswasser benutzen und dann Feuchtigkeitspflege auftragen, doch wenn du das nur einmal am Tag schaffst, tu es abends, dann nimmst du nicht den Schmutz des Tages mit ins Bett.

Die wichtigsten Utensilien für den perfekten Schönheitssalon zu Hause

* **Ein weiter, flauschiger Bademantel und ein ordentlicher Stapel Handtücher – idealerweise weiße.** Frag nicht, warum, das ist einfach am besten. Wenn du keinen Bademantel hast, tut es auch ein Morgenmantel.
* **Ein aufgeräumtes und sauberes Badezimmer.** Das mag selbstverständlich erscheinen, aber wenn du dir eine Oase schaffen willst, kannst du weder Haare im Abfluss noch die müffelnden Turnschuhe deines Bruders brauchen, das verdirbt die Stimmung. Du brauchst auch saubere, ebene Oberflächen, auf denen du die Produkte und Getränke abstellen kannst.
* **Zutaten.** Auf den folgenden Seiten werden selbst gemachte Mittel beschrieben, zu denen jeweils verschiedene Zutaten gebraucht werden. Du solltest dir vorab überlegen, was du probieren willst, und zuerst alles Nötige besorgen.
* **Ein Plan.** Allgemein sollte eine gute Rundumbehandlung Folgendes enthalten: Gesichtspeeling und Gesichtsmaske, Körperpeeling, Maniküre und Pediküre. Natürlich kannst du dich auch schminken. Eine Augenkompresse ist immer gut, kann aber auch ungesellig sein, wenn du die Aktion zusammen mit Freundinnen unternimmst. Eine Haar- oder Kopfhautpackung kann Wunder wirken, doch sollte man die Kur- und Schönheitsaktion am besten nicht mit dem Haarefärben kombinieren, da Letzteres doch eine eher aufwendige Angelegenheit ist und überhaupt nicht zur Entspannung beiträgt.
* **Eine Freundin.** Vielleicht auch zwei. Dann könnt ihr die Produkte gemeinsam benutzen und vergleichen, wie weich eure Haut ist. Ihr könnt tratschen, kichern und Tipps austauschen.
* **Accessoires:** Eine große Schüssel und einige kleinere; einen Holzlöffel und einen Spatel (zum Auftragen); heiße Waschlappen (um die Poren zu öffnen und allgemein zum Abwischen), Papiertaschentücher; Zehenspreizer (du kannst auch zusammengerollte Papiertaschentücher verwenden); Nagelschere/Nagelknipser; Nagelbürste (muss nicht sein); Watte (möglichst Pads, ansonsten sind Bäusche auch in Ordnung); Stirnbänder (um die Haare aus dem Gesicht zu halten); ein Messbecher und/oder alte Flaschen oder Becher, in denen man Flüssigkeiten mischen kann.

* **Erfrischungen.** Kein Schönheitssalon ist perfekt ohne einen gesunden Smoothie und köstliche kleine Kekse, um den Hunger zu stillen, während du wartest, bis dein Nagellack trocken ist. Fruchtsmoothies sind am besten, denn sie enthalten viele Vitamine und Mineralstoffe, die auch gut für die Haut sind. Du solltest auch einen großen Krug Leitungswasser bereitstellen, in dem Zitronen- oder Limonenscheiben schwimmen – oder beides.

Wenn alles bereitsteht, wirst du es kaum erwarten können, auch wirklich mit den Behandlungen anzufangen.

Was in den Schönheitsschrank gehört

Hier sind einige nützliche Dinge, die wir entweder für sich oder vermischt mit anderen Zutaten benutzen können.

* **Vaseline:** ein guter, günstiger, allgemein einsetzbarer Weichmacher. Wenn du beim kalten Wetter draußen bist, schützt sie deine Lippen, damit sie nicht aufspringen, und heilt deine laufende Nase. Wenn ein Ring an deinem Finger festsitzt, kann ein bisschen Vaseline helfen, ihn wieder abzukriegen. Du kannst Vaseline auch auf rissige Knie und Ellbogen auftragen.
* **Süßmandelöl:** ein wundervolles Basisöl, das Haut, Haare und Nägel glättet und beruhigt, ohne zu fetten. Gut geeignet als Grundstoff, aber auch allein sehr wirksam.
* **Hamamelis:** ein gutes mildes Antiseptikum, für vieles geeignet
* **Rosen- und Lavendelwasser:** einfaches, effektives Gesichtswasser
* **Aloe-vera-Gel:** gut geeignet für Sonnenbrand, Ekzeme oder einfach, um die Haut weich zu machen und zu pflegen.

Gesicht

Selbst gemachtes Gesichtspeeling

Natürlich musst du beim Peeling die Augengegend immer aussparen. Wenn du etwas ins Auge bekommst, ist das nicht förderlich für die entspannende Atmosphäre. Hier sind die Rezepte für zwei Peelings – nimm, was dir besser gefällt, oder wechsle ab!

* Zerdrücke zwei Erdbeeren mit einem Teelöffel weichem braunem Zucker (z. B. Muscovado). Reibe die Mischung sanft über das Gesicht und konzentriere dich auf den Bereich um Nase und Kinn. Spüle sie mit kaltem Wasser ab.
Vermische einen Teelöffel Honig, ½ Teelöffel Zitronensaft und zwei Teelöffel feine Haferflocken. Reibe die Mischung sanft über dein Gesicht und wasche sie mit warmem Wasser ab.

Selbst gemachte Gesichtsmasken

Manche schwören auf zerdrückte Banane, andere auf zerdrückte Avocado mit etwas Honig. Beide spenden Feuchtigkeit und sind gut für die Haut. Lass sie etwa 10 Minuten einwirken und lege dich dazu hin. Denke an etwas Schönes und Beruhigendes.

* Sehr gut entspannen kannst du, wenn du Gurkenscheiben (direkt aus dem Kühlschrank) auf die Augen legst. Du kannst auch Wattepads in Wasser oder etwas kaltem Tee tränken (du kannst grünen Tee oder Schwarztee nehmen). Lass sie eine Stunde im Kühlschrank, lege sie dann als wunderbare Kühlung auf deine Augen.

Dampfbäder

Dampf kann wahre Wunder wirken auf der Haut. Er öffnet die Poren, verbessert die Durchblutung und hilft, die Haut von Unreinheiten zu reinigen. Besonders eignet er sich dazu, hartnäckige Mitesser und Pickel sanft herauszulocken. Außerdem tut es den Lungen gut, den warmen Dampf einzuatmen.

* Für ein gutes Gesichtsdampfbad brauchst du nur eine große Schüssel, etwas kochendes Wasser (bitte einen Erwachsenen, dir dabei zu helfen), ein Handtuch, das groß genug ist, um deinen Kopf und die Schultern abzudecken, und eine bequeme Sitzgelegenheit.

  Wasch dir das Gesicht und binde die Haare zurück. Schütte kochendes Wasser in die Schüssel oder das Waschbecken. Beuge dich mit dem Kopf über die Schüssel. Das Gesicht muss so nah sein, dass es genügend Dampf abbekommt, aber nicht so nah, dass du dich verbrennst. Lege das Handtuch über deinen Kopf, sodass es auch den Rand der Schüssel bedeckt. Wichtig ist, dass der ganze schöne Dampf innerhalb des Handtuchs bleibt, damit er auf deinem Gesicht wirken kann. Atme langsam und tief. Bleib etwa 5 Minuten darunter.

  Wenn du fertig bist, spritz dir kaltes Wasser ins Gesicht (um die Poren zu schließen) und schließe mit Gesichtswasser ab – entweder Rosenwasser oder beruhigendes Aloe-vera-Gel.

  Wenn du willst, kannst du Blüten oder Kräuter zusetzen. Lavendel eignet sich hervorragend, er beruhigt und desinfiziert. Zitrone und Minze sind eine wundervolle Kombination – einfach einige Scheiben Zitrone und einige frische Minzeblätter ins Wasser legen.

Körper

Da wir die meiste Zeit unseres Lebens Kleider tragen, vergessen wir leicht, dass unsere Körperhaut auch gepflegt werden muss.

Schokoladen-Körperpeeling

Nimm 5 Esslöffel Sonnenblumenöl, 4 Esslöffel weichen braunen Zucker und füge einen gehäuften Teelöffel Kakao dazu (KEIN Schokoladengetränk, sondern echten, reinen Kakao!). Vermische alles gut. Du erhältst ein wunderbar klebriges, schokoladiges Peeling – ziemlich flüssig, deshalb solltest du möglichst in der Dusche stehen, wenn du es vorsichtig auf den ganzen Körper aufträgst. Wasche es dann gründlich mit deiner Lieblingsseife oder deinem Lieblingsduschgel ab und deine Haut wird sich wie Samt anfühlen.

Zucker-Limetten-Körperpeeling

Vermische 5 Teelöffel Olivenöl mit 4 Teelöffeln Kristallzucker und füge noch 5 Tropfen ätherisches Limettenöl dazu. Sei bitte vorsichtig mit ätherischen Ölen; sie sind sehr konzentriert, deshalb solltest du nie mehr nehmen als angegeben und sie auch nie direkt auf der Haut anwenden. Jetzt hast du ein tolles belebendes Körperpeeling – atme bei der Anwendung tief ein und stelle dir vor, du seist in einem karibischen Limettenhain.

Badesäckchen

Badesäckchen sind wie kleine Teebeutel für die Badewanne und ergeben einen himmlischen Aufguss.

Nimm eine Handvoll getrockneten oder frischen Lavendel, wickle ihn in ein Baumwolltuch und binde die Enden mit einem Faden oder Gummiring zusammen. Lege es in das Badewasser und lass es 5 Minuten ziehen. Du kannst auch getrocknete Kamillenblüten nehmen, die beruhigen, oder Rosmarin, der den Geist belebt. Getrocknete Rosenblätter heben die Stimmung.
Badesäckchen sind auch ein schönes Geschenk.

Haare

Zur Haarpflege und um den Haarwuchs zu fördern, erwärme eine kleine Menge Mandelöl. Du kannst das Öl dazu in eine kleine Flasche oder Schale füllen und die Flasche in eine Schüssel mit heißem Wasser stellen. Nach etwa 5 Minuten ist das Öl schön angewärmt (aber nicht zu heiß). Trage es auf das Haar auf (du brauchst keine Handschuhe, denn das Öl ist auch gut für Hände und Nägel). Setz eine Wegwerfbadehaube auf (wenn du keine hast, wickle erst Frischhaltefolie um dein Haar und dann ein Handtuch darüber), setz dich 15 Minuten hin, denke an etwas Schönes und träume von langen Haaren.

Der Filmstar-Turban

Wie wickelst du dein Haar wie ein Filmstar in ein Handtuch? Nimm ein mittelgroßes Handtuch und beuge dich nach vorn, lass den Kopf nach unten hängen. Wenn du lange Haare hast, lass sie alle vorn über deinen Kopf fallen. Halte das Handtuch waagrecht und lege es mit der Mitte auf dein Genick. Ziehe die Seiten des Handtuchs in Richtung Scheitel über die Ohren. Drehe es jetzt ein, stehe auf und schlage den Rest des Handtuchs über deinen Kopf nach hinten. Stecke das Ende im Nacken ein, schiebe es an den Ohren zurecht. (Manche haben sie lieber halb bedeckt, andere ganz. Am besten lässt du die Ohren nicht ganz draußen, das kann ein bisschen doof aussehen.) Bereite dich auf deine Nahaufnahmen vor.

Erfrischungen

Smoothies

Wichtig für den perfekten Smoothie sind tiefgefrorene Früchte. Du kannst gefrorene Sommerfrüchte im Supermarkt kaufen oder selbst welche über Nacht einfrieren. Nimm zwei Handvoll gefrorene gemischte Beeren, ein Glas guten Orangensaft, zerkleinere alles im Mixer und das war's. Es könnte einfacher und köstlicher nicht sein. Wenn du dich verwöhnen willst, kannst du ein bisschen Schlagsahne obendrauf tun. Ein Zweig Minze passt auch gut.

Du kannst dieses Rezept nach Geschmack mit anderen Zutaten abändern – kleine Stückchen gefrorene Mango, Banane und Ananas eignen sich gut. Du kannst auch die Konsistenz ändern – je dicker der Smoothie sein soll, desto mehr Früchte brauchst du.

Erdbeeren, in Schokolade getunkt

Das geht kinderleicht und ist gesund für Körper und Geist, denn, wie wir alle wissen, macht Schokolade glücklich und Erdbeeren sind sehr vitaminreich. Wenn du keine Erdbeeren magst, kannst du auch Kirschen nehmen. Im Winter kannst du es mit Datteln versuchen.

Nimm eine Tafel guter Schokolade (am besten dunkle). Zerbrich sie und lege die Stücke in eine Schüssel. Stelle die Schüssel in ein Wasserbad (siehe S. 69). Lege etwas Pergamentpapier auf ein Backblech, während die Schokolade langsam schmilzt (rühre sie gelegentlich um, damit sie auch sicher nicht anbrennt). Wasche die Früchte. Wenn die Schokolade vollständig geschmolzen ist, nimm sie vom Herd. Fasse jetzt eine Erdbeere fest am Stiel und tauche sie in die Schokolade. Lege sie auf das Pergamentpapier. Mache weiter, bis alle Früchte in Schokolade getaucht sind oder die Schokolade alle ist.

Stelle das Tablett für mindestens eine Stunde in den Kühlschrank. Serviere die Erdbeeren mit einem Minzezweig dekoriert.

Hände

Die Nägel sollten immer auf mittlerer Länge oder kürzer gehalten werden – niemals lang, denn das ist eher ordinär und außerdem unpraktisch. Du musst sie auch immer sauber halten, denn Schmutz unter den Nägeln enthält eine Menge ekliger Bakterien.

Feilen

Am besten hältst du deine Nägel mit Feilen in der gewünschten Länge und Form.

* Du solltest immer mit sanften, gleichmäßigen Bewegungen vom äußeren Ende des Nagels nach innen feilen. Die natürlichste Form ist die, die sich an deiner Nagelhaut orientiert.
  Versuche, alle Nägel auf dieselbe Länge zu bekommen. Das bedeutet, du feilst sie auf die Länge des kürzesten Nagels. Bedenke, je runder und kürzer du deine Nägel hältst, desto stärker und besser wachsen sie. Lange, scharfe Nägel brechen leichter.

Knipsen

Wenn du sehr kräftige, harte Nägel hast, kannst du sie auch erst knipsen, ehe du sie feilst.

* Knipse zuerst die äußeren Ränder, dann die Spitze. Wenn du den Nagel einfach an der Spitze abknipst, machst du ihn vielleicht kaputt.

Schneiden

* Nagelscheren nimmt man am besten für die Zehen, denn nur echte Beidhänder können ihre Fingernägel rechts und links gleich gut schneiden.

Grundlagen der Maniküre

* eine kleine Schüssel mit warmem Seifenwasser (ein milder Reiniger oder ein Tropfen Duschgel)
* etwas Watte und Wattebäusche
* eine Nagelfeile, Nagelknipser und eine Polierfeile (eine Polierfeile ist so ähnlich wie eine Nagelfeile, nur viel feiner; sie bringt die Nageloberflächen zum Glänzen)
* etwas Olivenöl und einige grobe Salzkörner
* Mandelöl
* Nagellack (wenn du willst)

Zuerst brauchen deine Hände ein Peeling. Nimm etwas Meersalz in die Handfläche. Füge einen Schuss Olivenöl dazu und reibe die Mischung sanft in den Handflächen. Verreibe sie dann wie beim Händewaschen einige Minuten lang über die ganzen Hände und Handgelenke. Spüle die Hände mit warmem Wasser ab und tupfe sie mit einem Handtuch trocken. Reibe sie mit Mandelöl ein.

Wenn deine Nägel sehr lang sind, schneide sie mit einem Knipser vor. Wenn du keinen Knipser hast, macht das auch nichts. Du kannst sie alle auf dieselbe Länge feilen. Wenn du mit allen Nägeln fertig bist, lege die Finger der einen Hand in das warme Wasser und lass sie etwa 5 Minuten einweichen. Das macht die Nagelhaut weich.

Nimm deine Hand aus dem Wasser und tupfe sie trocken. Nimm ein Wattestäbchen, tauche es in Mandelöl und schiebe die Nagelhaut an den Fingern sanft zurück. Wenn du mit allen Nägeln fertig bist, fahre mit deinem Wattestäbchen unter den Nägeln entlang, um Schmutzreste oder Staub vom Feilen zu entfernen. Mach das an beiden Händen. Wasch dir danach die Hände und trockne sie ab.

Poliere jetzt deine Nägel – nur mit leichtem Druck. Deine Nägel sollen glänzen und nicht abgeschmirgelt werden. Poliere von einer Seite zur anderen und beginne an der Wurzel. Etwa zehn Striche pro Nagel sollten genügen.

Wische zum Schluss die Oberfläche jedes Nagels mit Nagellackentferner ab. Wenn du Nagellack auftragen willst, tu es jetzt. Beginne mit einem durchsichtigen Lack, entweder einer Grundierung oder einem Nagelhärter. Welche Farbe du nimmst, das hängt von dir und deinen Eltern ab.

Massiere am Schluss einige Tropfen Mandelöl in deine Nagelhaut.

Füße

Pediküre

Die Methode ist allgemein dieselbe wie bei der Maniküre.

* Feile die Zehennägel immer so kurz, wie du es noch angenehm findest (lange Zehennägel und Schuhe vertragen sich nicht so gut). Schneide oder feile sie immer gerade. Feile nicht an den Seiten entlang, sonst wachsen dir später die Fußnägel ein. Das ist dir heute vielleicht egal, aber später wirst du uns dankbar sein. Entferne harte Haut mit Bimsstein, schneide sie niemals ab.
  Reibe deine Füße vor dem Zubettgehen dick mit Mandelöl ein und ziehe ein Paar Socken darüber. Am nächsten Morgen werden deine Füße superzart sein.

Und zum Schluss …

Bananenschalen wirken Wunder gegen Warzen. So geht es:

* Wasche die Warze und die Umgebung und trockne sie ab.
* Schneide ein passendes Stück aus der Schale einer unreifen Banane und lege es auf die Warze.
* Fixiere es an der Stelle mit einem Stück Pflaster und lass es bis zu 8 Stunden darauf.
* Entferne Pflaster und Bananenschale, wasche die Stelle und wiederhole den Vorgang.
* Nach einigen Wochen sollte die Warze abfallen.

* Dornwarzen können auf ähnliche Weise mit einem Stück gedämpfter Zwiebel behandelt werden.
  Man kann für beide Warzenarten auch ein homöopathisches Thuja-Produkt ausprobieren. Das gibt es in Apotheken und es funktioniert. Folge den Einnahmeanweisungen. Normalerweise genügen drei kleine Pillen am Tag und die Warzen vertrocknen und verschwinden innerhalb von vier bis sechs Wochen.

WINTER

Im Winter werden die Tage kürzer und kälter, weil sich der Nordpol von der Sonne entfernt. Die Bäume verlieren ihre Blätter, die meisten Pflanzen hören auf zu blühen und sterben ab. Manche Vögel ziehen in wärmere Länder, da es für sie immer schwieriger wird, Futter zu finden und sich warm zu halten. Manche Tiere machen einen Winterschlaf. Die gute Nachricht ist, dass nach der Wintersonnenwende, dem kürzesten Tag des Jahres, am 21. oder 22. Dezember, die Tage wieder länger und heller werden. Außerdem kann man sich auf Weihnachten und Silvester freuen, und ehe man sichs versieht, ist es schon wieder Frühling.

Wie man sich im Winter warm hält

Es gehört zu den schwierigsten Aufgaben im Leben, sich an einem kalten Wintermorgen zu zwingen, unter der warmen, gemütlichen Bettdecke hervorzukriechen und sich anzuziehen. Eine Möglichkeit ist es, den Schlafanzug anzubehalten und die Kleider darüberzuziehen. Schließlich soll man im Winter ja mehrere Schichten tragen!

Wenn du den Schlafanzug nicht tagsüber tragen darfst, trage doch ein langärmeliges Unterhemd im Bett. Dann kannst du morgens deine Strumpfhose anziehen, während du noch im Bett liegst, und das Unterhemd in die Strumpfhose stecken, so kannst du die Wärmeschicht um dich herum erhalten. Ziehe dann die anderen Kleidungsstücke darüber. Wenn du das Unterhemd immer in der Strumpfhose behältst, kann keine fiese kalte Windbö tagsüber an deinen Körper gelangen.

Viele dünne Schichten halten wärmer als eine dicke. Wenn du mehrere Schichten trägst, kannst du auch eine oder zwei ausziehen, wenn dir auf einem Spaziergang oder im Haus zu warm wird. Die meiste Körperwärme geht über den Kopf verloren, deshalb solltest du bei sehr kaltem Wetter draußen immer eine warme Kopfbedeckung tragen.

Wie du Hände und Füße warm hältst

Um deine Hände warm zu halten, sind Fausthandschuhe, besonders mit weichem Schaffell gefütterte, viel besser als Fingerhandschuhe. Damit du sie nicht verlierst, solltest du die beiden Handschuhe an einem langen Band befestigen und Band und Handschuhe durch deine Mantelärmel stecken.

Ehe du an einem kalten Tag zu einem langen Spaziergang aufbrichst, backe zwei kleine Kartoffeln im Backofen oder in der Mikrowelle. Wickle sie in einige Lagen dünner Alufolie und stecke sie in die Taschen. Du kannst deine Hände daran wärmen, und wenn du später Hunger bekommst, kannst du sie essen.

Damit deine Füße in den Gummistiefeln warm bleiben, solltest du zwei Paar Socken tragen – ein Paar aus dünner Wolle, darüber ein dickeres Paar, ebenfalls aus Wolle, oder Thermosocken. Wenn du draußen bist, hilft es, auf den Boden zu stampfen und zu rennen, das bringt den Kreislauf in Schwung und hält die Füße warm.

Wenn du nach drinnen kommst, lege dich nicht direkt in ein heißes Bad und halte Hände oder Füße nicht direkt an die Heizung oder nah ans Feuer, wenn sie kalt sind, sonst bekommst du hässliche Dinger, sogenannte Frostbeulen. Frostbeulen sind sehr schmerzhaft, die Füße fühlen sich heiß an und jucken – also auf jeden Fall vermeiden!

Schneeflocken

Am 28. Januar 1887 fiel in Fort Keogh, in Montana in den Vereinigten Staaten, die größte Schneeflocke der Welt. Sie hatte einen Durchmesser von 38 cm und war 20 cm dick.

Damit Schnee fällt, muss die Lufttemperatur unter den Gefrierpunkt sinken. Wassertropfen in den Wolken gefrieren und bilden Eiskristalle, und wenn sie durch die Wolken fallen, treffen sie auf andere Kristalle und verbinden sich mit ihnen zu einer Schneeflocke.

Wunderbar an den Schneeflocken ist, dass sie immer sechsseitig sind und dass trotzdem keine Schneeflocke wie die andere ist – jede ist ein einzigartiges, komplexes und schönes Wunderwerk der Natur. Es gibt sechsseitige Prismen, Kristalle, Plättchen, Säulen, Nadeln, Sterne oder Dendriten (farnähnliche Gebilde). Die Form hängt ab von der Temperatur und der Feuchtigkeit in der Wolke, in der sie sich bilden.

Wenn es wieder schneit, lass ein paar Schneeflocken auf deine Finger fallen. Sieh sie dir näher an, ob du ihre Form erkennen kannst. Schneespaziergänge machen wirklich Spaß. Lege den Kopf zurück, öffne den Mund und fange Schneeflocken auf deiner Zunge.

Inspirierende Frauen

Emmeline Pankhurst (1858–1928)

Emmeline Pankhurst war die leidenschaftliche und unbezwingbare Anführerin der Bewegung für das Frauenwahlrecht in England. Es mag heutzutage unglaublich erscheinen, doch erst 1928 erhielten Frauen in Großbritannien dasselbe Wahlrecht wie die Männer. Bis 1918 war ihnen das Wählen in England überhaupt nicht erlaubt. Dann durften nur Frauen über 30 wählen. Emmeline Pankhurst, ihre beiden Töchter Christabel und Sylvia und viele andere »Suffragetten« protestierten energisch und reichten Petitionen ein, um dasselbe Wahlrecht zu erlangen wie die Männer. Rebecca West (eine Journalistin, Autorin und Kritikerin aus der Zeit) sagte über sie: »Sie zitterte wie Espenlaub und erhob ihre heisere, sanfte Stimme auf der Rednertribüne, doch sie war stark und es war gewaltig.«

Während ihres Feldzugs wurde Emmeline verhaftet, begann einen Hungerstreik und wurde zwangsernährt. Im Alter von 54 Jahren war sie bereits zwölfmal inhaftiert gewesen. In der Nähe des Westminster-Palastes steht eine Statue von ihr, da sieht sie eher wie ein Fels in der Brandung aus und nicht wie der Hitzkopf, der sie im echten Leben war – eine Erinnerung daran, dass Frauen vor nicht allzu langer Zeit Bürger zweiter Klasse waren.

In Deutschland erlangten Frauen am 19. Januar 1919 aktives und passives Wahlrecht. Das passive wurde ihnen nach der nationalsozialistischen Machtergreifung wieder entzogen.

Boudicca (gest. 60 n. Chr.)

Die Königin des Stammes der Icener in Britannien stieg im ersten Jahrhundert nach Christus in ihren Streitwagen und forderte die Macht des Römischen Reiches heraus. Sie zerstörte Colchester und plünderte London, ehe ihr von Paulinus, dem römischen Statthalter in Britannien, mit einer Armee von 10 000 Mann der Weg versperrt wurde. In der Nacht vor der letzten Schlacht fuhr sie bei ihren Stammesangehörigen herum und ermahnte die Krieger zur Tapferkeit: »Die Schlacht gewinnen oder sterben: So werde ich, eine Frau, es machen; ihr Männer könnt in Sklaverei weiterleben, wenn ihr das wollt.«

Leider verlor sie und ging unter, doch vorher machte sie den Eindringlingen noch das Leben sehr schwer. Sie hatte langes rotes Haar, stechende Augen und soll furchterregend gewesen sein. Wie von Emmeline Pankhurst gibt es auch von ihr eine schöne Statue in London.

Schnee lutschen und Eiszapfen kauen

Das ist vielleicht selbstverständlich, doch wenn du ein bisschen Schnee probieren willst, nimm immer nur ganz frischen, sauberen Schnee, am besten den ersten morgens, bevor irgendwelche Tiere oder andere Lebewesen darübergelaufen sind. Wenn du in der Stadt lebst, gehe gleich, nachdem es geschneit hat, in den Garten, nimm eine Handvoll Schnee von der Hecke und stecke ihn in den Mund. Wenn es sehr stark geschneit hat, könntest du eine ganze Schüssel sehr sauberen Schnee nehmen, einen Schuss Fruchtsirup darübergießen und dir schnell einen Schnee-Slush mischen. Wenn es kalt genug ist, findest du vielleicht auch einige Eiszapfen an den Bäumen – die kannst du beim Spazierengehen knabbern.

Schneebälle

Vielleicht weißt du ja aus eigener bitterer Erfahrung, dass es nicht so einfach ist, den perfekten Schneeball so zu werfen, dass er mit einem satten Plumps auf dem ahnungslosen Ziel landet.

Der ideale Schnee für einen Schneeball sollte eine Temperatur etwas über dem Gefrierpunkt haben. Wenn er zu kalt ist, wird der Schnee trocken und pulverig sein, und du erhältst immer nur eine krümelige Masse, wenn du versuchst, einen Schneeball zu formen. Bei solchen Temperaturen solltest du Schnee von einer Fläche nehmen, die etwas erwärmt ist, denn da ist der Schnee nasser und lässt sich leichter zu einem Ball formen. Schnee in der Nähe des Hauses zum Beispiel wird wärmer sein als Schnee, der mitten auf einem Feld liegt.

Fausthandschuhe sind zwar allgemein wärmer, aber für Schneebälle eignen sich Fingerhandschuhe besser, weil die Finger darin beweglicher sind – ziehe möglichst wasserdichte Fingerhandschuhe an.

Forme jetzt die Schneebälle. Nimm genügend Schnee in beide Handflächen, drücke sie leicht zusammen und drehe die Hände so, dass der Schnee zu einer Kugel geformt wird. Drücke nicht zu grob, sonst zerfällt der Schneeball unter dem Druck. Wenn sich der Schneeball fest genug anfühlt, drücke allmählich ein bisschen fester, damit er schön rund und fest in deiner Hand wird.

Wenn du einen Vorrat an Schneebällen anlegst, umso besser. Bewahre sie an einem sicheren Ort auf. An der kalten Luft werden sie fester. Wenn du eine

Schneeballschlacht machst, kannst du dir eine niedrige Schneemauer oder eine Festung bauen, von der du deinen Angriff starten kannst, und dort ein Schneeballlager anlegen, das vor Plünderern sicher ist.

Ein paar Tipps zum Schluss:
* Wirf keine Schneebälle auf Leute, die du nicht kennst, auf Briefträger oder alte Damen an der Bushaltestelle.
* Ziele nie direkt auf das Gesicht oder den Kopf eines Gegners aus nächster Nähe.
* Wirf keine Schneebälle auf sehr kleine Geschwister – sie fangen nur an zu weinen.

Schneemänner

Wenn das Wetter und der Schnee so sind, dass du einen richtig guten Schneeball formen kannst, und wenn genügend Schnee liegt, dann kannst du dich an das ehrgeizigere Projekt Schneemann wagen.

* Forme zuerst einen Schneeball, wie wir es vorher beschrieben haben, mach ihn dann immer größer, bis er zu groß für deine Hände wird. Wälze den Schneeball über den Boden, damit er immer mehr Schnee aufnimmt, und wechsle ab und zu die Richtung, sodass er schön rund und groß wird.

Traditionell wird ein Schneemann aus drei Kugeln gebaut – eine kleine für den Kopf, eine mittlere für den Oberkörper und eine große für den Unterkörper – aber wenn es wenig Schnee gibt, kannst du auch einen aus zwei Kugeln machen.

Wenn du so weit bist, dass du ihn zusammenbauen kannst, hebe den mittleren Schneeball auf den größten und klopfe ihn von oben nach unten leicht fest, damit er stabil und sicher steht. Füge an der Verbindungsstelle noch etwas mehr

Schnee dazu und drücke ihn fest hinein. Setze schließlich den Kopf auf den Körper und drücke wieder Schnee in die Verbindungsstelle. Nimm eine Karotte als Nase, zwei Kohlenstücke als Augen und lange dünne Zweige als Arme und Hände. Du kannst ihm auch noch Hut, Schal, Handschuhe, Brille, Pfeife und Schuhe anziehen.

Schlitten fahren

Wenn viel Schnee liegt und du in der Nähe eines geeigneten steilen Berges wohnst, könntest du Schlitten fahren gehen. Du brauchst keinen tollen Schlitten aus dem Laden – ein altes kleines Metalltablett oder eine stabile Plastik-Abfalltüte geht genauso gut. Du solltest einen Fahrradhelm und Handschuhe tragen, damit deine Extremitäten vor Kälte und Stößen geschützt sind.

Stelle dich oben auf den Hügel und lege dein Metalltablett oder die Plastiktüte flach vor dich hin. Setze dich bequem auf deinen »Schlitten« und bitte jemanden, dir einen Stoß am Rücken zu geben, damit du graziös und schnell den Berg hinuntergleitest.

Schnee-Engel

Für Schnee-Engel sollte der Schnee pulverig und tief sein. Lass dich mit ausgestreckten Armen sanft auf den Rücken in den Schnee fallen. (Wenn sehr wenig Schnee liegt, lege dich lieber hin und lass dich nicht fallen, damit du dich nicht verletzt!) Bewege die Arme mit streichenden Bewegungen im Schnee einige Male zu deiner Hüfte und dann wieder zum Kopf. So entstehen die Engelsflügel. Bewege gleichzeitig deine Beine möglichst weit auseinander und wieder zusammen, wie eine Schere. Damit machst du die Form für das Gewand des Engels. Bitte jemanden, dir beim Aufstehen zu helfen und dich hochzuziehen, damit dein Abdruck im Schnee nicht zerstört wird.

Papier-Schneeflocken

Zeichne um eine Tasse oder Untertasse Kreise auf Papier. Schneide die Kreise aus. Falte jeden Kreis in der Mitte, dann wieder in der Mitte und dann wieder, wenn es geht. Schneide mit der Schere entlang des Falzes und am Rand kleine Formen ins Papier. Mache das auch bei anderen Papierkreisen und stelle verschiedene Schneeflockenmuster her, indem du jedes Mal andere Schnitte in die Seite machst. Falte sie auf und voilà, hast du Papierschneeflocken, mit denen du das Fenster dekorieren oder die du an einem weißen Faden an die Decke hängen kannst.

Vogelhäuschen

Du kannst Vögel das ganze Jahr über mit Körnern und Obst füttern. Vögel müssen mindestens die Hälfte ihres Gewichts täglich an Nahrung zu sich nehmen, um zu überleben. Im Winter, wenn der Boden hart gefroren ist und es wenig Futter gibt, kann das ein harter Kampf sein.

Du kannst spezielle Körnermischungen für Gartenvögel kaufen – suche nach solchen mit schwarzen Sonnenblumenkernen, Maisflocken und Erdnussstückchen. Vögel, besonders Amseln und Drosseln, essen auch gerne Obst, deshalb kannst du Rosinen oder alte Äpfel hinauslegen. Rotkehlchen mögen Käse, Haferflocken, Mohn und Hirse und Meisen mögen Sonnenblumenkerne und Nüsse.

Futterglocken

- kleine leere Blumentöpfe
- dicke Kordel
- Schere
- 250 g zimmerwarmen Schmalz oder Rindertalg (keine Margarine)
- Erdnüsse/schwarze Sonnenblumenkerne/Futtermischung für Gartenvögel
- Rosinen
- geriebenen Käse
- einen kleinen gegabelten Ast

Ziehe eine Kordel durch das Loch im Boden des Tontopfs. Mach innen einen großen Knoten, damit das Ende fest im Blumentopf bleibt.

Nimm eine große Schüssel und schneide das Schmalz in Würfel oder zerbröckele den Talg. Füge allmählich grob gehackte Erdnüsse, Vogelfutter, Rosinen und geriebenen Käse dazu. Knete die restlichen Trockenzutaten mit den Händen darunter, bis alles zu einer dicken, festen Paste verarbeitet ist. Fülle sie mit dem Löffel in die Blumentöpfe und stecke einen Ast in die Masse, der ca. 10 cm aus dem Topf herausragen sollte, damit die Vögel sich später beim Essen daran festkrallen können. Stelle das Ganze zwei bis drei Stunden in den Kühlschrank. Hänge die Futterglocke dann an einer Stelle in den Garten, die vor Katzen sicher ist.

Tierspuren

Im Winter kannst du dich als Detektivin betätigen. Wenn du mal wieder draußen bist, sieh dir den Boden genau an und lerne, die verschiedenen Spuren zu erkennen. Die deutlichsten Spuren findest du in sauberem, hartem Schnee, doch mit etwas Übung kannst du sie auch im Schlamm in der Nähe von Wasser, an der Straße und im Wald erkennen.

Folge den Spuren und suche nach Fell und Federn, Beeren, Nüssen und Samen in der Nähe der Spuren, um herauszufinden, was das Tier wann gefressen hat.

Du kannst auch Abgüsse von den Tierspuren machen und sie auf deinen Naturtisch legen. Dazu brauchst du:

* einen Streifen Karton und eine Büroklammer
* Vaseline
* gebrannten Gips
* Wasser
* Schale und Löffel

Fuchs *Hase* *Reh* *Spatz*

Suche dir eine wirklich deutliche und klar umrissene Spur für deinen Abguss. Räume Blätter oder Zweige aus dem Weg. Mach eine kreisförmige Manschette aus dem Karton, stecke sie mit einer Büroklammer fest und lege sie um den Abdruck. Achte darauf, dass zwischen der Manschette und dem Boden kein Spalt frei bleibt. Das ist die Form, in die du den Gips gießt. Damit du den Abguss leicht wieder entfernen kannst, wenn er gehärtet ist, bestreiche die Innenseite des Kartons dünn mit Vaseline.

Rühre den Gips nach den Anweisungen auf der Packung in einer Schale mit Wasser an und gieße ihn in den Ring über dem Abdruck. Lass ihn etwa 10 bis 15 Minuten hart werden oder so lange, wie es auf der Packung beschrieben ist. Wenn der Gips trocken ist, entferne den Abguss vorsichtig aus der Manschette, drehe ihn um und sieh dir den Abdruck als Relief auf dem Gips an. Zu Hause kannst du mit einer alten Zahnbürste und etwas warmem Wasser die restliche Erde sorgfältig abwaschen. Schreibe hinten mit Bleistift das Datum darauf.

Mittel gegen Erkältung

Wenn du dir eine schlimme Erkältung mit Halsschmerzen, laufender oder verstopfter Nase eingefangen hast, gibt es einige bewährte Hausmittel. Gegen die verstopfte Nase solltest du etwas scharf Gewürztes essen, zum Beispiel ein Curry, damit deine Nasennebenhöhlen frei werden und du wieder durchatmen kannst.

Oder nimm eine ganze Knoblauchzehe in den Mund, schiebe sie auf eine Seite und beiße ab und zu leicht darauf, damit der Saft frei wird.

Wenn du Husten und Halsschmerzen hast, mach dir ein linderndes Getränk:

- Saft einer Zitrone und/oder ein 5 cm breites Stück frischen Ingwer, grob gehackt
- 1 Tasse kochendes Wasser
- 1 Teel. Honig

Presse die Zitrone und/oder gib den gehackten Ingwer in die Tasse mit kochendem Wasser, rühre nach Geschmack Honig hinein und trinke das Getränk noch heiß.

Gewürzter heißer Apfelsaft

- 1 l Apfelsaft
- 1 Tasse Wasser
- 1 Zimtstange
- ½ Teel. gemahlener Ingwer
- 5–8 Nelken, je nach Geschmack
- 1 kleine Orange in Scheiben, mit Schale

Tu alle Zutaten in einen Topf und bringe sie zum Kochen. Schalte dann den Herd zurück, lege einen Deckel auf den Topf und lass alles 15 Minuten leicht köcheln. Schöpfe das Getränk in große Tassen und serviere es noch kochend heiß.

Rissige Lippen und Nase

Rissige Lippen und Nase sind unansehnliche und unangenehme Folgen kalten Wetters, besonders wenn du erkältet bist. Versuche, deine Lippen nicht abzulecken, das macht es nur schlimmer. Trage jeden Morgen dick Vaseline auf, ehe du nach draußen gehst, und ebenso vor dem Zubettgehen abends, damit deine Lippen nicht rissig werden.

Große Liebespaare

Elizabeth Bennet und Mr Darcy

Dies ist eine Geschichte um eine Liebe, die aus Abneigung entstanden ist, und eine wichtige Lektion darüber, dass der erste Eindruck nicht immer der richtige ist. Elizabeth und Fitzwilliam (doch keiner nennt ihn jemals so; er wird immer nur Mr Darcy oder nur Darcy genannt) sind Heldin und Held des berühmtesten Romans von Jane Austen: Stolz und Vorurteil.

Elizabeth ist die intelligenteste (aber nicht die hübscheste) der fünf Töchter von Mr und Mrs Bennet. Mrs Bennet ist eine eher einfältige Frau und Mr Bennet verbringt, wie viele Männer, viel Zeit hinter seiner Zeitung. Er liebt alle seine Töchter, doch nur Elizabeth mag er wirklich, weil sie so geistreich ist. Damals hatte man es nicht leicht als Vater von fünf Töchtern, denn jede musste mit einem passenden Mann verheiratet werden und eine gute Mitgift bekommen. Mrs Bennets nächster männlicher Erbe ist Mr Collins, ein schmeichlerischer Vikar, der darauf erpicht ist, Elizabeth zu heiraten. Man muss wohl nicht erwähnen, dass Elizabeth nicht an ihm interessiert ist.

Also ist Mrs Bennet hocherfreut, als Mr Bingley, ein wohlhabender junger Junggeselle, ein Anwesen in der Nachbarschaft mietet und seinen Freund Mr Darcy mitbringt. Bingley ist charmant und lebenslustig; Darcy ist reich und gut aussehend – wirkt aber arrogant und grausam.

Am Anfang verabscheut Elizabeth Darcy, und das nicht ganz ohne Berechtigung, denn er scheint sich besonders große Mühe zu geben, nicht sympathisch zu wirken. Elizabeth ihrerseits schenkt üblen Gerüchten über ihn nur zu schnell Glauben. Doch trotz seiner scheinbaren Kälte verliebt er sich allmählich in Elizabeth – die schockiert ist, als sie unerwartet einen eher ungeschickten Heiratsantrag von ihm erhält. Sie lehnt ab und hält ihm sein angeblich ungerechtes Verhalten gegenüber einem Mr Wickham vor sowie seine Versuche, einen Keil zwischen ihre Schwester Jane und Mr Bingley zu schieben.

Es folgt eine Reihe von Missverständnissen und dramatischen Augenblicken. Darcy bleibt ruhig und entschlossen – doch allmählich wird sein wahrer Charakter erkennbar. Elizabeth erfährt, dass Mr Wickham eigentlich ein Schurke ist (er hatte versucht, Darcys Schwester zu verführen), doch erst, als er auch Elizabeths jüngere Schwester Lydia verführt und sie überredet hat, mit ihm durchzubrennen. Darcy sorgt dafür, dass Mr Wickham Lydia heiratet und so keine Schande über den Namen der Familie Bennet bringt. Elizabeths Vorurteil ihm gegenüber schwindet. Sie verliebt sich in ihn, und die Geschichte findet ein glückliches Ende, als Darcy ihr noch einen Heiratsantrag macht und sie ihn annimmt.

KLEINE KUNSTWERKE
UND GENIALE GESCHENKE

Heute ist alles so billig und wird in Massen hergestellt. Da scheint es sich nicht zu lohnen, etwas selbst zu machen. Doch du wirst erstaunt sein, wie viel Spaß und Befriedigung es bringt, etwas Persönliches zu schaffen. Wenn du jemanden sehr gerne magst, ist es auch einfach schöner ihr oder ihm ein ganz besonders individuelles Geschenk zu machen. Das sind kleine Andenken, die man ewig in Erinnerung behält.

Selbst gebastelte Broschen

Toll als Geschenk, Klubabzeichen oder für die Schultasche.
Du brauchst …

* bunten Filz
* Schere
* mittelgroße Sicherheitsnadel
* Nadel und Faden
* Stoffkleber (nicht unbedingt notwendig)
* Münze (nicht unbedingt notwendig)
* Knöpfe, Perlen, Pailletten, Band, Stoff

Überlege, wie groß deine Brosche werden soll (wir empfehlen etwa 5 cm), ziehe dann einen Kreis mit diesem Durchmesser auf ein Stück Filz. Male noch einen Kreis daneben. Du kannst zwei Kreise in derselben Farbe machen oder in zwei unterschiedlichen Farben, wie du willst.

Schneide die Kreise mit einer scharfen Stoffschere aus. Nähe auf der Seite, die nach hinten kommt, mit möglichst kleinen und sauberen Stichen eine Sicherheitsnadel fest. Lege den oberen Kreis auf den hinteren Kreis, sodass die Sicherheitsnadel außen ist. Nähe beide außen am Rand zusammen. Du kannst sie dafür mit etwas Stoffkleber fixieren. Nähe als Glücksbringer einen Cent innen ein. Wenn du das tust, solltest du die Sicherheitsnadel besonders fest annähen und sie am oberen Teil befestigen, damit sie durch das Gewicht der Münze nicht umknickt. Damit hast du die Grundform für deine Brosche.

Der nächste Teil macht mehr Spaß – dekoriere deine Brosche. Du kannst Knöpfe, Perlen, Pailletten oder Stücke von Bändern annähen. Wenn du eine Brosche mit Blumen möchtest, schneide zwei Grundformen von Blumen aus verschiedenen Stoffresten aus (Chiffon oder andere leichte Stoffe sehen hübsch aus). Mache eine der Blumen etwas kleiner als die andere, damit es aussieht wie Blütenblätter in verschiedenen Lagen. Lege die Stoffblume auf die Broschengrundfläche, lege eine Perle in die Mitte und nähe Blume und Perle auf deine Brosche.

Bommel

Es gibt kaum etwas Schöneres als einen schönen dicken Bommel. So einer ist leicht herzustellen, und du wirst staunen, was man alles damit anfangen kann.

- etwas starken Karton
- eine Tasse
- ein 50-Cent-Stück
- kleine spitze Schere
- Wolle

Zeichne zwei Kreise um eine Tasse auf dem Karton. Zeichne in die Mitte jedes Kreises einen kleineren Kreis. Je größer der innere Kreis ist, desto dicker wird dein Bommel. Je größer der Kreis insgesamt ist, desto größer wird der Bommel insgesamt. Man muss das richtige Verhältnis zwischen Dicke und Umfang finden. Wenn das innere Loch zu klein ist und der äußere Kreis zu groß, dann wird der Bommel dünn und lappig. Wenn es andersherum ist, wird er viel zu dick. Erst die Übung macht den Meister.

Schneide die zwei großen Kreise aus, dann die Löcher in der Mitte. Lege eine Scheibe auf die andere. Es sollte jetzt aussehen wie ein Doughnut aus Pappe. Wickle die Wolle möglichst gleichmäßig um die beiden Scheiben, und zwar so lange, bis das Loch in der Mitte vollständig ausgefüllt ist.

Jetzt kommt der schwierige Teil. Du musst die Wolle am Rand der Kreise aufschneiden. Halte die Scherenspitze so, dass sie zwischen den beiden Kartonscheiben liegt. Vielleicht bittest du einen Erwachsenen, dir beim ersten Mal zu helfen. Du musst die Wolle mit der Schere etwas von der Mitte wegziehen; durch die Spannung lässt sich die Wolle leichter schneiden.

Wenn die Wolle überall durchgeschnitten ist, ziehst du die beiden Scheiben leicht auseinander, bindest dazwischen alle Stränge mit einem langen Stück Wolle fest zusammen und machst einen festen Knoten. Lass die Enden von diesem Faden lang – vielleicht brauchst du sie später, um den Bommel irgendwo zu befestigen. Entferne dann die Kartonscheiben vollständig.

Wie geht es nun weiter mit deiner schönen flauschigen Wollkugel? Du kannst mehrere machen und sie auf einen Schal nähen. Du könntest sehr kleine machen und sie auf den Saum eines Rockes aufnähen. Du könntest einen großen machen und ihn an einem Gummiband befestigen als Spielzeug für ein Kätzchen oder ein kleines Geschwisterchen. Wenn du für Weihnachten einen großen Bommel an einem kleinen befestigst, hast du – natürlich einen Schneemann! Nimm ein Paar schwarze Perlen als Augen und eine große orange oder rote Perle als Nase, binde ihm einen winzigen Filzschal um und schon hast du ein tolles selbst gemachtes Geschenk – oder auch einen ungewöhnlichen Christbaumschmuck. Wenn du Lust hast, kannst du ihm auch einen kleinen Zylinder aus Pappe basteln.

Zu Ostern kannst du gelbe Osterküken basteln. Schneide als Schnabel ein rautenförmiges Stück aus orangefarbenem Filz aus, mache einen Knoten in ein Stück Baumwollfaden, fädle ihn durch die Mitte des Schnabels und befestige ihn an deinem Küken, indem du ihn in der Mitte des Bommels festmachst. Schneide für die Füße Flossen aus dem Filz aus und klebe sie an der Unterseite fest – und fertig ist das Küken. Wenn deine Küken süß und dick sein sollen, mache sie aus einem sehr dichtem Bommel. Du kannst ihnen auch extra Kopf und Körper machen wie beim Schneemann.

Wenn du die Bommelherstellung gut beherrschst, kannst du auch mehrfarbige machen und alle beeindrucken. Ein Rotkehlchen zum Beispiel kannst du basteln, wenn du drei Viertel deiner Scheibe mit brauner Wolle umwickelst und den Rest mit roter. Mache Augen und Schnabel wie beschrieben.

Schmuckkästchen oder Bilderrahmen mit Muscheln

Wenn du am Meer bist, suche möglichst viele Muscheln in unterschiedlichen Farben und Formen. Wenn deine Sammlung groß genug ist, versuch einmal, verschiedene Dinge damit zu verzieren.

* eine Schuhschachtel oder eine andere kleine stabile Schachtel oder einen Bilderrahmen
* Papierreste
* Farbe
* viele Muscheln
* 2 Pinsel
* Bastelleim
* Silberflitter (wenn du willst)
* Klarlack

Aus einer ganz gewöhnlichen Schachtel kann ein Schmuckkästchen werden, wenn sie mit Muscheln verziert ist. Was für eine Schachtel du nimmst, ist dir überlassen – wenn du große Muscheln gesammelt hast, ist eine Schuhschachtel perfekt; wenn du winzige Muscheln hast, genügt eine Streichholzschachtel. Du kannst auch einem alten Bilderrahmen aus Holz eine persönliche Note verleihen. Es sind wunderbare und ganz besondere Geschenke, weil Zeit und Mühe in ihnen stecken.

Ehe du anfängst, zeichne den Umriss der Schachtel oder des Bilderrahmens auf ein Stück Papier und probiere aus, wie du deine Muscheln anordnen willst. Mit kleinen Muscheln kannst du Wirbelmuster legen. Große Muscheln wirken gut in der Mitte oder an den vier Ecken. Mache dir eine genaue Vorstellung, welches Muster du möchtest, zeichne es auf das Papier auf, damit du keinen Fehler machst, wenn du wirklich angefangen hast. Das Ausprobieren vorher ist sehr wichtig, dann gehen dir nicht mitten in der Arbeit die Muscheln aus (so etwas ist schon vorgekommen). Vergiss nicht, die Muscheln vorher in warmem Seifenwasser zu waschen und richtig zu trocknen – damit sie besser kleben (und auch nicht komisch riechen).

Jetzt kannst du mit dem Aufkleben beginnen. Du brauchst starken Bastelleim, am besten in einer Tube mit Tülle. Du kannst den Leim auch mit einem alten Pinsel auftragen. Klebe die Muscheln auf die Schachtel und orientiere dich an deiner Vorlage. Trage den Leim nacheinander auf die Muscheln auf, wie du sie verarbeitest. Am besten arbeitest du symmetrisch – wenn du eine große Muschel in eine Ecke klebst, klebe eine ebenso große in die gegenüberliegende Ecke, dann werden die Verzierungen nicht unregelmäßig. Große Muscheln geben das Hauptmuster für deine Schachtel ab, mit den kleineren füllst du die Lücken.

Wenn du willst, kannst du etwas Silberflitter über die fertig verzierte Schachtel streuen, solange der Klebstoff noch feucht ist. Lass den Klebstoff vollständig trocknen. Lackiere die Oberfläche gleichmäßig mit einem sauberen, dünnen Pinsel, um die Oberfläche haltbar zu machen.

Gepresste Blumen

Mit getrockneten, gepressten Blumen kann man wunderschöne, einzigartige Karten, Bilder, Lesezeichen – und Erinnerungen schaffen.

- einige Bogen weißes Löschpapier
- große schwere Bücher
- schwere Gewichte, zum Beispiel Ziegelsteine

Pflücke Blumen an einem trockenen Tag, wenn der Tau verdunstet ist. Gänseblümchen und Butterblumen eignen sich gut zum Pressen. Allgemein gilt, je kleiner und zarter die Blumen, desto besser gelingt das Pressen. Im Frühjahr kann man gut Blüten von Bäumen nehmen. Wenn du ein Bild gestalten möchtest, vergiss nicht, auch ein paar Gräser und Blätter zu pressen. Dann wirkt deine Komposition natürlicher.

Lege die Blumen bald nach dem Pflücken mit den Stängeln und ihren Blättern auf ein Blatt Löschpapier und glätte die Blütenblätter vorsichtig. Nimm nicht zu viele Blumen auf einem Blatt. Decke ein weiteres Blatt Löschpapier darüber und stecke die beiden Blätter in ein dickes Buch. Lege dicke Bücher, Ziegelsteine oder andere schwere Gegenstände darauf und lass sie mindestens sechs Wochen an einem trockenen Ort liegen.

Du kannst spezielle Blumenpressen kaufen. Sie bestehen normalerweise aus zwei Holzbrettern mit Löschpapierblättern und dazwischen Pappe oder dünne Brettchen, die man mit Schrauben feststellen kann.

Du kannst mit den getrockneten Blumen Karten oder Lesezeichen verzieren.

* Karton
* Klebstoff
* Pinsel
* ein Blatt durchsichtige Klebefolie
* Schere

Schneide den Karton in der Größe zurecht, die du brauchst, lege dann deine Blumen, Blütenblätter und Blätter so darauf, dass dir die Anordnung gefällt. Tupfe auf die Pinselspitze etwas Klebstoff und klebe die Blumen fest. Lass den Klebstoff trocknen.

Schneide die Klebefolie in derselben Größe aus und klebe sie vorsichtig über den Karton, indem du immer ein bisschen von der Rückseite abziehst, die Folie über den Blumen und dem Karton glättest, damit keine Luftblasen eingeschlossen werden. Schneide die Ränder gerade.

Für Lesezeichen machst du mit dem Locher ein Loch in den Karton, ziehst ein Stück Band durch und bindest es fest.

Freundschaftsbändchen

Wichtig bei den Freundschaftsbändchen: Du musst es an das Handgelenk deiner Freundin binden und es darf nie abgenommen werden, sonst ist eure Freundschaft in Gefahr.

Freundschaftsbändchen kann man aus Stickgarn, Wolle oder Lederbändern machen. Stickgarn ist ideal, denn im Gegensatz zur Wolle kann es ruhig nass werden. Du kannst auch sehr schmales Band nehmen.

Die einfachsten Bänder bestehen aus drei geflochtenen Strängen, doch du kannst mit der Anzahl und mit verschiedenen Farben experimentieren. Für ein Armband aus fünf Fäden brauchst du:

* 5 verschiedenfarbige Fäden aus Garn/Wolle/Band
* Schere
* Klebeband
* Perlen (wenn du willst)

Schneide fünf gleich lange Fäden ab (bedenke, dass beim Flechten einiges von der Länge verloren geht, also nimm lieber etwas mehr; ein guter Anhaltspunkt ist der Umfang deines Handgelenks, nimm des Doppelte davon) und binde die fünf Fäden an einem Ende mit einem einfachen Knoten zusammen, sodass darüber noch einige cm frei hängen. Klebe das verknotete Ende deines Armbands mit Klebeband an den Tisch und breite die losen Enden vor dir aus. Nimm einen der äußeren Fäden und lege ihn über die beiden nächsten Fäden neben ihm. Wiederhole das mit dem äußeren Faden der anderen Seite. Flechte die Fäden so weiter. Versuche, das Geflecht möglichst flach und gleichmäßig zu halten. Wenn du willst, kannst du einige kleine Perlen einflechten. Wenn dein Armband lang genug ist, dass es um dein Handgelenk passt, mache einen Knoten am Ende aller fünf Fäden.

Löse den Klebstreifen von dem Bändchen. Binde das Armband deiner Freundin mit einem festen Knoten ums Handgelenk. Im Sommer könnt ihr es auch am Fußgelenk tragen – doch das wird älteren Verwandten nicht immer gefallen.

Sparschwein aus Papiermaschee

Papier mâché heißt auf Französisch »gekautes Papier«. So heißt eine Modelliertechnik, bei der Papier und Kleister verwendet werden, doch ursprünglich ist das keine französische Erfindung. Wie das Papier selbst wurde auch Papiermaschee in China im 2. Jahrhundert n. Chr. erfunden. Die Chinesen machten Schachteln, Masken und sogar Helme daraus, alle mit Harz gehärtet und wundervoll bemalt.

In Europa wurde Papiermaschee häufig im Kunsthandwerk und bei der Spielzeugherstellung verwendet. Viele Puppenköpfe waren aus Papiermaschee und für die Herstellung von Marionetten wird es noch heute verwendet.

Du brauchst:

* einen runden Luftballon
* einen großen Stapel alter Zeitungen
* Kleister
* Universalmesser (bitte einen Erwachsenen um Hilfe, wenn du es benutzt)
* einen Eierkarton aus Pappe
* Leim
* eine Rolle Abdeckband
* einen Pfeifenreiniger
* Karton
* weiße Dispersionsfarbe
* Plakatfarben
* Klarlack

Für den Kleister
Du kannst einfach im Baumarkt Tapetenleim kaufen oder du kannst den Leim selbst machen:

* ½ Tasse Weißmehl
* Wasser
* 3 Essl. Zucker

Blase den Luftballon zu der Größe auf, die dein Sparschwein haben soll, und binde ihn zu. Zerreiße die Zeitungen in 3 bis 10 cm breite Streifen.

Stelle jetzt deinen Kleister her. Vielleicht musst du einen Erwachsenen um Hilfe bitten, wenn du das zum ersten Mal machst. Vermische das Mehl mit 2 Tassen kaltem Wasser. Bringe inzwischen in einem Topf 2 Tassen Wasser zum

Kochen. Gieße die Mischung in den Topf, rühre sie um und bringe sie nochmals zum Kochen. Nimm den Topf vom Herd und rühre den Zucker ein. Wenn die Masse abkühlt, wird sie etwas dicker und ist dann fertig zum Gebrauch. Gieße sie in einen breiten, flachen Behälter, zum Beispiel eine alte Spülschüssel. Jetzt kann die Arbeit an deinem Schwein beginnen.

Lege die Zeitungspapierstreifen in den Kleister, nimm sie wieder heraus und lass überflüssigen Leim abtropfen. Lege einen Streifen nach dem anderen vorsichtig über die Oberfläche deines Ballons, streiche sie mit den Fingern glatt, damit keine Luftblasen bleiben. Lege zwei Lagen, lass sie trocknen und lege dann wieder zwei Lagen darüber. Wenn du zu viele Schichten auf einmal auflegst, braucht es EWIG, bis es trocken ist.

Mit etwa sechs Lagen solltest du die richtige Stärke erreichen. Lass den bedeckten Ballon einige Tage an einem warmen Ort stehen (im Heizungsraum, wenn es bei euch einen gibt), bis er vollständig getrocknet ist. Mache dann mit einem Universalmesser einen winzigen Schnitt in das Papiermaschee, sodass der Ballon im Inneren platzt, und entferne ihn.

Für den Rest des Schweins brauchst du die Becher von den Eierkartons. Klebe vier mit Abdeckband als Beine an die Unterseite des Schweins und eine ans Ende als Rüssel. Wickle den Pfeifenreiniger um deinen Finger und befestige ihn am anderen Ende des Schweins als Schwanz. Schneide zwei Ohren aus dem Karton aus und klebe sie am Kopf des Schweins fest.

Wenn du das Schwein nicht kaputt machen möchtest, wenn du das Gesparte herausholst, schneide ein Loch in den Bauch des Schweins, das so groß ist wie die größte Münze. Mach einen Pfropfen aus Papiermaschee für das Loch (oder nimm einen Sektkorken oder verstopfe es mit Zeitungspapier), dann kannst du das Schwein immer wieder verwenden.

Lege noch einmal zwei Lagen Papiermaschee auf das Schwein und lass es vollständig trocknen.

Male das ganze Schwein überall weiß an. Damit wird das Papiermaschee versiegelt und die Zeitungsschrift wird überdeckt. Verziere es dann mit leuchtenden Farben. Wenn du fertig bist und es vollständig getrocknet ist, lackiere es.

Wenn du das Sparschwein verschenkst, vergiss nicht, eine Münze hineinzutun, das bringt Glück. Oink.

Änderungsschneiderei

Ändern geht schnell und macht Spaß – so können angehende Modedesignerinnen ihren eigenen Stil entwickeln –, und es ist viel leichter, als Kleider ganz selbst zu nähen. Es wäre jedoch nicht klug, mit deiner besten Jeans zu beginnen, denn du weißt am Anfang nicht, wie das Ergebnis aussehen wird. Verwende deine Fantasie lieber darauf, wie du abgetragene Kleider wieder auffrischen könntest, oder hol dir billige T-Shirts und Oberteile aus Secondhandläden.

Zu Anfang kannst du deine Kleider mit Stoffmalstiften oder -farben bemalen. Es gibt alle möglichen Farben (in manchen Geschäften gibt es sogar Glitzer-Stoffmalstifte!). Nimm einfache und unkomplizierte Muster. Versuche zum Beispiel, deinen Namen auf ein T-Shirt zu schreiben oder den Refrain deines Lieblingslieds. Wenn du sicherer wirst, kannst du mit komplizierteren Mustern experimentieren. Male ein Bild auf ein Stück Papier und übertrage es auf dein T-Shirt oder schneide eine Schablone aus und male um sie herum. Stilisierte Blumen und Tiere eignen sich besonders gut, doch du kannst auch Symbole nehmen, zum Beispiel dein Sternzeichen.

Wenn du keine Lust mehr hast, mit Stofffarbe zu arbeiten, versuche es mit Färben. Das ist einfach und sehr effektiv.

* Kaltwasser-Stofffarbe
* Salz
* eine große alte Schüssel oder einen Topf
* einen alten Holzlöffel
* Gummihandschuhe
* alte Zeitungen
* helles T-Shirt oder Oberteil (am besten 100 Prozent Baumwolle)
* Schnur

* Rühre zuerst die Farbe nach den Angaben auf der Packung an (hierfür brauchst du das Salz – in der Gebrauchsanweisung steht, wie viel du brauchst). Nimm dafür immer eine alte Schüssel oder einen alten Topf und einen alten Holzlöffel, denn es wird Farbflecken geben. Am besten trägst du auch Gummihandschuhe dazu, es sei denn, du willst farbige Finger, und deckst den Boden in deinem Arbeitsbereich mit alten Zeitungen ab. Du kannst auch im Freien arbeiten. Und ziehe dazu nicht deine besten Kleider an, falls du den einen oder anderen Farbspritzer abbekommst.

Weiche dann dein Oberteil in kaltem Wasser ein, bis es ganz nass ist – sonst dringt die Farbe nachher überall durch und das Kleidungsstück hat überall dieselbe Farbe. Fasse dann das T-Shirt an der Vorderseite in der Mitte und winde es zu einem Strang. Binde mit der Schnur Abschnitte des zusammengedrehten T-Shirts zusammen – so fest du kannst, damit es auch gut wird. Mache dasselbe auf der Rückseite. Tauche es dann in das Gefäß mit der Farbe, rühre mit dem Holzlöffel um und warte. Wie lange es dauert, steht in der Gebrauchsanweisung (das kann je nach Farbe unterschiedlich lange sein), doch wenn die Farbe heller werden soll als auf der Packung abgebildet, musst du das T-Shirt etwas früher wieder herausnehmen.

Spüle es dann gründlich aus und löse die Schnur. Dann hast du ein wunderschönes Muster an den Stellen, wo die Schnur die Farbe vom Stoff ferngehalten hat: Es kann aussehen wie ein Spinnennetz oder wie Sonnenstrahlen. Das Schönste ist, dass es jedes Mal wieder anders wird.

Geschenkpapier

* mittelgroße Kartoffeln
* scharfes Messer (und eine erwachsene Person, die dir hilft) oder Ausstechformen – Sterne, Herzen oder was sonst in der Küchenschublade liegt
* Zeitungspapier
* ein großes Blatt weißes oder braunes Einwickelpapier
* verschiedene Malfarben

Schneide für den Stempel eine Kartoffel in der Mitte durch. Zeichne dein Muster auf die Schnittfläche der Kartoffel. Beginne mit einfachen Formen wie Sternen oder Herzen. Lass dir die Formen, die du vorgezeichnet hast, von einem Erwachsenen mit dem Messer ausschneiden. Du kannst die gewünschte Form auch mit einer Ausstechform ausschneiden. Drücke die Form fest auf die Kartoffel und schon hast du den perfekten Kartoffelstempel.

Decke die Arbeitsfläche mit Zeitungspapier ab. Lege dann das Papier aus. Arbeite in Reihen von einer Seite zur anderen und tauche zwischendurch deinen Kartoffelstempel immer wieder in Farbe. Du kannst die Kartoffel auch drehen und so verschiedene Muster machen.

Für passende Geschenkanhänger machst du einen einzelnen Stempelabdruck auf ein extra Papierstück, schneidest sie aus, machst ein Loch hinein und ziehst ein Stück Band durch.

Marmoriertes Einwickelpapier

* Wasser
* eine große Farbwanne (sauber!), eine große Schüssel oder ein flaches Backblech
* verschiedene Ölfarben
* Bleistift oder Pinsel
* weiße Papierbogen oder eine Rolle Schrankpapier

Gieße etwas Wasser in das flache Backblech und lass einige Tropfen von zwei oder drei verschiedenen Ölfarben auf die Wasseroberfläche fallen. Mit einem Bleistift oder der Pinselspitze kannst du verwirbelte Muster auf die Wasseroberfläche zeichnen. Lege das Papier ganz vorsichtig auf die Wasseroberfläche und hebe es dann langsam ab. Das Papier wird ein zartes, strudelartig marmoriertes Muster angenommen haben. Lege das Papier flach zum Trocknen aus und lass es vollständig trocknen, ehe du damit Geschenke einwickelst.

Inspirierende Frauen

Nellie Bly (1864–1922)

*Im 19. Jahrhundert, als die meisten Frauen zu Hause saßen und nähten, arbeite-
te Nellie Bly (die in Wirklichkeit Elizabeth Jane Cochrane hieß) als Journalistin
in New York City. Im Gegensatz zu anderen Autorinnen der Zeit genügte es ihr
nicht, Kritiken von Theaterstücken und Artikel übers Kochen zu schreiben – sie
wollte mit ernsten Themen zu tun haben. Sie tat so, als sei sie verrückt, damit sie
die grausamen Bedingungen in einer psychiatrischen Anstalt anprangern konnte. Ihre Denkschrift in der New York Sun über die fürchterlich unmenschliche
Behandlung hatte eine Untersuchung durch die Behörden zur Folge und führte
letztendlich zu einer Verbesserung in Einrichtungen für psychisch Kranke. Sie war
auch sechs Monate als Korrespondentin in Mexiko, ehe der mexikanische Dikta-
tor Porfirio Diaz drohte, sie zu verhaften.*

*Bald danach reiste sie um die Welt. Sie war die erste Frau, die das ohne Begleitung
tat. Es gelang ihr in 72 Tagen, 6 Stunden, 11 Minuten und 14 Sekunden.*

Aung San Suu Kyi (geb. 1945)

*Burma ist ein wunderschönes Land in Südostasien. Es gehörte einmal zum briti-
schen Empire, seit 1962 wird es von einer Gruppe korrupter Generäle regiert, die
für ihre Menschenrechtsverletzungen bekannt sind, zum Beispiel den Einsatz von
Kinderarbeit. Wahlergebnisse wurden ignoriert, und wer es wagte, ihnen zu wider-
sprechen, wurde ermordet oder verfolgt.*

*Aung San Suu Kyi gründete 1988 die demokratische Bewegung in Burma und
ist seitdem ihre Anführerin. Sie hat das Wohlergehen ihres Volkes ihr Leben lang
in den Vordergrund ihres Handelns gestellt. 1990 gewann ihre Partei 82 Prozent
der Sitze im burmesischen Parlament – die Militärjunta ignorierte das Ergebnis.
Die Generäle sind immer noch an der Macht und Suu Kyi steht seit vielen Jahren
bis heute unter Hausarrest.*

*Man nennt sie »Lady« und sie trägt immer Blumen im Haar. 1991 erhielt sie
den Friedensnobelpreis und spendete ihr Preisgeld für Bildung und Gesundheits-
wesen.*

*Seit 1988 ist sie von ihrem Mann Michael Aris und ihren beiden Kindern ge-
trennt. Leider starb Aris 1999 in Großbritannien an Krebs; er hatte versucht, ein
letztes Mal nach Burma einzureisen, um seine Frau noch einmal zu sehen, doch
das Regime hatte ihm keine Besuchserlaubnis erteilt.*

WEIHNACHTEN

Weihnachten ist eine spannende Zeit, man weiß kaum, womit man anfangen soll. Vor allem solltest du daran denken, dass es nicht darum geht, viel Geld auszugeben. An Weihnachten geht es um Familie und Freunde. Eine schöne, selbst gemachte Karte, wenn sie auch nicht perfekt ist, ist mehr wert als hundert im Laden gekaufte.

Weihnachtskarten

Wenn du deine Weihnachtskarten selbst machst, solltest du bedenken, dass du viele brauchst. Je leichter sie also herzustellen sind, desto besser. Du kannst zum Beispiel einen einfachen Kartoffelstempel mit einem Weihnachtsbaum oder Stern darauf nehmen und den Druck mit etwas Glitzerklebstoff verzieren (siehe S. 249). Du kannst auch einen Linolschnitt als Vorlage für deine Karten machen.

Linolschnitt-Karten

* Linolplatten
* Linolschnittmesser
* wasserlösliche Druckfarbe in verschiedenen Farben
* eine Walze
* eine alte Glasscheibe oder eine Fliese, um die Farbe aufzutragen
* einen zusätzlichen Roller, mit dem du das Papier auf die Platte pressen kannst

Das Prinzip beim Linolschnitt ist dasselbe wie beim Kartoffeldruck. Doch er hat den Vorteil, dass du den Druckstock jedes Jahr wieder verwenden kannst. Für den Anfang ist es am einfachsten, wenn du einen Stock und nur eine Farbe auf weißes Papier druckst. Wenn du mehr Übung hast, kannst du mit verschiedenen Druckstöcken experimentieren. Wenn du sie übereinanderdruckst, kannst du kompliziertere Muster mit mehreren Farben drucken.

Alles, was du für den Linoldruck brauchst, kannst du in guten Bastelgeschäften kaufen. Ein Hohleisen sieht so ähnlich aus wie ein Apfelentkerner – damit schneidest du die Oberfläche weg und formst so das Motiv. Du kannst die Klingen und den Griff extra kaufen oder du kaufst gleich einen ganzen Satz. Linolplatten gibt es normalerweise in der Größe A5. Bitte einen Erwachsenen, sie dir durchzuschneiden – mit einem scharfen Messer und einem Metalllineal.

Das Schneiden mit dem Hohleisen wird dir am Anfang schwerfallen. Also übst du am besten erst an einer Platte, probierst die verschieden breiten Schneidemesser aus und welche Effekte man mit ihnen erzielen kann und gewöhnst dich an die Werkzeuge. Wenn du die Platte vorher etwas erwärmst, zum Beispiel 5 Minuten auf einen warmen Heizkörper legst, lässt sie sich leichter schneiden. Mit dem breitesten Messer schneidest du die großen Hintergrundflächen aus. Die kleineren v-förmigen Schneidewerkzeuge nimmt man für die feineren Linien und die Details. Schneide beim Arbeiten immer von deinem Körper weg, falls du einmal abrutschen solltest.

Bedenke am Anfang, dass alles, was du wegschneidest, auf dem Druck weiß bleiben wird. Alles, was stehen bleibt, wird farbig. Beginne mit einem einfachen Motiv und zeichne es zuerst mit Bleistift auf die Linolplatte. Bedenke, dass es auf dem Druck am Schluss seitenverkehrt sein wird. Wenn du also etwas schreibst, etwa »Schöne Weihnachten«, musst du die Buchstaben in Spiegelschrift herausarbeiten.

Wenn du einen Weihnachtsbaum drucken willst, zeichne die Umrisse des Baums auf die Linolplatte. Schneide mit dem breitesten Messer alles um den Baum herum weg. Nimm dann das v-förmige Schneidewerkzeug für die Einzelheiten wie Lametta und Christbaumschmuck.

Wenn die Linolplatte fertig ist zum Druck, gib etwas von der Druckfarbe auf eine alte Glasscheibe oder eine Fliese und rolle die Walze darin, bis sie leicht mit der Farbe bedeckt ist. Jetzt rolle mit der Walze leicht und gleichmäßig über die Oberfläche deiner Linolplatte. Die Stellen, an denen nichts weggeschnitten wurde, sollen mit Farbe bedeckt sein. Lege nun ganz vorsichtig das Papier auf die Platte. Halte es an einer Ecke fest und rolle mit der sauberen Walze vorsichtig über das Papier, sodass die Farbe gleichmäßig auf dem Papier verteilt wird. Ziehe das Papier ab und du hast deinen ersten Druck fertig.

Die ersten zwei oder drei Drucke werden vielleicht nicht perfekt, aber verzweifle nicht. Wenn du die Platte öfter einfärbst, werden die Drucke immer besser.

Den Weihnachtsbaum schmücken

Ehe du anfängst, den Baum zu schmücken, solltest du die elektrische Baumbeleuchtung einstecken und ausprobieren, ob sie funktioniert. Es gibt nichts Ärgerlicheres, als wenn du sie erst sorgfältig auf dem Baum drapierst und dann feststellen musst, dass sie kaputt ist.

Winde die Lichterkette von unten nach oben um den Baum. Es sollte beim Baumkauf schon berücksichtigt werden, wie lang die Lichterkette ist – damit sie nicht nur bis zur Hälfte reicht. Hänge Lametta über die Zweige, wenn du welches hast. Elegant sieht auch rotes Band aus. Du kannst es entweder über die Zweige drapieren oder in Stücke schneiden und Schleifen daraus binden.

Dann hängst du deinen Christbaumschmuck darauf. Zuerst die größeren Teile, verteile sie gleichmäßig auf dem Baum. Fülle die Lücken mit kleineren Teilen und hebe die schönsten für oben auf. Zerbrechliche Christbaumkugeln hängst du am besten in die Nähe der Spitze. Unten fällt eher mal etwas vom Baum. Am Schluss kommt der Engel oder ein Stern auf die Baumspitze.

Christbaum aus Zweigen

Wenn du keinen Platz für einen richtigen Christbaum hast oder an Weihnachten nicht zu Hause bist, aber etwas festliche Stimmung schaffen willst, ist das eine günstige, aber zauberhafte Lösung.

* verzweigte Äste
* eine Dose mit Silber- oder Goldmetallic-Farbe
* eine Lichterkette

Suche dir einen oder mehrere schön verzweigte Äste. Besprühe sie ganz mit Silber- oder Goldmetallic-Farbe (am besten machst du das draußen). Wenn die Farbe getrocknet ist, arrangiere die Zweige in einem großen Übertopf oder in einer Vase. Lege eine Lichterkette darum und dekoriere die Zweige mit Christbaumschmuck von den nächsten Seiten.

Weihnachtsschmuck

Papierlaternen

* gummiertes Papier (gibt es in Bastelgeschäften)
* Schere
* ein kleiner feuchter Schwamm

Falte einen großen Bogen gummiertes Papier in der Mitte. Schneide am Falz Schlitze bis etwa 1,5 cm vom oberen Rand hinein. Falte das Papier auseinander und drehe es so, dass die Schlitze von oben nach unten verlaufen, rolle es zu einer Laterne zusammen und befeuchte den Rand mit dem Schwamm oder mit der Zunge. Schneide einen langen Streifen von einem anderen Bogen und klebe ihn als Henkel am oberen Rand fest.

Wenn du genügend Laternen in unterschiedlichen Farben gebastelt hast, fädle sie an den Henkeln auf ein langes Stück Schnur und hänge sie im Zimmer auf oder hänge die Laternen einzeln an den Weihnachtsbaum.

Glocken aus Eierkarton

* leere Papp-Eierkartons
* Schere
* Bleistift oder Zahnstocher
* Plakatfarben
* Abdeckband
* Klebstoff
* Flitter
* goldenes Stickgarn, feines Band, Wolle oder Lametta

Schneide den Eierkarton in die einzelnen Teile auseinander. Schneide sie unten gerade, damit sie wie Glocken aussehen. Mit einem Bleistift oder Zahnstocher bohrst du in jede Glocke oben ein Loch hinein. Male sie innen an und lass sie trocknen. Bestreiche die Glocke von außen mit etwas Klebstoff und streue Flitter darüber. Schneide Stücke von Stickgarn, Band oder Lametta ab und lege sie zu Schlingen. Fädle das Ende der Schlinge durch das Loch oben in der Glocke und klebe es innen mit Abdeckband fest. Als Klöppel der Glocken schneidest du Stücke von Lametta ab, die etwa 1 cm länger sind als die Glocken, und klebst sie innen in den Glocken fest.

Christbaumschmuck aus Salzteig

- 2 Tassen Mehl
- 1 Tasse Salz
- 1 Tasse Wasser
- 1 Wellholz
- Ausstechformen oder verschiedene Formen aus Karton
- Zahnstocher oder Fleischspieß
- Backblech
- Backpapier
- Farben
- Flitter oder Glitzerklebstoff
- Band

Vermische Mehl und Salz in einer Schüssel und gib allmählich das Wasser dazu. Verarbeite alles zu einem festen Teig. Knete den Teig auf einer leicht bemehlten Fläche, bis er glatt und elastisch ist. Wenn der Teig klebrig wird, stäube etwas mehr Mehl darauf, bis er sich gut verarbeiten lässt. Lege den Teig wieder in die Schüssel zurück, und lass ihn zugedeckt eine halbe Stunde stehen.

Rolle den Teig mit einem leicht bemehlten Wellholz auf etwa ½ cm Dicke aus. Nimm Ausstechformen von Sternen, Engeln oder Weihnachtsbäumen oder mach dir Schablonen aus Pappe und schneide mit dem Messer drum herum in den Teig. Mache mit einem Zahnstocher oder Fleischspieß oben in jede Form ein Loch, durch das man ein Band ziehen kann.

Lege die Formen auf ein Backblech, das mit Backpapier ausgelegt ist, und backe sie bei 120 °C etwa 6 Stunden lang. Der Teig sollte hart und trocken sein. Lass die Formen vollständig abkühlen, ehe du sie anfasst.

Verziere sie mit Farben und streue etwas Flitter darüber oder tupfe Glitzerklebstoff darauf. Ziehe ein Stück Band durch jede Form und mache einen Knoten hinein.

Duftorangen

Der würzige Geruch von Orangen und Nelken verbreitet im ganzen Haus eine herrlich weihnachtliche Stimmung. Früher sollten die Duftorangen schlechte Gerüche im Haus vertreiben. Nach Weihnachten kannst du sie in deiner Sockenschublade oder in deinem Schrank aufbewahren, das hält Motten fern.

* eine Orange
* 60 cm dünnes Band
* Nelken
* Fingerhut, Zahnstocher, dünne Stricknadel (wenn du willst)

Binde das Band fest um die Orange, als wolltest du sie als Geschenk verpacken, und verknote es oben fest. Binde die Enden zu einer Schleife oder Schlinge, damit du die Orange später daran aufhängen kannst. Jetzt ist die Orange durch das Band in vier gleich große Teile geteilt.

Bearbeite einen Teil nach dem anderen und bedecke die ganze Orange mit Nelken, indem du sie mit der Spitze voran hineindrückst. (Wenn dir der Daumen allmählich wehtut, kannst du einen Fingerhut benutzen, oder du machst erst mit einem Zahnstocher oder einer dünnen Stricknadel ein kleines Loch in die Schale und drückst dann die Nelke hinein.) Mit etwas Übung kannst du dann verschiedene Muster mit den Nelken in jedem Abschnitt formen – Kreise, Streifen, Wellenlinien. Hänge die fertige Duftorange an den Weihnachtsbaum oder dekoriere die Wohnung damit.

Briefe an das Christkind

Du kannst dem Christkind *(Postfach 10 01 00, 21709 Himmelpforten)*, dem Nikolaus *(66351 St. Nikolaus)* oder dem Weihnachtsmann *(Weihnachtspostfiliale, 16798 Himmelpfort)* einen Brief schreiben. Nur Mut! In der Regel bekommst du sogar eine persönliche Antwort.

Zimtsterne Ergibt ca. 80 Stück

* 3 Eiweiß
* 250 g Puderzucker
* 1 Päckchen Vanillezucker
* 2 Teel. Zimt
* 350 g gemahlene Mandeln oder Haselnusskerne
* Puderzucker (zum Ausrollen)

Heize den Backofen auf 140 bis 150 °C vor.

Schlage das Eiweiß mit einem Handrührgerät sehr steif. Siebe dann den Puderzucker nach und nach unter die Eischneemasse und gib den Vanillezucker dazu. Stelle etwa fünf Esslöffel des Eischnees in einer kleinen Schüssel beiseite. Das brauchst du später zum Bestreichen.

Gib jetzt den Zimt und nach und nach die gemahlenen Mandeln oder Haselnüsse dazu und knete das Ganze auf niedrigster Stufe zu einer glatten Masse. Der Teig sollte nicht kleben (wenn nötig, nimm noch etwas mehr gemahlene Nüsse).

Bestäube die Arbeitsfläche mit Puderzucker und roll den Teig so aus, dass er ungefähr 1 cm dick ist. Nimm eine sternförmige Ausstechform und steche deine Zimtsterne aus. Lege sie auf ein mit Pergamentpapier ausgelegtes Backblech, bestreiche sie mit dem übrigen Eischnee und lass sie etwa 25 Minuten backen. Lass die Sterne auf einem Kuchengitter auskühlen.

Dreikönigstag

Am 6. Januar wird normalerweise die Weihnachtsdekoration wieder eingepackt. Wirf die Weihnachtskarten nicht weg, bewahre sie für das nächste Jahr in einer Schachtel auf. Du kannst einzelne Motive ausschneiden und daraus Geschenkanhänger basteln oder neue Collage-Weihnachtskarten daraus basteln.

WAHRSAGEN

Wenn du das nächste Mal Freundinnen zum Tee einlädst, kannst du ihnen ja richtigen Tee aus einer Kanne mit Teeblättern anbieten und in zierlichen kleinen Teetassen mit Untertassen servieren – und dabei ein bisschen wahrsagen. Denke daran, dass du kein Teesieb verwendest!

Während deine Gäste ihren letzten Keks vertilgen, verschwindest du unauffällig nach draußen und verwandelst dich in Gypsy Rose Lee, die berühmte Wahrsagerin.

Die besten Wahrsagerinnen sehen sehr geheimnisvoll und exotisch aus, also ziehe einen langen Rock mit Volants an (leihe dir einen von deiner Mutter) und eine weiße Bluse. Binde dir einen Seidenschal um den Kopf und trage so viele klingelnde Armreifen und Ringe, wie du finden kannst.

Ehe du wahrsagst und in die Zukunft siehst, müssen deine Gäste Silber über deine Hand wandern lassen. Mit anderen Worten, du überzeugst sie davon, dass du ihnen keinesfalls sagen kannst, ob sie einen großen dunkelhaarigen Mann kennenlernen und sich in ihn verlieben werden oder ob sie reich werden oder Astronautin werden, wenn sie dir nicht wenigstens 50 Cent in die Hand legen.

Teeblattlesen für Anfänger

Bitte die Person, für die du wahrsagst, ihre fast leere Teetasse verkehrt herum in die Untertasse zu stellen. Dann muss sie mit ihrer linken Hand die Tasse dreimal gegen den Uhrzeigersinn drehen; wenn sie Linkshänderin ist, sollte sie ihre rechte Hand nehmen.

Nimm ihr jetzt die Tasse ab und stelle sie richtig hin, sodass der Henkel auf dich zeigt. Sieh in die Tasse und beginne, die Teeblattformen zu »lesen«. Erkläre deinen Gästen mit leiser und geheimnisvoller Stimme, dass die Teetasse verschiedene Abschnitte hat, aus denen du lesen kannst:

* **Der Henkel.** Die Teeblätter in der Nähe des Henkels haben eine sehr direkte Bedeutung. Links vom Henkel liegen Dinge aus der Vergangenheit, rechts die unmittelbare Zukunft und die Gegenwart.
* **Der Rand und das obere Drittel der Teetasse.** Dieser Teil zeigt die Gegenwart und die nächste Zukunft.
* **Das mittlere Drittel der Tasse.** Dies zeigt, was in den nächsten Wochen geschehen wird.
* **Der Boden der Tasse.** Dieser Teil zeigt die fernere Zukunft.

Sieh dir die Formen an, die die Teeblätter in der leeren Tasse bilden, und deute alle Formen, die du erkennst. Wenn man viele Blätter in der Teetasse hat, bedeutet das ein erfülltes Leben. Hier sind einige Formen und ihre mögliche Bedeutung:

* **Apfel:** Erfolg
* **Vogel:** Du wirst bald eine Reise machen, aber allein
* **Katze:** Vertrauensbruch, eine falsche Freundin
* **Wolken:** Kummer und Probleme
* **Kreuz:** eine Warnung
* **Hund:** ein guter Freund
* **Ei:** ein gutes Omen
* **Elefant:** Gesundheit
* **Auge:** sei wachsam
* **Feuer:** künstlerischer Erfolg
* **Gewehr oder Pistole:** Gefahr
* **Herz:** gute Chancen für die Liebe und Romanzen; zerbrochen – Schwierigkeiten für die Liebe
* **Pferd:** gute Neuigkeiten
* **Drachen:** Ein Wunsch wird sich erfüllen
* **Leiter:** Erfolg
* **Blatt:** Glück
* **Schwein:** Wohlstand, Gier
* **Fragezeichen:** Vorsicht
* **Regenbogen:** Ein Wunsch wird sich erfüllen
* **Spinne:** Geld
* **Stern:** Gesundheit und Glück

Papierorakel – Himmel und Hölle

Die Figur heißt auch Nasenkneifer, Pfeffer und Salz oder Salznäpfchen. Im Englischen heißt sie Fortune Teller (=Wahrsager) oder Cootie Catcher (=Läusefänger).

Falze eine Ecke eines A4-Bogens zum Quadrat und schneide den unteren Teil des Blattes ab.

Öffne das Quadrat und falte es diagonal von der gegenüberliegenden Seite.

Öffne das Quadrat und falte eine Ecke sorgfältig zur Mitte des Quadrats. Mache dasselbe mit den drei anderen Ecken (Abb. A).

Drehe das Papier um und falte wieder eine Ecke zur Mitte des Quadrats, ebenso die drei anderen Ecken (Abb. B).

Falte jetzt das Ganze in der Mitte.

Schiebe Daumen und Zeigefinger beider Hände unter die äußeren Laschen, die die Ecken bilden.

Lege das Papier wieder flach hin und bemale jedes der vier äußeren Quadrate, unter denen deine Zeigefinger und Daumen waren, in einer anderen Farbe.

Drehe das Orakel um und schreibe die Ziffern von 1 bis 8 auch auf die Dreiecke (Abb. C).

Öffne die Laschen und schreibe die Worte »ja« oder »nein«, Kommentare oder Vorhersagen unter die acht Ziffern.

Abb. A   *Abb. B*   *Abb. C*

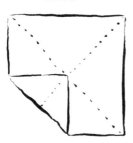 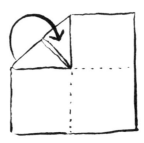 

So funktioniert das Papierorakel

Bitte eine Freundin, sie soll sich eine einfache Frage ausdenken, die zum Beispiel mit »ja«, »nein«, »vielleicht« oder »du wirst warten müssen« beantwortet werden kann.

Dann wählt sie eine der vier Farben auf dem Papierorakel, zum Beispiel Orange. Öffne dann das Papierorakel mit Fingern und Daumen in jeder der Richtungen für »Orange«.

Jetzt wählt sie eine der Zahlen, die nun sichtbar werden – zum Beispiel fünf.

Öffne und schließe das Papierorakel abwechselnd in die eine und dann in die andere Richtung fünfmal.

Jetzt wählt deine Freundin eine der Zahlen aus dem inneren Teil des Papierorakels. Dann hebt sie diese Lasche an und liest darunter die magische Antwort auf ihre Frage.

TIPP: *Es gibt endlos viele Varianten des Papierorakels. Nimm Bilder, Blumen oder Symbole anstelle der Farben. Oder schreibe Vorhersagen anstelle von »ja« oder »nein« hinein: »Du wirst einen Astronauten heiraten«, »Du wirst Zwillinge bekommen«, »Du wirst ein berühmter Filmstar.«*

Handlesen

Wusstest du, dass die Form und Größe unserer Hände gemeinsam mit den Linien und Erhebungen (Bergen) in der Handfläche »gelesen« werden können? Dass sie etwas über unsere Persönlichkeit aussagen und unser Schicksal vorhersagen können?

Übe an deinen eigenen Händen, bis du die wichtigsten Linien, Berge und ihre Bedeutung kennst, und teile dann deinen Freundinnen mithilfe deiner Handlesekunst mit, was das Schicksal für sie auf Lager hat.

Was deine Finger über dich aussagen:

* **Dein Zeigefinger ist länger als dein Ringfinger.** Du hast Führungsqualitäten und wirst viel erreichen. Doch du bist auch temperamentvoll!
* **Dein Ringfinger ist länger als dein Zeigefinger.** Wahrscheinlich bist du sehr kreativ und hast viele originelle Ideen.
* **Dein Daumen ist sehr beweglich.** Du bist eine unkomplizierte Persönlichkeit, die sich gut an Veränderungen anpassen kann.
* **Du hast unbewegliche Daumen.** Du bist wahrscheinlich dickköpfig und willst, dass alles so bleibt, wie es ist.
* **Du hast lange Daumen.** Je länger dein Daumen ist, desto wahrscheinlicher ist es, dass du eine starke Persönlichkeit hast. Du bist auch sehr loyal gegenüber denen, die du liebst.

Aus der Hand lesen

Ein echter Handlese-Experte würde deine beiden Hände anschauen und könnte feine Unterschiede zwischen beiden erkennen. Amateuren reicht die linke Hand für die wichtigsten Informationen. Die Berge auf der Hand stehen für verschiedene Bereiche.

1. **Venus:** Liebe, Empfindsamkeit und Mitgefühl. Ein weicher und übervoller Venushügel deutet jedoch auf eine allzu nachsichtige Persönlichkeit.

2. **Mars:** Ist das Symbol für Mut und Widerstandsfähigkeit. Die Marsberge stehen für starke Entschlossenheit, Bereitschaft zum Wettstreit und Tatkraft. Wenn sie jedoch zu stark ausgebildet sind, kann das ein Hinweis auf eine zu aggressive, streitsüchtige Persönlichkeit sein.
3. **Jupiter:** Selbstvertrauen und Ehrgeiz. Ein kleiner Jupiterberg deutet auf Schüchternheit und mangelnden Antrieb hin. Wenn der Berg zu ausgeprägt ist, könnten dir Dünkel und Selbstsucht zum Verhängnis werden.
4. **Saturn:** Sorge für andere, Sensibilität und Ruhe. Überentwickelt: Hüte dich vor Einsamkeit. Ein kleiner oder gar kein Saturnberg – eine Tendenz zu übermäßiger Frivolität.
5. **Apollo:** Kreativität und künstlerisches Flair. Wenn er zu ausgeprägt ist, bist du wahrscheinlich oberflächlich und anmaßend. Ein flacher oder zu schwach entwickelter Berg – eine langweilige Persönlichkeit, mehr im Wirtschaftlichen zu Hause als in der Kunst.
6. **Merkur:** Dieser Berg hat sowohl mit Geschäftssinn und Geschicklichkeit als auch mit Veränderung zu tun. Wenn du einen gut entwickelten Merkurberg hast, bist du scharfsinnig und liebenswert, begabt für die Schauspielerei.
7. **Mondberg:** Kreativität, Neugier und Fantasie. Doch ein zu ausgeprägter Berg könnte auf eine Tendenz zur Träumerei oder Falschheit hinweisen.

Die Handlinien

1. **Lebenslinie:** Gibt Auskunft über physische Gesundheit, Lebenseinstellung und Energie. Eine lange, deutliche gezogene Lebenslinie, die in einem tiefen Bogen in der Handfläche verläuft, deutet auf eine vitale und großzügige Persönlichkeit hin. Eine Unterbrechung der Lebenslinie deutet auf eine Krankheit oder eine größere Krise und Veränderung hin.
2. **Schicksalslinie:** Sagt etwas über Karriere und Bestimmung aus. Eine glatte, ununterbrochene Linie steht für ein erfülltes und erfolgreiches Berufsleben. Eine Hand ohne Schicksalslinie deutet auf ein Leben in Luxus und Glück hin!
3. **Kopflinie:** Zeigt unsere Fähigkeiten und unser Potenzial an. Eine gerade, gut ausgeprägte Linie in der Handfläche deutet auf eine praktische, vernünftige Person hin. Eine abfallende Kopflinie steht für eine eher kreative und fantasievolle Persönlichkeit. Eine dünne, schwache Kopflinie ist ein Anzeichen für einen Mangel an Ausdauer und Konzentration.
4. **Herzlinie:** Die »perfekte« Herzlinie verläuft über die Handfläche in einer klaren, ununterbrochenen Kurve und deutet auf Herzensgüte und Treue. Brüche in der Herzlinie können auf Enttäuschungen oder Unbeständigkeit in der Liebe hindeuten, während eine »kettige« Herzlinie ein kokettes Wesen anzeigt. Eine sehr lange Linie, die über die ganze Handfläche verläuft – hüte dich vor Eifersucht.

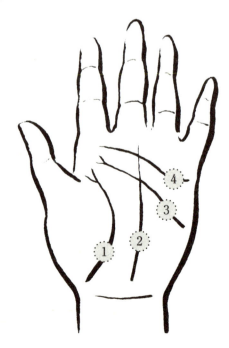

Der Tierkreis

Der Tierkreis hat zwölf Zeichen. Jedes steht in Beziehung zu einer Sternenkonstellation am Nachthimmel. Das Sternzeichen eines Menschen wird bestimmt durch die Konstellation, in der die Sonne sich an dem Tag bewegt, an dem er geboren wird. Jedem Sternzeichen ist eines der vier Elemente zugeordnet – Erde, Luft, Feuer und Wasser.

Widder
21. März–20. April

* **Element:** Feuer
* **Edelsteine:** Diamant, Amethyst
* **Berühmte Widder:** Charlie Chaplin, Keira Knightley, Houidini

Widder ist das erste Zeichen des Tierkreises und daher können Widder ein bisschen naiv sein. Sie sind auch sehr interessant, tatkräftig, liebenswert und optimistisch. Im schlimmsten Fall sind sie anmaßend, selbstsüchtig, taktlos und jähzornig. Widder verlieben sich häufig auf den ersten Blick.

Stier
21. April–21. Mai

* **Element:** Erde
* **Edelsteine:** Smaragd, Jade
* **Berühmte Stiere:** Sigmund Freud, Katharina die Große, Penelope Cruz

Stiere sind verlässliche Typen und können freundlich, liebevoll, engagiert und treu sein. Im schlimmsten Fall sind sie starrköpfig und faul. In der Liebe sind Stiere hingebungsvoll und treu, können aber besitzergreifend sein.

Zwillinge
22. Mai–21. Juni

* **Element:** Luft
* **Edelsteine:** Beryll, Achat
* **Berühmte Zwillinge:** Johnny Depp, Marilyn Monroe, Steffi Graf

Zwillinge können unstet sein. In der einen Minute sind sie bezaubernd, talentiert und aufgeschlossen und in der nächsten sind sie oberflächlich, hinterlistig und herzlos. In der Liebe tendieren Zwillinge zum Flirten und sind etwas eigennützig.

Krebs
22. Juni–22. Juli

* **Element:** Wasser
* **Edelsteine:** Rubin, Mondstein
* **Berühmte Krebse:** Hermann Hesse, Prinzessin Diana, Liv Tyler

Krebse arbeiten hart, sind geistreich und gutherzig – und sie lieben ihre Mutter sehr. Sie können auch launisch, unsicher, unaufrichtig und aufbrausend sein. In der Liebe sind Krebse hingebungsvoll und sehr romantisch.

Löwe
23. Juli–23. August

* **Element:** Feuer
* **Edelsteine:** Rubin, Peridot, Topas
* **Berühmte Löwen:** Napoleon, Madonna, J. K. Rowling

Die edlen Löwen sind großzügig, unermüdlich, optimistisch, geistreich und kreativ. Wenn man sie reizt, können sie eingebildet, herrschsüchtig, eitel und eigensinnig sein. In der Liebe können Löwen zärtlich, leidenschaftlich und fürsorglich, doch manchmal auch eifersüchtig sein.

Jungfrau
24. August–23. September

* **Element:** Erde
* **Edelsteine:** Safir, Achat
* **Berühmte Jungfrauen:** Agatha Christie, Johann Wolfgang von Goethe, Greta Garbo

Jungfrauen haben höchstwahrscheinlich ihre Sockenschublade ordentlich aufgeräumt – Jungfrauen sind Perfektionisten. Sie sind sanft, schüchtern, oft wortgewandt und weise. Doch sie können auch pedantisch und schwermütig sein und sich überall einmischen. Jungfrauen sind sehr wählerisch, liebevoll und treu.

Waage
24. September–23. Oktober

* **Element:** Luft
* **Edelsteine:** Opal, Safir, Diamant
* **Berühmte Waagen:** Margaret Thatcher, John Lennon, Romy Schneider

Die vernünftigen Waagen sind liebenswert, kunstverständig, vorsichtig und würdevoll. Doch sie können auch unentschlossen, eitel und allzu nachsichtig sein. Waagen verlieben sich leicht, sind sehr romantisch, neigen aber auch zum Flirten.

Skorpion
24. Oktober–22. November

* **Element:** Wasser
* **Edelsteine:** Onyx, Topas
* **Berühmte Skorpione:** Marie Antoinette, Pablo Picasso, Michael Ende

Skorpione sind vertrauenswürdig, aufrichtig, scharfsinnig und mutig. Wenn man sich ihre Gunst jedoch verscherzt, können sie boshaft, argwöhnisch und eifersüchtig sein. Skorpione sind leidenschaftlich und hingebungsvoll, doch ihre Launen und verborgenen Gefühle können zu Missverständnissen führen.

Schütze
23. November–21. Dezember

* **Element:** Feuer
* **Edelsteine:** Türkis, Topas, Amethyst
* **Berühmte Schützen:** Jane Austen, Walt Disney, Brad Pitt

Die lebenslustigen Schützen sind begabt, talentiert und interessant – doch manchmal lassen sie den Dingen zu sehr ihren Lauf, und sie können leichtfertig sein. Schützen sind leidenschaftlich, brauchen aber etwas Zeit, bis sie sich niederlassen.

Steinbock
22. Dezember–20. Januar

* **Element:** Erde
* **Edelsteine:** Granat, Turmalin
* **Berühmte Steinböcke:** Elvis Presley, Marlene Dietrich, Orlando Bloom

Steinböcke können ruhig wirken, wenn man sie jedoch besser kennenlernt, sind sie lebenslustig und sehr amüsant. Sie arbeiten viel, sind verantwortungsbewusst und loyal. Im schlimmsten Fall sind sie habgierig, trübsinnig und schüchtern. Steinböcke verbergen ihre Gefühle, sind aber sehr standhaft und treu.

Wassermann
21. Januar–19. Februar

* **Element:** Luft
* **Edelsteine:** Aquamarin, Safir
* **Berühmte Wassermänner:** Jennifer Anniston, Charles Darwin, W. A. Mozart

Wassermänner sind ehrlich, kreativ, originell und gedankenvoll. Sie können auch ein bisschen vergesslich, rebellisch, überempfindlich und exzentrisch sein. Wenn sich Wassermänner verlieben, dann in jemanden, der ihnen ähnlich ist.

Fische
20. Februar–20. März

* **Element:** Wasser
* **Edelsteine:** Türkis, Amethyst
* **Berühmte Fische:** Albert Einstein, Elisabeth Taylor, Michelangelo

Im besten Fall sind Fische selbstlos, religiös, romantisch und liebevoll. Im schlimmsten Fall können sie zu emotional, geschwätzig, schwach und furchtsam sein. In der Liebe sind Fische liebevoll und sinnlich, und sie bleiben bei jemandem, auf den sie sich verlassen können.

Wahrsagen mit Blumen

Blütenblätter zupfen und dabei »Er liebt mich, er liebt mich nicht …« vor sich hin murmeln. Wer kennt es nicht. Wichtig ist, nimm keine Blüten mit zu vielen oder zu wenigen Blütenblättern. Mit einem Stiefmütterchen machst du dich unglaubwürdig. Mit einer Gerbera dauert das Abzählen zu lange, und du hörst wahrscheinlich auf, bevor die Blütenblättchen alle sind. Und wenn dich gerade andere Fragen interessieren – das Ganze funktioniert auch mit: Werd ich in Mathe eine Sechs bekommen? Werde ich nicht?

Bauernregeln

Eine gute Hellseherin sollte auch über das Wetter Bescheid wissen oder zumindest immer einen klugen Spruch parat haben. Hier einige Bauernregeln, mit denen du nie wirklich falsch liegen wirst:

* Der Januar muss krachen, soll der Frühling lachen.
* Spielen die Mücken im Februar, frieren Schaf und Biene das ganze Jahr.
* Märzensonne – kurze Wonne.
* April, April, der macht, was er will.
* Mairegen bringt Segen.
* Im Juni viel Donner bringt einen trüben Sommer.
* Im Juli muss vor Hitze braten, was im September soll geraten.
* Ist's in der ersten Augustwoche heiß, bleibt der Winter lange weiß.
* Donnert's im September noch, wird der Schnee um Weihnacht hoch.
* Oktoberschnee – tut Mensch' und Tieren weh.
* Hängt das Laub bis November hinein, wird der Winter lange sein.
* Weihnacht im Schnee – Ostern im Klee.

Inspirierende Frauen

Elisabeth I. (1533–1603)

Als Tochter von Heinrich VIII. und seiner zweiten Frau Anne Boleyn hatte Elisabeth Tudor einen schlechten Start (ihr Vater ließ ihre Mutter hinrichten), wurde später aber eine große, berühmte Königin, nach der ein ganzes Zeitalter benannt wurde. Zu Anfang schienen ihre Chancen auf den Thron von England recht dürftig, besonders nach der Geburt ihres Bruders Edward im Jahr 1537. Doch nach seinem Tod und dem ihrer Halbschwester Maria (Maria I. Tudor, nicht zu verwechseln mit Maria II. von England, Schottland und Irland) wurde sie 1558 gekrönt. Sie übernahm ein Land, das von Schulden erdrückt wurde, durch Religionskämpfe entzweit war und ständig von Frankreich und Spanien bedroht wurde. Sie hinterließ eine mächtige, wohlhabende Handelsnation.

Sie hatte ein aufbrausendes Temperament, war impulsiv, doch auch scharfsinnig, intelligent, hochgebildet – sie sprach sechs Sprachen – und politisch gewieft. Sie besaß auch einen Hang zur Dramatik. Ihre Flotte schickte sie in den Kampf gegen die Armada mit den Worten: »Ich weiß, dass ich zwar den Leib eines schwachen, kraftlosen Weibes habe, dafür aber Herz und Mark eines Königs.« Und dann gab es natürlich noch die Kleider, die Juwelen und die Tatsache, dass sie nie heiratete. Sie sagte, sie sei mit ihrem Land verheiratet. Doch es gab Gerüchte über eine Affäre mit Robert Dudley und viele andere romantische Geschichten über die Königin. Sie machte ihre Arbeit so gut, dass man immer wieder sagte, sie muss ein verkleideter Mann gewesen sein. Das sagen Männer oft über Frauen, die sie nicht beherrschen können.

Marie Curie (1867–1934)

Die in Polen geborene Maria Sklodowska zog 1891 nach Paris und studierte an der Sorbonne. Dort lernte sie den Physikprofessor Pierre Curie an der Universität kennen und heiratete ihn. Zusammen machten sie einige bahnbrechende Entdeckungen. Sie isolierten Polonium (das nach ihrem Heimatland benannt wurde) und Radium. Sie erhielt zweimal den Nobelpreis, einmal gemeinsam mit ihrem Mann 1903 und einmal allein 1911.

Bemerkenswert und einzigartig ist sie als erfolgreiche Frau in einer von Männern dominierten Welt. Sie erwarb sich den Respekt ihrer Kollegen und nach dem plötzlichen Tod ihres Mannes 1906 wurde sie seine Nachfolgerin an der Sorbonne.

SPIELE GEGEN LANGEWEILE

Wenn dir langweilig ist, dann hast du wohl nur noch nicht richtig überlegt. Tu etwas. Irgendwas – es muss nicht erbaulich, kompliziert oder sinnvoll sein. Wichtig ist, dass du deinen Geist und möglichst auch deinen Körper beschäftigst. Du kannst davon ausgehen, dass deinen Freundinnen manchmal genauso langweilig ist. Lad sie ein – zu dir nach Hause, in den Park oder in den Garten. Und ehe du dich versiehst, ist die Zeit wie im Flug vergangen.

Spiele für die Pause

Klatschspiele

Klatschspiele spielt man normalerweise zu zweit. Stelle dich deiner Partnerin gegenüber, nicht zu weit weg, sodass ihr bequem eure Hände erreichen könnt.

Fangt an und klatscht einfach einmal in die eigenen Hände, dann mit der rechten Hand gegen die linke Hand der Partnerin und mit der linken gegen ihre rechte. Denkt euch eine Reihenfolge fürs Klatschen und einen Rhythmus dazu aus. Ihr könnt zum Beispiel die Hände überkreuzen oder doppelt klatschen.

Am einfachsten ist es, wenn ihr zwischen jedem gegenseitigen Klatschen einmal in die eigenen Hände klatscht – dann könnt ihr den Rhythmus besser halten. Ihr könnt euch dazwischen auch auf die eigenen Schenkel klopfen oder euch umdrehen und mit dem Hinterteil oder der Hüfte gegeneinanderstoßen.

Hier sind ein paar Reime auf die ihr klatschen könnt:

Em Bem Bi

Em bem-bi, kolo-nie, ko-lo-saf-ra,
Em bem-bi, ko-lo-nie.
Acca-de-mi, sa-fa-ri, acca-de-mi,
Bum, bum.

Bei Müllers hat's gebrannt

Bei Müllers hat's gebrannt -brannt -brannt,
da bin ich hingerannt -rannt -rannt.
Da kam ein Polizist -zist- zist,
der schrieb mich auf die List', List', List'.
Die List', die fiel in' Dreck, Dreck, Dreck,
da war mein Name weg, weg, weg.
Da lief ich schnell nach Haus, Haus, Haus,
zu meinem Bruder Klaus, Klaus, Klaus,
da war die G'schichte aus, aus, aus.

Hüpfspiele und Lieder

Ihr braucht ein langes Seil und zwei Personen, die jeweils an jedem Ende das Seil schwingen. Bei den meisten dieser Spiele und Lieder müssen die Springer abwechselnd in das Seil laufen und springen. Wenn du strauchelst und im Seil hängen bleibst, bist du draußen und musst das Seil schwingen. Wenn ihr nur zu zweit seid, könnt ihr trotzdem spielen: Bindet das Seil einfach an einem Baum oder Pfosten fest.

Hier sind einige unserer Lieblingslieder:

*
Teddybär, Teddybär,
dreh dich um.

Teddybär, Teddybär,
mach dich krumm.

Teddybär, Teddybär,
zeig deinen Schuh.

Teddybär, Teddybär,
bau ein Haus.

Teddybär, Teddybär,
spring hinaus.

Die Springerin muss tun, was im Reim angesagt wird – sich umdrehen, den Boden berühren und so weiter.

Eine andere Variante …

*
Montag fängt die Woche an.
Dienstag sind wir übel dran.
Mittwoch sind wir mittendrin.
Donnerstag gibt's Kümmerling.
Freitag gibt's gebratenen Fisch.
Samstag tanzen wir um den Tisch.
Sonntag gibt's 'nen Schweine-
braten
und dazu 'nen Krautsalat.

Alle Beteiligten sprechen das Gedicht möglichst laut mit und werden dabei immer schneller. Die Springerin versucht, das Tempo zu halten – bis alle prustend vor Lachen am Boden liegen.

Oder …

*
Argentinien,
Brasilien,
Chile,
Dänemark,
England,
Frankreich,
…

Diese Variante ist schon etwas schwieriger. Diejenigen, die das Seil drehen, machen bei jedem Land einen Seitwärtsschritt, sodass sie sich im Kreis bewegen. Die Springerin muss ihnen folgen und bei jedem Sprung ein Land nennen (möglichst in alphabetischer Reihenfolge).

Gummitwist

Für ein Hüpfgummi braucht ihr etwa 3 Meter Hosengummi. Knotet ihn an den Enden zusammen.

Bittet zwei Personen, sich in das Gummiband zu stellen. Sie spannen den Gummi zunächst um die Knöchel und öffnen die Füße leicht, sodass er ein Rechteck bildet.

Die Springerin springt über den linken Gummi, dann über den rechten Gummi, in die Mitte, dann ganz breit, sodass ihre Füße außerhalb des Gummibands stehen. Dann erfasst sie das Gummiband mit den Knöcheln und springt wieder, sodass sich die Bänder kreuzen, dann springt sie wieder in die Mitte und lässt dabei das Gummiband los. Wenn sie stolpert oder nicht in der richtigen Reihenfolge springt, dann scheidet sie aus, und jemand anderes ist dran.

Immer wenn man eine Runde erfolgreich beendet hat, wird das Gummiband höher gerückt – an die Waden, an die Knie, an die Oberschenkel, an die Hüften. Denkt euch eigene Variationen und auch eigene Regeln dazu aus.

Himmel und Hölle

Himmel und Hölle kann man auf Pflastersteinen spielen, wenn sie im richtigen Muster gelegt sind, oder man kann das Muster dafür mit Kreide auf den Boden malen. Zeichne das rechts abgebildete Muster ab. Die Quadrate sollten so groß sein, dass deine beiden Füße darin Platz haben.

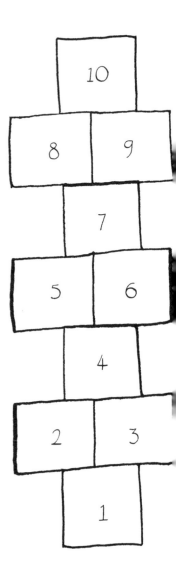

Jede Spielerin sucht sich einen flachen Stein. Die erste Spielerin steht in einer festgelegten Entfernung vor dem ersten Quadrat und wirft ihren Stein in das erste Quadrat. Der Stein muss genau im ersten Quadrat landen – wenn er in einem anderen oder sogar auf der Linie landet, hat diese Spielerin verspielt und muss warten, bis alle anderen dran waren, ehe sie es noch einmal versuchen darf. Wenn der Stein in dem Quadrat landet, springt die Spielerin im Spielfeld nach hinten und wieder zurück, wobei immer nur ein Fuß auf einmal in einem Quadrat sein darf. Auf dem Weg zurück muss die Spielerin ihren Stein aufnehmen, ohne mit dem anderen Fuß oder der freien Hand den Boden zu berühren, um das Gleichgewicht zu halten. Wenn man auf eine Linie tritt, ist man draußen. Und man darf das Quadrat, in dem der Stein liegt, nicht berühren und nicht hineinspringen. Wirf den Stein der Reihe nach in jedes Quadrat. Wenn eine Spielerin alle Quadrate geschafft hat, darf sie ihren Namen in ein Quadrat ihrer Wahl schreiben. Von jetzt an darf nur noch sie es betreten. Im weiteren Verlauf des Spiels schreiben immer mehr Spielerinnen ihren Namen in ein Feld, und es wird immer schwieriger, ohne Fehler von einem Quadrat zum anderen zu springen.

Hexenspiel

Für dieses Spiel brauchst du einen etwa 60 cm langen Faden und eine Freundin, die mitspielt.

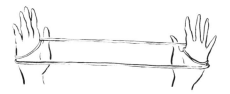

Binde die beiden Enden zusammen. Lege die Schnur so über deine Hände wie auf der ersten Abb. gezeigt. Mache es wie auf der zweiten Abb. und nimm jeweils mit dem Mittelfinger jeder Hand den Faden auf. Jetzt solltest du ein Kreuzmuster im Faden haben. Jetzt nimmt deine Mitspielerin den Faden zwischen Daumen und Zeigefinger, zieht ihn nach außen, nach unten, nach innen und dann durch die Mitte deines Kreuzmusters im Faden und hebt den Faden von deinen Händen ab. Jetzt greifst du den Faden im Kreuzungspunkt, wiederholst die Bewegungen von vorher und hebst den Faden wieder von den Händen deiner Freundin ab.

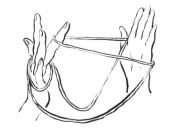

Deine Partnerin hakt ihre kleinen Finger in die beiden mittleren Fäden auf jeder Seite und wiederholt die Bewegungen wie oben. Sie zieht den Faden nach außen, nach unten, nach innen und durch die Mitte deines Fadenkreuzes nach oben und hebt es wieder von deinen Händen ab.

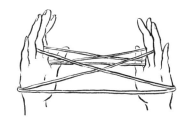

Wenn du diese Grundformen einmal beherrschst, kannst du auch noch viel kompliziertere Figuren lernen.

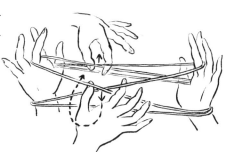

Spiele für Regentage und fürs Auto

Armdrücken

Suche dir eine Mitspielerin – sie sollte nicht größer oder stärker als du sein – und bitte einen Freund oder Verwandten, den Schiedsrichter zu spielen.

> Setzte dich deiner Gegnerin gegenüber an den Tisch und lege einen Ellbogen auf den Tisch. Nimm deinen stärksten Arm und achte darauf, dass du entspannt und bequem sitzt, ehe der Kampf beginnt.
>
> Ergreife die Hand deiner Gegnerin. Wenn der Schiedsrichter »los« sagt, spanne alle deine Muskeln an und versuche mit aller Kraft, den Arm der Gegnerin auf den Tisch hinunterzudrücken. Deinen anderen Arm und deine andere Hand darfst du nicht als Hebel benutzen.

Fußkampf

> Lege dich gegenüber von deiner Gegnerin auf das Bett oder auf den Boden (beide sollten die Knie leicht gebeugt haben). Lege deine Fußsohlen gegen die deiner Partnerin und drücke. Ziel ist es, deine Beine auszustrecken, sodass die Gegnerin ihre Knie beugen muss.

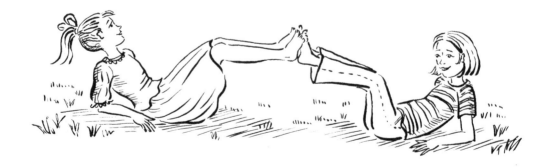

Sardinenspiel

Das ist ein gutes Versteckspiel, das man an einem trüben, nassen Tag drinnen spielen kann.

* Ein Spieler muss sich verstecken und rennt los, um ein Versteck zu finden – einen Schrank, zum Beispiel. Alle anderen Spieler müssen ihn suchen. Wenn jemand das Versteck findet, stellt oder legt er sich zu dem versteckten Spieler in den Schrank. Das Spiel geht weiter, und alle Spieler kommen in das Versteck, bis sie sich dort wie Sardinen drängen. Die letzte Person, die die versteckten Sardinen findet, versteckt sich beim nächsten Mal als Erste.

Gelbes Auto

Mit diesem Spiel kannst du dir die Langeweile bei langen Autofahrten mit oder ohne Stau vertreiben. Alle im Auto können mitspielen. Die erste Person, die ein gelbes Auto sieht, ruft »gelbes Auto« und gewinnt einen Punkt. Die Person mit den meisten Punkten am Ende der Fahrt hat gewonnen.

* Man kann auch verschiedene Schwierigkeitsgrade und Variationen in der Zählung einführen. Zum Beispiel: Ein gelbes Auto ergibt 10 Punkte, ein gelber Lieferwagen nur 5 und ein gelber Lastwagen nur 1 mickrigen Punkt.

Starr-Wettbewerb

Beim Starren geht es eher um Willenskraft und Köpfchen und nicht so sehr um Stärke. Man kann es überall und jederzeit spielen. Bitte jemanden, den Schiedsrichter zu spielen, damit es keinen Streit gibt.

* Setze dich deinem Gegner gegenüber. Entspanne dich und schließe für einen Moment die Augen. Vertreibe alle witzigen Gedanken aus deinem Kopf. Auf den Befehl »los« öffnen die Spieler die Augen und müssen sich gegenseitig in die Augen starren. Blinzeln, Lächeln, Prusten, Lachen und Sprechen sind nicht erlaubt und du darfst deine Augen auch nicht vom Gegner abwenden. Soweit wir wissen, ist es erlaubt, mit den Ohren zu wackeln. Wer zuerst kichert, hat verloren.

Klubs und Geheim-gesellschaften

Klubs und Geheimgesellschaften können viel Spaß machen, sind jedoch kein Grund, zu anderen, die nicht dazugehören, fies oder gemein zu sein. Das ist dann kein Spaß, sondern Schikane.

Geheimsprache

Die B-Sprache ist sehr beliebt. Verdopple jede zweite Silbe mit B vor dem Vokal. »Ich und du, Müllers Kuh« heißt dann »Ibich ubund dubu, Mübüllebers Kubu«. Das ärgert die, die es nicht verstehen.

Unsichtbare Tinte

* Zitronensaft
* Schreibpapier
* Wattestäbchen oder ein feiner Pinsel

Presse eine Zitrone aus. Tupfe mit einem Wattestäbchen oder einem feinen Pinsel in den Saft, schreibe deine Botschaft auf das Papier. Lass es trocknen und sie wird unsichtbar sein. Wenn du die Botschaft lesen willst, halte sie an eine Wärmequelle – eine Glühbirne zum Beispiel. Nicht zu nahe, damit die Geheimbotschaft nicht in Flammen aufgeht.

Lorbeerblätter

Ganz geheime Botschaften kannst du auch auf einem Lorbeerblatt übermitteln.
Wenn du eine geheime Botschaft auf einem Blatt schicken willst, ritze sie mit einem scharfkantigen Stein, einem kleinen Stock oder mit einer Sicherheitsnadel hinein. Für eine längere Botschaft brauchst du mehrere Blätter.
Gib das Blatt dem auserwählten Klubmitglied. Sie muss das Blatt in ihren Ärmel schieben. Durch die Wärme auf ihrem Arm ändert das Blatt die Farbe und das von dir Geschriebene wird sichtbar.

Gesellschaftsspiele

Wenn du denkst, Gesellschaftsspiele sind altmodisch und langweilig, dann irrst du dich. Bei diesen hier werden alle aus vollem Halse schreien und es soll gelegentlich sogar zu Familienfehden kommen.

Scharade

Bei Scharaden teilst du den Titel eines berühmten Kunstwerks nur durch deine schauspielerischen Fähigkeiten mit, ohne ein Wort zu sagen.

- Teilt euch in zwei Mannschaften auf. Eine Person muss die Punkte zählen. Legt fest, wie viele Runden gespielt werden, holt Papier und Bleistift und begebt euch in verschiedene Zimmer, um den Untergang eures Gegners zu planen.

- Jede Mannschaft wählt Titel aus, die dann ein Mitglied der gegnerischen Mannschaft seiner Mannschaft vorspielen muss. Das kann ein Buch, ein Theaterstück, eine Fernsehsendung, ein Film oder ein Lied sein. Macht es nicht zu leicht – aber auch nicht zu schwer. Wenn es zu schwierig ist, wird es langweilig. Schreibt alle Titel auf einzelne Zettel und legt sie in eine Schüssel oder einen Korb.

Die erste Spielerin der Mannschaft A nimmt einen Zettel aus dem Korb der Mannschaft B. Sie hat etwa 10 Sekunden, um darüber nachzudenken, wie sie den Titel darstellen soll. Dann hat sie 3 Minuten für die Vorführung, schweigend, nur mit Gesten. Wenn nach 3 Minuten niemand aus ihrer Mannschaft den Begriff erraten hat, haben sie diese Runde verloren, und der Titel wird laut gesagt. Die Mannschaft, die gewonnen hat, johlt entsprechend laut, und dann sind sie selbst dran.

Das Spiel geht so lange weiter, bis jeder einmal etwas darstellen konnte! Die Person, die die Punkte zählt, muss festhalten, wie lange jede Mannschaft gebraucht hat, um einen Begriff zu erraten, und die Mannschaft, die am wenigsten Zeit gebraucht hat, gewinnt.

Hier sind einige Tipps und Regeln bei der Scharade:

Hinweise:
* **Ein Buchtitel:** Öffne deine Hände wie ein Buch.
* **Ein Filmtitel:** Tu so, als würdest du mit einer altmodischen Filmkamera drehen.
* **Titel eines Theaterstücks:** Öffne schwungvoll den Vorhang.
* **Ein Liedtitel:** Tu so, als würdest du singen.
* **Eine Fernsehsendung:** Male ein Quadrat in die Luft.
* **Anzahl der Wörter im Titel:** Zeige die Zahl mit den Fingern.
* **Welches Wort du erklärst:** Zeige wieder die Zahl mit den Fingern.
* **Anzahl der Silben:** Lege die Anzahl an Fingern auf deinen Unterarm.
* **Welche Silbe du erklärst:** Lege die Anzahl wieder mit den Fingern auf den Unterarm.
* **Länge des Wortes:** Große oder kleine Geste, als würdest du die Länge eines Fischs beschreiben.
* **Richtig geraten:** Wenn jemand richtig rät, lege einen Finger an die Nase und zeige mit der anderen Hand auf die Person.
* **Klingt wie:** Ziehe an deinem Ohrläppchen.

Das Hutspiel

Das Hutspiel ist die einfachere, schnellere und, ehrlich gesagt, auch spaßigere Version der Scharade. Du kannst es nur mit ein paar Freunden oder mit einer größeren Gruppe spielen – je mehr, desto lustiger.

Jede Person erhält fünf Zettel und schreibt auf jeden den Namen einer berühmten Person. Alle Zettel kommen in einen Hut und werden gemischt. Die Spieler werden in zwei Mannschaften aufgeteilt und ernennen eine Schiedsrichterin. Die Mannschaften ziehen abwechselnd einen Namen aus dem Hut. Ziel ist es, den Namen auf dem Papier den Mitgliedern der eigenen Mannschaft mitzuteilen, ohne

* den Namen der Person zu nennen
* ohne »klingt wie« zu sagen
* ohne Titel zu nennen; man dürfte zu Shakespeare nicht sagen, er habe *Romeo und Julia* geschrieben.

Sobald der Name erraten wurde, zieht die Spielerin einen weiteren Namen aus dem Hut, bis die Zeit abgelaufen ist, und das ist nach einer Minute der Fall. Wenn sie mitten bei einem Namen ist, wenn die Zeit abläuft, wandert der Zettel wieder in den Hut. Namen, die zu schwierig sind, dürfen nicht in den Hut zurückgelegt werden. Auch wenn es hoffnungslos ist, muss die Spielerin weiterkämpfen und dem gegnerischen Team vielerlei Gelegenheit zum Johlen und Lästern geben.

Gewonnen hat die Mannschaft, die die meisten Namen richtig erraten hat.

ERSTE HILFE

Unfälle passieren, und sie können jedem passieren, überall, zu jeder Zeit, ganz gleich, wie vorsichtig wir sind. Rosemary passierten zum Beispiel folgende Unfälle, als sie klein war …

* Ihre große Schwester verdrehte ihr den Arm, als sie im Kinderwagen schlief, und kugelte ihr die Schulter aus.
* Sie klemmte ihren Finger in einer Tür ein, die zugeknallt wurde und sich dann nicht mehr öffnen ließ.
* Als sie mit großer Geschwindigkeit freihändig bergab Fahrrad fuhr, flog eine Biene in ihr linkes Auge. Sie stach nicht, aber die Biene und Rosemary zogen sich üble Prellungen zu.

Die meisten Unfälle und Verletzungen passieren zu Hause, meistens in der Küche. Kleinere Schnitte von einem abgerutschten Messer oder eine Verbrennung an einem heißen Grill können mit einem Grundwissen in Erster Hilfe schnell und sicher zu Hause behandelt werden. Doch mit etwas Vorsicht und gesundem Menschenverstand können die meisten Unfälle zu Hause verhindert werden.

ERSTE HILFE 285

Notrufnummern

Bei einer ernsthaften Verletzung oder in einem Notfall rufe die Nummer 110 (in Deutschland) oder 112 an (überall in der Europäischen Union). Sorge dafür, dass du die Telefonnummern eures Arztes am Ort, eures Krankenhauses und der Apotheke zur Hand hast. Schreibe sie vorn auf dein Adressbuch oder bewahre sie in der Nähe des Telefons auf, wo du sie schnell findest.

In der Küche

* Lass nie eine Pfanne mit dem Stiel nach außen auf dem Herd stehen.
* Lass Wasserkocher und andere elektrische Geräte mit ihren Kabeln und Steckdosen hinten auf den Arbeitsflächen.
* Sei äußerst vorsichtig und umsichtig, wenn du mit scharfen Messern und Scheren hantierst.
* Räume alle Messer und Scheren nach Gebrauch sorgfältig auf – bewahre die Messer mit der Schneide nach unten in einem Messerblock auf oder in einer Schublade, die Kleinkinder nicht erreichen können.

Im Badezimmer

* Sei vorsichtig, wenn du in die oder aus der Badewanne steigst.
* Du solltest nicht herumblödeln und umherrennen, wenn der Boden nass und glitschig ist.
* Schlafe nicht in der Badewanne ein.
* Lass nichts Elektrisches ins Wasser fallen.

Auf der Treppe

* Renne nicht in Schlappen oder Socken die Treppen hinauf oder hinunter – ein Ausrutscher und – plumps, plumps, plumps!

Kleinere Verletzungen und Missgeschicke

Kleinere Schnitte und Schrammen

Wenn die Wunde schmutzig ist, säubere sie mit einem alkoholfreien Feuchttuch oder spüle sie unter langsam rinnendem kaltem Wasser. Normalerweise brauchst du nur ein Pflaster über die Wunde zu kleben, doch wenn die Blutung nicht aufhört, hebe den verletzten Körperteil über die Höhe des Herzens und drücke darauf – berühre die Wunde nicht mit der Hand – decke sie dann ab.

Blaues Auge und blaue Flecken

Wenn es zu Blutungen im Gewebe kommt, schwillt es an, und es entstehen grüne und blaue Verfärbungen in der Haut, die blauen Flecken. Nimm eine kalte Kompresse, entweder ein in sehr kaltes Wasser getauchtes, ausgewrungenes Tuch, ein Paket Erbsen oder Eiswürfel in einer Plastiktüte – eingewickelt in ein sauberes Tuch – und halte sie mit leichtem Druck 10 Minuten lang auf die geprellte Stelle.

Wenn jemand überall am Körper Prellungen hat und sich etwas zittrig fühlt, vielleicht nach einem Sturz, kann ein heißes Bad helfen.

Früher legte man auf ein blaues Auge ein Steak aus dem Kühlschrank – doch wir würden das nicht empfehlen. Hamamelis ist ebenfalls eine bewährte Behandlungsmethode bei Prellungen. Es soll die Schwellung nehmen und die Verfärbung verhindern. Arnika als Salbe oder in Tablettenform ist ein hervorragendes homöopathisches Heilmittel für Wunden und Prellungen.

Zahnschmerzen

Ehe du zum Zahnarzt gehst, kannst du vorläufig den Schmerz mit einer Wärmflasche auf dem Gesicht lindern, oder du legst einen mit Nelkenöl getränkten Wattebausch an den Zahn.

Blasen an den Füßen

Blasen kannst du vermeiden, wenn du die Füße täglich mehrere Wochen vor einer Wanderung oder einem Wanderwochenende in Wundbenzin badest und sie dann mit Talkum einpuderst und/oder Wollsocken trägst, die an Zehen, Ferse und Ballen eingeseift sind.

✳ Wenn du eine Blase hast, betupfe sie entweder mit Wundbenzin oder decke sie mit einem normalen Pflaster oder mit einem gepolsterten Blasenpflaster ab. Das verhindert, dass die Blase aufgescheuert wird und die Feuchtigkeit verliert. Reiße die lose Haut auf der Blase nicht ab, denn sie bildet eine zusätzliche Schutzschicht.

Kleinere Verbrennungen und Verbrühungen

Verbrennungen entstehen durch trockene Hitze, Reibung oder Strom. Verbrühungen entstehen durch feuchte Hitze wie Dampf oder kochendes Wasser. Verbrennungen werden danach beurteilt, bis zu welcher Tiefe die Haut geschädigt ist. Es gibt drei Schweregrade.

✳ Bei kleineren oder oberflächlichen Verbrennungen, die hauptsächlich eine Rötung verursacht haben, hältst du die betroffene Fläche mindestens 10 Minuten lang unter langsam rinnendes Wasser, um die Verbrennung zu kühlen und den Schmerz zu lindern. Wenn du kein Wasser hast, kannst du auch Milch nehmen. Bedecke die Verbrennung mit einem sterilen Verband oder einem nicht fusselnden Tupfer und verbinde sie lose. Wenn sich eine Blase bildet, öffne sie AUF KEINEN FALL, das könnte zu einer Infektion führen. Decke sie mit einem nicht klebenden Verband ab und lass ihn darauf, bis die Blase von selbst kleiner wird.

Rosemarys Großmutter bestand immer darauf, dass eine Verbrennung mit Butter eingerieben werden musste. Das ist jedoch NICHT ZU EMPFEHLEN, denn es erhöht das Infektionsrisiko!

Aloe-vera-Gel ist ein hervorragendes natürliches Heilmittel für kleinere Verbrennungen und Sonnenbrand.

Sonnenbrand und Sonnenstich

Vermeide Sonnenbrand, indem du dich in der Sonne immer gut schützt – nimm immer Sonnenschutzmittel, trage eine Kopfbedeckung und eine Sonnenbrille. Bei heißem Wetter ist es wichtig, dass Rücken und Wirbelsäule bedeckt sind.

Bei Sonnenbrand oder Sonnenstich muss die betroffene Person aus der Sonne in den Schatten gebracht werden. Wenn das nicht möglich ist, bedecke ihre Haut mit leichter Kleidung oder mit einem Handtuch. Gut ist ein kühles, aber nicht kaltes Bad, bei dem das Wasser die ganze verbrannte Fläche bedeckt. Reibe die Haut nicht beim Abtrocknen. Der Patient soll viel kaltes Wasser in kleinen Schlucken trinken.

Aloe-vera-Gel, Buttermilch oder Joghurt eignen sich hervorragend für leichtere Sonnenbrände. Doch ein Sonnenbrand kann auch so schwer sein, dass er vom Arzt behandelt werden muss.

Ohnmacht

Bei einer Ohnmacht verliert man kurz das Bewusstsein, weil zu wenig Blut zum Gehirn fließt. Wenn jemand meint, er falle gleich in Ohnmacht, lege ihn hin und lagere die Füße hoch auf einen Stuhl oder lege Kissen darunter. Wenn jemand schon in Ohnmacht gefallen ist, versuche, ihn auf den Boden zu legen, und sorge dafür, dass die Füße höher liegen als der Kopf. Lockere enge Kleidungsstücke, zum Beispiel den Kragen, und sorge für frische Luft. Die betroffene Person sollte sich von der Ohnmacht sehr schnell wieder erholen. Hilf ihr, sich allmählich aufzusetzen, und wenn sie sich wieder schlecht fühlt, lege sie wieder hin und lagere die Füße hoch.

Früher nahm man Riechsalz aus Ammoniumkarbonat, um jemanden nach einer Ohnmacht wieder zu Bewusstsein zu bringen, doch heutzutage hat kaum mehr jemand Riechsalz dabei.

Wenn der Patient nicht schnell wieder zu sich kommt, handelt es sich nicht um eine Ohnmacht, und du solltest einen Rettungswagen alarmieren.

Ersticken

Wenn eine Person keine Luft mehr bekommt, muss als Erstes der Atemweg wieder frei gemacht werden.

* Fordere die Person auf, zu husten und eventuelle Fremdkörper aus dem Mund zu entfernen. Wenn das nicht funktioniert, soll sich die betroffene Person nach vorn beugen, und man schlägt ihr fünfmal zwischen die Schulterblätter. Höre auf, wenn die Blockierung verschwindet, und sieh im Mund nach. Wenn die Blockade nicht verschwindet, verständige einen Erwachsenen, der dann den Rettungswagen rufen muss.

Nasenbluten

* Der Patient soll durch den Mund atmen, sich hinsetzen und sich nach vorn lehnen, damit das Blut nicht in die Kehle läuft. Die Nasenflügel zusammendrücken. Nach 10 Minuten den Druck verringern. Wenn nötig sollte das noch zweimal wiederholt werden. Der Patient soll sich einige Stunden lang nicht schnäuzen.

Fremdkörper im Auge

Fasse NIE etwas an, was im Auge steckt, den Augapfel durchstochen hat oder auf der Iris oder Pupille festsitzt – du könntest das Auge schwer verletzen. Staub oder Sand schwimmt normalerweise im Weißen vom Auge und kann leicht ausgespült werden.

* Stelle dich hinter den Patienten und neige seinen Kopf gegen deine Brust. Halte das betroffene Auge vorsichtig mit Zeige- und Mittelfinger offen und säubere das Auge, indem du sauberes Wasser oder eine sterile Augenspülung hineingießt. Wenn das nicht funktioniert, versuche, den Fremdkörper vorsichtig mit einem sauberen, feuchten Taschentuch zu entfernen.

  Wenn etwas unter dem oberen Augenlid steckt, soll die betroffene Person die Wimpern am oberen Augenlid fassen und es über die unteren Wimpern ziehen. Oder bitte sie, unter Wasser das Auge zu öffnen, damit der Fremdkörper weggeschwemmt werden kann.

Schluckauf

* Um Schluckauf zu stoppen, musst du Wasser »von hinten« trinken. Das ist nicht so einfach, wie es klingt. Dazu musst du deine Lippen an die Gegenseite am Glas legen und den Kopf vornüberbeugen, bis du etwas Wasser schlucken kannst.
  Es soll auch helfen, wenn man ein Stück Würfelzucker mit einigen Tropfen Pfefferminzöl darauf lutscht, wenn man dem Betroffenen einen kalten Löffel hinten ins Hemd gleiten lässt oder ihn mit einer Grimasse erschreckt.

Übelkeit und Reisekrankheit

Ingwer in allen Formen hilft sehr gut gegen Reisekrankheit.

* Für einen Ingwertee hackst du ein 2 cm langes Stück frischen Ingwers grob und lässt es 5 Minuten im kochenden Wasser ziehen. Bei Übelkeit im Auto knabberst du an einem kleinen Stück frischem, geschältem Ingwer. Zur Vorbeugung gegen Übelkeit im Auto kannst du einige Engelwurzblätter vor der Reise ins Auto legen, sie erfrischen die Luft. Gegen Seekrankheit wird Majorantee empfohlen. Gib einige Zweige frischen oder einen Teelöffel getrockneten Majoran in eine Tasse, gieße kochendes Wasser darüber und lass den Tee 5 Minuten ziehen.

Verstauchter Fuß

Verstauchungen und Zerrungen treten auf, wenn die weichen Teile im Gewebe – Muskeln, Bänder, Sehnen – überdehnt oder angerissen wurden. Ziehe den Schuh aus, ehe der Fuß zu stark anschwillt.

* Hier gilt die PECH-Regel: **P**ause, **E**is, **C**ompression, **H**ochlagern. Lege den Knöchel in bequemer Lage hoch und lege einen Eisbeutel oder eine kalte Kompresse darauf, um die Schwellung und Blutergüsse zu lindern. Polstere den Bereich rings um den Fuß und das Gelenk mit Watte aus und stütze ihn mit einem stabilen Schildkrötenverband. Achte darauf, dass er nicht zu fest sitzt, und prüfe alle 10 Minuten die Durchblutung. Lagere den Fuß hoch, damit nicht so viel Blut hineinfließt und er abschwillt.

Bisse und Insektenstiche

* **Biene:** Wenn du den Stachel sehen kannst, streife ihn mit dem Fingernagel zur Seite hin ab – nimm keine Pinzette, sonst könnte noch mehr Gift in die Wunde geraten. Kühle die Stelle dann mit einem Eisbeutel oder einer kalten Kompresse.
* **Wespe:** Eine Wespe lässt ihren Stachel nicht in der Wunde. Die weitere Behandlung ist dieselbe wie beim Bienenstich.
* **Brennnessel:** Früher hieß es, man soll die verbrannte Stelle möglichst schnell mit einem Ampferblatt abreiben. Wo es Brennnesseln gibt, gibt es normalerweise auch Ampfer. Aloe-vera-Gel lindert die Beschwerden hervorragend.
* **Mücken- und Flohstiche:** Lavendelöl, Zwiebelsaft oder ein Umschlag aus Petersilienblättern hilft gegen das Jucken. Bei heftigen Reaktionen wird der Apotheker eine gute Antihistaminsalbe empfehlen können.

Stiche oder Bisse im Mund können gefährlich werden, denn sie schwellen an und können die Atemwege blockieren. Die lästigen Wespen und Bienen mögen süße Getränke. Sei vorsichtig im Sommer, sie könnten in einem unbeobachteten Moment in deine Getränkedose geflogen sein. Am besten lässt sich das vermeiden, wenn du mit dem Strohhalm oder aus einem Becher trinkst. Manche Menschen bekommen einen anaphylaktischen Schock nach einem Stich oder Biss. Wenn das geschieht, musst du sofort einen Krankenwagen rufen.

Schlangenbiss

Die einzige giftige Schlange in Deutschland ist die Kreuzotter. Man erkennt sie an ihrem schwarzen Zickzackband auf dem Rücken.

Wie immer bei Vergiftungen ist schnelles Handeln erforderlich. Der Patient sollte sofort ins Krankenhaus gebracht werden oder es sollte ein Krankenwagen gerufen werden. Es ist wichtig, dass man den Patienten beruhigt und den Schock entsprechend behandelt.

Wasche den Biss gut aus und stelle den betroffenen Körperteil mit einem festen Verband ruhig – binde die Wunde nicht ab, schneide die Wunde nicht auf. Wenn der Biss am Bein ist, darf der Patient nicht gehen, damit sich das Gift nicht weiter im Körper ausbreite.

WAS JEDES MÄDCHEN WISSEN SOLLTE

Ein lustiges kleines Kapitel mit lebenswichtigen Tipps von »wie man peinlichen Situationen entkommt« bis hin zu »was du tun musst, wenn der Junge, den du magst, dich vor seinen Freunden ignoriert«. Es funktioniert wirklich. Du bist auf kleine und große Katastrophen des Lebens vorbereitet und kannst anderen gute Tipps geben.

Was du tun musst, wenn du älteren Verwandten oder Freunden deiner Eltern vorgestellt wirst

Diese Methode funktioniert eigentlich bei allen, außer vielleicht der englischen Königin. Gib ruhig und selbstbewusst die Hand und sage: »Guten Tag.« Du musst nicht krampfhaft lächeln, solltest aber auch nicht gerade finster dreinblicken. Der oder die Erwachsene wird dann vielleicht etwas Herablassendes oder auch Offensichtliches sagen wie: »Oh, sie ist aber groß geworden!«, oder: »Sieht sie nicht ihrem Vater sehr ähnlich?« Wenn die Person sich entscheidet, dich direkt anzusprechen, gib nicht nur einsilbige Antworten. Vielleicht versucht sie auch, dich zu küssen. In dem Fall mache dich auf die Begegnung mit Barthaaren oder schlechtem Atem oder beidem gefasst und verberge deinen Ekel. Länger als fünf Minuten wird diese Geduldsprobe wahrscheinlich nicht dauern.

Lass dich nicht von den seltsamen Angewohnheiten anderer aus dem Konzept bringen

In jeder Familie gibt es sonderbare Gewohnheiten – einem Fremden könnte auch deine Familie komisch vorkommen. Wenn du bei anderen zu Gast bist, ist es sehr wichtig, dass du dich darauf einstellst. Hier sind nur einige Beispiele aufgeführt, was wir früher komisch fanden:

* Das Badezimmer nicht abschließen
* Mütter, die oben ohne sonnenbaden
* Katzen/Hunde, die im Bett schlafen oder am Tisch mitessen dürfen
* Alle Fenster offen stehen lassen, obwohl es draußen eiskalt ist
* Picknicken im Regen
* Kaum durchgebratenes Fleisch essen
* Den Fernseher den ganzen Tag im Hintergrund laufen lassen

Du kannst die Liste selbst fortsetzen. Lass dir nicht anmerken, dass du sie für VERRÜCKT hältst, und denke an das sinnvolle Sprichwort: »Jedem das Seine.«

Wie man nach der Toilette fragt

* Auf Englisch: Excuse me please, where is the bathroom?
* Auf Französisch: Excusez-moi, où sont les toilettes?
* Auf Italienisch: Mi scusi, dov'e il bagno?
* Auf Spanisch: Perdóname, dónde está el baño?

Wie man Brot am Tisch isst

Lass dich nicht von den Messern neben dem Teller irritieren. Brot bricht man immer mit den Händen und schneidet es niemals mit dem Messer. Das Messer ist dazu da, die Butter auf das Brot zu streichen.

Wie man Suppe isst, ohne zu schlürfen

Erstens, mache den Löffel nicht zu voll. Zweitens, sauge die Flüssigkeit nicht ein, sondern gieße sie eher. Das mag seltsam klingen, doch in bestimmten Kreisen ist es sehr hilfreich, wenn du ordentlich essen kannst.

Wie man Spaghetti isst wie die Italiener

Stecke die Serviette in den Kragen deines Oberteils. Schneide die Spaghetti auf keinen Fall klein. Und benutze nie einen Löffel – kein Italiener, der etwas auf sich hält, würde das tun. Stattdessen solltest du die Spaghetti (nicht zu viele auf einmal) in der Rundung am Tellerrand auf deine Gabel aufdrehen. Beuge jetzt deinen Mund in Richtung Teller. Noch ein bisschen weiter. Schiebe die Spaghetti hinein. Sauge schnell eventuell herausragende Enden ein. Wiederhole das so lange, bis der Teller leer ist. Wenn du Brot zur Hand hast, wische damit den Rest der Soße auf. *Buon appetito!*

Wie man erkennt, ob ein Ei frisch ist

Lege das Ei in eine Schüssel mit kaltem Wasser. Wenn es auf den Boden sinkt, ist es frisch. Wenn es schwimmt, ist es schlecht.

Wie du deinen inneren Wecker stellst

Mach das Licht aus und lege dich ins Bett. Entspanne dich. Dann lässt du deinen Kopf auf das Kissen fallen entsprechend der Stunde, zu der du aufwachen willst. Wenn du um sechs Uhr aufwachen willst, lass ihn sechsmal fallen. Wenn du willst, kannst du dir auch noch vorsagen: »Ich will um sechs Uhr aufwachen.« Versuche es, es funktioniert.

Wie man mit Jungen umgeht

Der Hauptunterschied zwischen Jungen und Mädchen ist der, dass Jungen lieber etwas tun – Auto fahren, Fußball spielen, werfen, essen, pupsen und so weiter – und Mädchen gerne etwas fühlen – Liebe, Freundschaft, Glück, Aufregung und so weiter. Jungen sind sehr auf das Körperliche konzentriert, Mädchen sehr auf Gefühle. Natürlich ist das eine grobe Verallgemeinerung, doch es ist hilfreich, das im Hinterkopf zu behalten. Wenn du einen Jungen fragst, wie er sich fühlt, wird er wahrscheinlich antworten: »Ich habe Hunger«, oder: »Mir ist kalt«, und nicht: »Ich bin außer mir vor Freude, weil ich mit dir zusammen bin.« Das kann am Anfang frustrierend sein, doch da kann man letztendlich nichts machen, denn über Gefühle zu sprechen, ist für einen Jungen so selbstverständlich wie das Balletttanzen für Elefanten.

Wenn du mit einem Jungen befreundet bist, solltest du Folgendes wissen: Jungen machen sich viele Gedanken darüber, was andere Jungen über sie denken. Wenn ein Junge dich wirklich mag, wird er das ungern vor anderen Jungen zeigen. Wenn er noch sehr unreif ist, wird er dich in Gegenwart anderer Jungen vollständig ignorieren. Vielleicht ist er dann noch so kindisch, dass du dich nicht näher mit ihm befassen solltest. Wenn er sich jedoch entschuldigt und verspricht, das nicht wieder zu tun, könntest du ihm noch eine Chance geben. Wenn er vor seinen Freunden gemein zu dir ist, vergiss ihn. Dann ist er nicht nur unreif, sondern ein Idiot.

Jungen werden oft von ihren Müttern verwöhnt, sodass manche der Meinung sind, Mädchen müssten all die langweiligen Dinge im Leben tun wie putzen, kochen und ihr Lieblings-T-Shirt bügeln, während sie all die interessanten Dinge tun wie Wassermotorradfahren, in Rockbands spielen und Spion werden. Lass ihnen das nicht durchgehen: Je früher sie umerzogen werden, desto besser.

Jungen sagen nicht immer, was sie meinen, und sehr oft meinen sie nicht, was sie sagen. Kommunikation ist nicht ihre Stärke. Sie sind nicht besonders feinfühlig, wenn es um die Gemütsverfassung anderer Leute geht. Wenn dich also etwas ärgert, wirst du es dem Jungen genau erklären müssen. Es ist nicht wahrscheinlich, dass er von selbst darauf kommt, ganz gleich, wie viele Hinweise du ihm düster und schlecht gelaunt geben magst. Sag ihm, was dich stört – wahrscheinlich ist er wirklich überrascht, und es tut ihm leid, dass er dich verärgert hat.

Obwohl sich Jungen große Mühe geben, der Welt eine selbstsichere Fassade zu zeigen, sind sie in ihrem Inneren genauso unsicher wie wir anderen. Wenn du siehst, dass einer traurig ist (du wirst das durch deine überlegene weibliche Intuition wissen), kann ihm eine kleine Ermutigung oder ein Kompliment helfen. Du könntest etwas Nettes sagen, zum Beispiel, dass er sehr gut Skateboard fahren, laufen, ein Baumhaus bauen oder quadratische Gleichungen lösen kann.

Wenn du diese Grundregeln beachtest, können Jungen die besten Freunde sein. Und sie werden dir die Schultasche tragen.

Eine beste Freundin haben

Deine beste Freundin steht zu dir, ganz gleich, was passiert. Du musst ihr nichts erklären, weil sie es einfach versteht. Ihr lacht über genau dieselben Sachen. Ihr habt gemeinsame Geheimnisse, leiht euch Kleider aus und amüsiert euch stundenlang köstlich. Weil du weißt, dass es sie gibt, fühlst du dich nie allein.

Du suchst dir nicht einfach eine beste Freundin – ihr findet euch irgendwie gegenseitig. Wenn du sie gefunden hast, betrachte sie nie als selbstverständlich. Das Geheimnis aller guten Freundschaften ist eine sehr wichtige Sache, die man Einfühlungsvermögen nennt. Das bedeutet, dass du dich in ihre Lage versetzen kannst und verstehst, wie sie sich in einer bestimmten Situation fühlt. Du musst auf ihre Gefühle Rücksicht nehmen und musst Verständnis für sie haben, wenn sie einen schlechten Tag hat.

Beste Freundinnen sind unbedingt loyal und vertrauen sich blind. Sie scheuen sich nicht, sich gegenseitig Komplimente zu machen, und sie machen sich oft verrückte Geschenke, auch wenn keine Geburtstag hat und auch nicht Weihnachten ist, sondern einfach so. Sie wissen immer, wie sie sich entschuldigen können. Und sie wissen, dass Freundschaft zu den besten Dingen auf der ganzen weiten Welt gehört.

Doch manchmal, das müssen wir leider auch sagen, gehen Freundschaften in die Brüche, deshalb musst du auch wissen …

Was machst du, wenn deine beste Freundin eine neue beste Freundin hat?

Lass sie gehen. Das ist so wichtig, dass du es noch einmal lesen musst: Lass sie gehen.

Du willst vielleicht hysterisch werden, auf teuflische Rache sinnen oder wünschen, dass sie es bedauert. Das funktioniert alles nicht. Du musst unheimlich tief einatmen und erkennen, dass manche Sachen nicht ewig dauern. Das bedeutet nicht, dass du nicht traurig sein darfst. Weinen wird dir helfen oder wenn du alles in ein Tagebuch schreibst. Sprich mit deiner Mutter, sie wird das verstehen, denn ihr ist das sicher auch schon passiert.

Wichtig ist für dich: Wenn deine beste Freundin nicht mehr deine beste Freundin ist, heißt das nicht, dass mit dir etwas nicht stimmt. Du hast nichts Schlimmes getan, und du hättest nichts tun können, um es zu verhindern.

Am besten lässt du dir vor den anderen nichts anmerken. Sei nett und höflich. Das schreckliche Gefühl der Ablehnung wird bald vergehen, und dann bist du im Rückblick dankbar, wenn du dich würdevoll verhalten hast.

Du wirst sicher wieder eine beste Freundin finden, eine viel bessere als die erste. Sie hat vielleicht dieselbe Erfahrung gemacht wie du, und du wirst froh sein, dass du nicht mehr Zeit an eine verschwendet hast, die treulos war.

Ein Tagebuch führen

Ein Tagebuch zu führen, gehört zu den angenehmen Dingen im Leben. Das bedeutet, dass nichts verloren geht und dass du auf all die wichtigen Augenblicke zurückblicken kannst, dich an all die guten Witze und lustige Zeiten erinnern kannst. Hier kannst du alle Gedanken niederschreiben, die du nicht öffentlich machen willst, und hier kannst du du selbst sein.

Aus irgendeinem Grund fühlt man sich immer besser, wenn man die Dinge einmal aufgeschrieben hat. Wenn du traurig und verwirrt bist, alles aufschreibst und es dir dann wieder vorliest, dann wirst du oft denken: Nun, so schlimm ist es nun auch wieder nicht, warum rege ich mich denn so auf? Das liegt daran, dass ungeordnete Gedanken in deinem Kopf wild durcheinanderwirbeln. Sobald sie aber einmal niedergeschrieben sind, ergeben sie viel mehr Sinn.

Vielleicht fühlst du dich durch ein richtiges Tagebuch mit einer Seite für jeden Tag zu eingeschränkt. Dann ist ein einfaches Notizbuch am besten – du kannst das Datum dann ja immer dazuschreiben. So hast du auch keine großen Lücken, wenn du einige Tage nichts in dein Tagebuch schreibst. Du musst auch nichts schreiben, wenn dir nicht danach ist. Ein Tagebuch führen ist keine Pflicht. Du machst es, weil du es willst.

Bewahre dein Tagebuch an einem sicheren Ort auf. Eine abschließbare Kassette wäre ideal. Ein guter Trick ist es, den Schutzumschlag von einem Buch in ähnlicher Größe um dein Tagebuch zu schieben. So kannst du es in dein Bücherregal neben die anderen Bücher stellen und niemand wird etwas davon ahnen.

Wie man ein Geheimnis für sich behält

Das ist eine wichtige Fähigkeit und manchmal ist das extrem schwierig. Ein Geheimnis kann so herrlich sein, dass du es unbedingt jemandem erzählen willst. Tu es nicht. So sehr du auch versucht sein magst. Die kurze Freude, die du beim Ausplaudern des Geheimnisses hast, wird schnell verfliegen. Doch die Freundin, die dir das Geheimnis anvertraut hat, wird sich betrogen fühlen. Du wirst vielleicht als Plappermaul verschrien. Es gibt verschiedene Methoden, wie man ein Geheimnis bewahrt.

* Versuche, es zu vergessen, als hätte es nie existiert (wenn du alt und vergesslich wirst, wird dir das leichtfallen).
* Schreibe es in dein Tagebuch, vorausgesetzt du bewahrst es an einem sicheren Ort auf.
* Mache eine Zeremonie daraus: Du schreibst das Geheimnis auf ein Stück Papier, zerreisst es dann in kleine Stücke und wirfst es weg.
* Erzähle es einem Hund oder einem Baby.

Schmollen

Natürlich ist Schmollen sinnlos, kontraproduktiv und ziemlich dumm. Doch manchmal kann man nicht anders. Da du dich also mit ziemlicher Sicherheit einmal dazu hinreißen lassen wirst, solltest du auch wissen, wie man das richtig und mit Stil macht.

Das Wichtigste, was du über das Schmollen wissen musst, ist, dass es fast nie zum gewünschten Ergebnis führt. Anstatt dir die Aufmerksamkeit zukommen zu lassen, die du dir so dringend wünschst, werden die Leute so unglaublich ärgerliche Dinge tun wie dich ignorieren, dich auslachen oder – das ist das Schlimmste von allem – nicht einmal bemerken, dass du schmollst.

Auch richtig gutes Schmollen wird mit ziemlicher Sicherheit nicht zum gewünschten Ergebnis führen, also tust du es nur um des Schmollens willen. Also inszeniere es möglichst theatralisch. Hervorragend geeignet sind ein finsterer Blick, ein tiefer Seufzer und das Schulterzucken, das bedeutet: »Keiner versteht auch nur annähernd, was ich durchmache.«

Das Schmollen sollte kurz und intensiv sein. Versuche nicht, es einen ganzen Tag lang durchzuhalten, denn es wird dich erschöpfen. Du könntest Schwarz tragen, wenn es ein wirklich existenzielles Schmollen sein soll. Du könntest deine traurigsten Platten anhören, sogar etwas dichten. Vielleicht möchtest du etwas Tiefsinniges in dein Tagebuch schreiben. Essen passt irgendwie nicht dazu. Das ist ein weiterer sehr guter Grund, weshalb das Schmollen auch nicht zu lange andauern sollte.

Wie man für jemanden schwärmt

Wenn du für jemanden schwärmst, musst du wissen: Es handelt sich um eine Fantasie. Fantasien sind wunderschön, solange du nicht den Fehler machst und sie für etwas Reales im richtigen Leben hältst. – Johnny Depp wird nicht plötzlich in Hintertupfingen (oder wo du lebst) auftauchen und erklären, dass du die Liebe seines Lebens bist.

Vielleicht sammelst du Bilder von deinem Schwarm und pflasterst deine Wände damit, interessierst dich für alles, was mit deinem Schwarm zu tun hat. Du wirst in alle Filme, Konzerte, Theaterstücke und so weiter gehen, in denen er mitspielt. Ernüchternd ist es oft, wenn du ihm einen Fanbrief schreibst. Du bekommst einen Standardbrief als Antwort, oft nicht einmal von ihm selbst unterschrieben.

Sehr lohnend ist der rätselhafte Schwarm. Es ist leicht und liegt auf der Hand, dass man für Brad Pitt oder ein Mitglied der neuesten Boyband schwärmt. Doch wenn du weniger ausgetretene Pfade betreten willst und deinen Schwarm ganz für dich haben möchtest, lohnt es sich, einen kaum bekannten Jungen mit einer Gitarre und einer engelsgleichen Stimme ausfindig zu machen, der es nie in die Top Twenty schaffen wird, oder einen Schauspieler, der Shakespeare glänzend zum Leben erwecken kann, aber nie in Hollywood ein Kassenschlager werden wird.

Die wichtigste Regel: Du darfst deinen Schwarm nie treffen. Du hast ihn dir in deiner eigenen verrückten Traumwelt ausgemalt, als ultimativen Traummann. Es könnte sein, dass er im richtigen Leben manchmal strähnige Haare hat, Spinat zwischen seinen Zähnen klebt und er total maulfaul ist.

Wie man cool ist

Es gibt nur einen todsicheren Weg, wie man absolut ultimativ cool wird, und der heißt: Versuche nie, auf gar keinen Fall, cool zu sein.

Denke an die coolste Person, die du kennst. Das ist sicher nicht jemand, der nur die angesagtesten eigenartigsten Bands hört oder so tut, als sei ihm nichts wichtig. Er wird auch kein Sklave der Modewelt sein, wie progressiv er auch aussehen mag. Das wird auch niemand sein, der das neueste Trendwort übernimmt und auf alle herabsieht, die immer noch die Ausdrücke von gestern verwenden. Es wird jemand sein, der völlig fraglos er selbst ist.

Beim Coolsein geht es um den Kern der Person. Ein cooles Mädchen kann mit der falschen Frisur, den falschen Schuhen, den verkehrten Kleidern auftauchen, und man verzeiht es ihr, denn ihr gefällt das eben, und ihr ist eigentlich egal, was die anderen dazu sagen. Ein cooles Mädchen wird fröhlich zugeben, dass ihr Goethes Gedichte gefallen oder alte Schwarz-Weiß-Filme oder Mathematik.

Also mach einfach, was dir gefällt, und eines Tages wachst du auf und entdeckst, dass du umwerfend abgefahren cool geworden bist.

Eine verstopfte Toilette

Eine verstopfte Toilette kann peinlich und unangenehm sein, doch man muss nicht immer gleich den Klempner rufen.

Schütte schnell einen großen Eimer Wasser aus möglichst großer Höhe in gleichmäßigem Fluss hinein. Der Druck des Wassers sollte die Verstopfung gleich auflösen – spüle dann normal nach. Wenn die Verstopfung nach dem ersten Eimer nicht weg ist, versuche es mit einem zweiten, aber pass auf, dass die Toilette nicht überläuft.

Wie du eine Laufmasche in deiner Strumpfhose stoppst

Stell dir vor, ihr habt euch alle schick gemacht, seht fabelhaft aus und dann blickst du nach unten und entdeckst eine Laufmasche in deiner Strumpfhose. Sie wird immer weiter laufen, und in zehn Minuten werden deine Beine aussehen, als hätte eine Katze dich zerkratzt. Deshalb ist es lebenswichtig, ein Fläschchen mit farblosem Nagellack dabeizuhaben, wenn du Feinstrumpfhosen trägst. Tupfe einfach etwas Nagellack auf das Ende der Laufmasche, um ihr ärgerliches Zerstörungswerk aufzuhalten.

DANKSAGUNG

Wir möchten allen bei Janklow & Nesbit dafür danken, dass sie so viel Geduld mit uns hatten; wir danken auch Venetia Butterfield, Sarah Fraser, John Hamilton, Tom Weldon, Keith Taylor, Eleo Gordon, Jenny Dean, Georgina Atsiaris, Karol Davies, Sophie Mitchell und allen bei Penguin, die dieses Buch ermöglicht haben; Liz Davis für ihr hervorragendes Lektorat. Ferner Tania Kindersley für ihre unendliche Weisheit, Claire Peterson für ihre stetige Ermunterung und ihre Tipps zum Thema Fallen; Kirsty Gordon und Michelle Henery für ihre unbezahlbaren Anmerkungen. Sarah möchte ihrem Mann Michael dafür danken, dass er einfach immer großartig ist; und ihrer Mutter für … nun ja, einfach dafür danken, dass sie immer eine tolle Mutter war, auch angesichts der größten Widrigkeiten. Rosemary möchte Sarah Jane Lovett, Liz Calder, Arzu Tahsin, Rachel Cugnoni, Anna Hart und Lilias Wallace danken – und ihren Schwestern.
Und zu guter Letzt möchten wir Natacha Ledwidge danken, die die wunderschönen Illustrationen für dieses Buch gemacht hat.